GERLINDE WAPPLER . „SIE SIND EIN UNGESTÜMER FREUND"

Gerlinde Wappler

# „Sie sind ein ungestümer Freund"

Menschen um Gleim I

mit einem Beitrag
von David Lee
zu Karl Wilhelm Ramler

dr. ziethen verlag
Oschersleben

Das Buch entstand mit freundlicher Unterstützung des Kultusministeriums Sachsen-Anhalt sowie des Gleim-Hauses Halberstadt

Die Deutsche Bibliothek - CIP-Einheitsaufnahme

„**Sie sind ein ungestümer Freund**" / Gerlinde Wappler.
– Oschersleben : Ziethen
1. Menschen um Gleim / mit einem Beitrag von David Lee zu Karl Wilhelm Ramler. – 1998
   ISBN 3-932090-48-9

Diese Ausgabe einschließlich aller ihrer Teile ist urheberrechtlich geschützt. Jede Verwertung außerhalb der engen Grenzen des Urheberrechtsgesetzes ist ohne Zustimmung des dr. ziethen verlages unzulässig und strafbar. Das gilt insbesondere für Vervielfältigungen, Übersetzungen, Mikroverfilmungen und die Einspeicherung und Verarbeitung in elektronischen Systemen.

© dr. ziethen verlag
Friedrichstraße 15a, 39387 Oschersleben
Telefon 03949 - 4396, Fax 500 100
1998

Satz & Layout dr. ziethen verlag
Satz mit QuarkXPress auf Macintosh
Schrift Belfast Light und Stratus
Druck Halberstädter Druckhaus GmbH
ISBN 3-932090-48-9
Gedruckt auf umweltfreundlich gebleichtem Papier.

Vorwort

Johann Wilhelm Ludwig Gleim war ein äußerst kontaktfreudiger Mensch, deshalb läßt er sich besonders gut durch die Menschen charakterisieren, zu denen er in Beziehung stand. Er korrespondierte mit etwa 400 Persönlichkeiten. Bei den hier vorgestellten Personen kann es sich also nur um eine bescheidene Auswahl handeln.

Die biographischen Skizzen sind mit Blickrichtung auf Gleim geschrieben und können und wollen nicht sämtliche Werke der Vorgestellten und ihre volle Bedeutung für die Literaturentwicklung darlegen. Es geht in erster Linie um Menschen und persönliche Beziehungen vor dem Hintergrund der Literaturentwicklung.

Gleim schrieb am 2. Juni 1783 an Uz:

*„Briefe sind Spiegel der Seelen. Man sieht darin die Abdrücke des Geistes und des Herzens so völlig, wie das leibliche Gesicht eines Menschen im Spiegel von Glas, in Briefen aber nur, die nicht zum Druck und nicht einmal mit dem Gedanken, daß sie einmal gedruckt werden könnten, geschrieben sind. Briefe sind die besten Dokumente zu Biographien."* –

und da Gleim in fast einmaliger Weise dafür sorgte, daß Briefe erhalten blieben, habe ich sie eingehend genutzt.

Die Zitate sind in Orthographie und Zeichensetzung der heutigen Form angeglichen, da ich aus sehr unterschiedlichen handschriftlichen und gedruckten Quellen zitiert habe, aus den Briefhandschriften im Gleimhaus, aus Drucken des 18. und 19. Jahrhunderts, vor allem Körtes, die nicht die Originalorthographie wiedergeben, aus Auszügen in literaturhistorischen Veröffentlichungen und aus historisch-kritischen Briefausgaben, soweit solche vorliegen.

Dieser erste Band befaßt sich mit Familienmitgliedern und Persönlichkeiten, zu denen Gleim hauptsächlich in seiner ersten Lebenshälfte Kontakte knüpfte. Ein zweiter Band mit weiteren 20 Skizzen wird folgen.

# Preussische Kriegslieder

in den
Feldzügen 1756 und 1757
von
einem Grenadier.

Mit Melodieen.

Berlin.
bey Christian Friedrich Voß.

Kapitel 1

# Johann Wilhelm Ludwig Gleim – ein Leben für Dichtung und Freundschaft

Zweimal in seinem Leben gelang es Wilhelm Gleim, sich an die Spitze einer literarischen Bewegung zu stellen, 1744/1745 mit dem *Versuch in scherzhaften Liedern* und 1758 mit den *Preußischen Kriegsliedern eines Grenadiers*. Damit hat er sich seinen bleibenden Platz in der Literaturgeschichte erobert. Hinzu kam sein außergewöhnlich stark ausgeprägtes Bedürfnis, Freundschaft mit Gleichgesinnten zu schließen, Freunde zu fördern und zu unterstützen und damit zur Entwicklung der Literatur beizutragen. Gleim war einer der bedeutendsten bürgerlichen Mäzene des 18. Jahrhunderts. Aus seinen vielfältigen Beziehungen ergaben sich auch seine einmaligen Sammlungen an Porträts, Dichterbriefen, -handschriften und Büchern, die noch heute wertvolles Quellenmaterial zum Studium der Literatur und Kultur des 18. Jahrhunderts darstellen. Gleims Wirkung und Bedeutung beruht auf dem Zusammenwirken und der gegenseitigen Durchdringung der einzelnen Komplexe, zu seiner Zeit war er ein bekannter Mann, auch wenn wir ihn heute nicht zu den ganz großen Dichtern zählen.

Einen Eindruck von Gleims Äußerem vermitteln die Porträts, die 1750, 1771, 1789 und 1798 gemalt wurden. Er war mittelgroß und wohl etwas kräftig. Schon als 37jähriger klagte er Ramler gegenüber, daß er von Wasser und Brot dick würde. Beschreibungen seines Äußeren sind selten, die meisten Besucher hatten vorher mit ihm korrespondiert oder sich sonst ein Bild von ihm gemacht und verzichteten auf detaillierte Beschreibungen, der Eindruck seiner geistigen Existenz war ihnen wichtiger. Anders der

Komponist, Kapellmeister und Schriftsteller Johann Friedrich Reichardt, der Anfang der siebziger Jahre einen Besuch in Halberstadt wie folgt beschreibt:

*„Gleim ist ein Mann von starkem, breitem, selbst etwas plumpen Körperbau und ganz bürgerlichem Ansehen. Hypochondrie hat tiefe Furchen in sein fleischiges Gesicht gegraben, doch wechselt oft ein heiteres, selbst freudiges Lächeln mit hypochondrischen Mienen. Sein Anzug bestand aus einem weißen Tuchrock und scharlachroter Tuchweste mit breiten, goldenen Tressen, dazu eine ganz bürgerliche, gepuderte Lockenperücke, die ihm ziemlich tief im braunen Gesicht saß. Welch ein Kostüm für einen Dichter! Als wir gerade aus dem Zimmer getreten waren und mein Blick die vielen, zum Teil schlechten Brustbilder durchlief, welche die besten deutschen Dichter vorstellen sollten, sah mich Gleim steif, doch lächelnd an und sagte: Hören Sie, ich sehe es Ihnen an, wir sympathisieren miteinander, bleiben Sie zu Tische bei mir und lassen Sie uns einen recht vergnügten Tag zusammen leben."*

Gleims bürgerliches Aussehen, das Reichardt verwunderte, war nicht nur Referenz an seinen Beruf als Verwaltungsjurist, sondern entsprach seinem Lebensgefühl, er bezeichnete sich gern als Geschäftsmann. Reichardt sprach dann von der heiteren menschenfreundlichen Seele, die er in Gleims Augen schimmern sah. Allein in der Bibliothek zurückgeblieben, schrieb er eine Melodie in ein Exemplar der *Lieder der Deutschen* und überreichte sie Gleim. Eine Beschreibung vom Wesen des alten Gleim lieferte Jean Paul in einem Brief aus Halberstadt vom 23. Juli 1798 an seinen Freund Georg Christian Otto:

*„Gleim stand unter der Türe: so herzlich ward ich noch von keinem Gelehrten empfangen... Setz ihn Dir aus Feuer und Offenheit und Redlichkeit und Mut und preußischem Vaterlandseifer... und Sinn für jede erhöhte Regung zusammen und gib ihm noch zum breitesten li-*

*terarischen Spielraum einen ebenso weiten politischen, so hast Du ihn neben Dir."*

Diese enthusiastische, von tiefer Zuneigung geprägte Beschreibung fand die Zustimmung zahlreicher Zeitgenossen.

Johann Wilhelm Ludwig Gleim wurde am Palmsonntag, dem 2. April 1719, in Ermsleben in der Nähe von Aschersleben als achtes von zwölf Kindern geboren. Sein Vater, Johann Laurentius Gleim, war preußischer Steuereinnehmer der Kreise Ermsleben und Aschersleben, die Mutter, Anna Gertrud, geb. Peil, war eine Pfarrerstochter aus der Gegend um Cleve. In der Familie herrschte eine preußentreue Gesinnung, man kannte die Könige persönlich, der Vater wandte sich in besonderen Situationen auch an seinen Herrscher, damals noch den Soldatenkönig Friedrich Wilhelm I.

Schon mit drei Jahren erhielt Wilhelm Gleim Unterricht beim Rektor Schumann in Ermsleben. Später begleitete er den Vater häufig auf seinen Dienstreisen in die Dörfer, leistete ihm Schreiberdienste, lernte von ihm den Umgang mit Menschen und nahm früh das Bild der abwechslungsreichen Landschaft des Harzrandes in sich auf. Als Gleim zehn Jahre alt war, gab ihn der Vater in die Obhut des Magisters Zabel in Oberbörnecke in der Nähe des Heimatortes, wo er mit dessen Töchtern und einem weiteren Mitschüler unterrichtet wurde. Zum Unterrichtsprogramm gehörte nicht nur Latein, sondern auch Griechisch und Hebräisch. 1734 hielt es der Vater für ratsam, den nun Fünfzehnjährigen auf eine öffentliche Schule zu schicken. Er kam auf die Oberpfarrschule von Wernigerode und wohnte im Hause des Rektors Schütze, mit dessen jüngerem Sohn Gottfried Schütze, dem späteren Rektor der Johannisschule in Hamburg, Gleim befreundet war. Er bekam auch Kontakt zum regierenden Grafen Christian Ernst von Stolberg-Wernigerode und wurde von ihm in die Bibliothek eingeladen, die er von da an häufiger besuchte. Wahrscheinlich wurde schon in dieser Zeit der Grundstein zu der herzlichen Freundschaft mit dem gesamten Hause Stolberg-Wernigerode gelegt.

1735 erkrankte der Vater schwer, man verheimlichte es dem Sohn zunächst, aber Gerüchte drangen bis nach Wernigerode, und er setzte durch, nach Hause reisen zu dürfen, sein Freund Gottfried Schütze begleitete ihn. Bei ihrer Ankunft in Ermsleben wurde der Vater bereits zu Grabe getragen. Die Mutter starb nur drei Monate später. Für die verwaisten Kinder begannen schwierige Zeiten, dennoch konnte Gleim die Schule bis 1738 besuchen und die Hochschulreife erlangen. Er hatte mittags und abends Freitische beim Geheimrat Reinhard und bei Regierungsrat Rüdiger und unterstützte letzteren gelegentlich bei seinen beruflichen Aufgaben. Zu den schulischen Übungen gehörten neben lateinischen Auslegungen der Bibel und antiker Schriftsteller auch deutsche Übungen in vielen Formen und Versmaßen – Dichtung gehörte also von Jugend an zu Gleims Leben.

Über das Ende von Gleims Schulzeit in Wernigerode berichtete sein Biograph Körte in einer Anekdote, die für das Auftreten des jungen Gleim recht charakteristisch zu sein scheint. Gleim hatte sich während seiner Schulzeit so mustergültig verhalten, daß ein Lehrer, der keinen Schüler entlassen wollte, ohne ihn wenigstens einmal geschlagen zu haben, bisher keinen Grund dazu gefunden hatte. Nun schienen ihm falsche Aussagen von Mitschülern doch noch Gelegenheit zu einer Strafe zu geben. Gleim entzog sich dieser als ungerecht empfundenen Behandlung, sprang über die Bänke und beschwerte sich bei seinem Gönner Reinhard. Dieser ließ die Angelegenheit untersuchen, fand Gleim unschuldig und schenkte ihm einen Degen, das Zeichen eines Studenten, mit der Erlaubnis, ihn schon vor Antritt des Studiums zu tragen, und die Schule nicht mehr zu besuchen. Damit war Gleim der Strafwütigkeit des Lehrers entzogen. Trotz dieses vorzeitigen Abgangs trug Gleim am 11. November 1738 eine lateinische Abschiedsrede und eine poetische Lob- und Dankrede vor. Er hielt sich dann noch einige Zeit in Wernigerode auf und machte einen Besuch bei seinem alten Lehrer und Freund des Vaters Zabel in Oberbörnecke. Schon am 10. Juni 1738 hatte er seiner älteren Schwester Gertrud Fromme mitgeteilt, daß er wahrscheinlich Michaelis zum Studium nach Halle gehen würde, er beklagte seine schlechte finanzielle Lage (*Ich habe auch bis diese Stunde nichts von Ermsleben kriegen können*") und sprach weiter davon, daß er kein Stipendium in Aussicht hätte, nur einen Freitisch in Halle, eventuell ab Michaelis, bestimmt aber ab Weihnachten. Von Oberbörnecke reiste er am 23. Dezember nach Halle, der alte Freund Zabel bezahlte ihm die Reise und lieh ihm noch 20 Taler. Am 30. Dezember 1738 ließ er sich an der juristischen Fakultät immatrikulieren und bezahlte einen Taler Einschreibegebühr, die Hälfte des sonst üblichen, wie aus den Unterlagen im Universitätsarchiv hervorgeht. Die wirtschaftliche Lage des Studenten Gleim blieb auch im nächsten Jahr recht angespannt. Seine Einnahmen für 1739 betrugen 60 Taler, das Geld stammte alles aus derselben Quelle, wahrscheinlich einem kleinen elterlichen Erbteil. 1740 erhielt Gleim ein Veltheimsches Stipendium, Ostern und Michaelis jeweils 18 Taler und 6 Groschen, seine Gesamteinnahmen gab er mit 74 Talern an. Auch 1741 bezog er noch das Veltheimsche Stipendium, wird aber im Gegensatz zum Vorjahr unter den „Extraordinariis" geführt und erhielt Ostern 15 Taler und Michaelis 15 Taler, 10 Groschen. Zu dieser Zeit, als er in Wahrheit die Universität schon verlassen hatte, wurde er als Jurastudent in Frankfurt an der Oder geführt. Seine Immatrikulation dort läßt sich nicht nachweisen, der Gedanke, in Frankfurt weiter zu studieren, lag aber nahe, da sein hochgeschätzter Lehrer Alexander Gottlieb Baumgarten dorthin berufen worden war.

Auch wenn man annimmt, daß er jährlich einen Zuschuß aus Ermsleben erhielt, ließ sich davon nur sehr kümmerlich leben. Die Wohnungsmiete kostete im Jahr zwar nur 4 Taler, 12 Groschen, aber Aufwartung und Teekochen mußten besonders bezahlt werden und machten noch einmal drei Taler aus. Den Hauptteil seiner Einkünfte verschlangen aber Studiengebühren und Bücher, und darauf konnte ein Student schließlich nicht verzichten. Gleim mußte also sehen, daß er dazuverdiente. Ziemlich zu Anfang seines Hallenser Aufenthaltes wurde er vom Kanzler der Universität damit betraut, ein Verzeichnis von dessen Privatbibliothek anzufertigen. Gleim erweiterte dadurch seine Bücherkenntnis und betrieb anschließend ein bescheidenes Antiquariat. Sicher war es nicht übertrieben, wenn er am 20. August 1740 an seine Schwester Fromme schrieb:

*„... ich danke Gott, daß er mich in meinen akademischen Jahren so weit gebracht hat und Gesundheit, Geduld und genugsame Liebe zu den Wissenschaften verliehen. Ich bin nunmehr fast 2 Jahre hier und habe dieselben in solchen Umständen hingebracht, deren sich nicht ein jeder soll rühmen können. Ich freue mich, wenn ich nur von einigen weiß, daß sie Mitleiden mit mir haben. .. Jeden Taler, den ich zu meinen jetzigen Studiis erhalte, den sehe ich als einen Samen an, der mir allemahl die reichsten Früchte bringen kann. Denn ohne Geld läßt sich hier nur das Wenigste lernen."*

Die juristische Fakultät hatte sich in den Vorjahren einen guten Ruf erworben. Jetzt ging sie allerdings, wie die gesamte Universität, in ihrer Bedeutung etwas zurück. Es wirkten aber noch so berühmte Professoren wie der Kanzler Johann Peter Ludewig und die Juristen Heineccius und Böhmer in Halle. Wie es damals fast selbstverständlich war und auch Gleims Neigungen entsprach, hörte er auch an anderen Fakultäten. Besonders die jungen Philosophen und Ästhetiker Alexander Gottlieb Baumgarten und Georg Friedrich Meier beeinflußten ihn stark, und Gleim hat auch noch später brieflichen Kontakt zu ihnen gehabt. Beide waren in ihren Lehren stark abhängig von Christian Wolff, dem Schüler von Leibniz, der um diese Zeit vom preußischen König von der Universität verbannt war, dessen feierlichen Wiedereinzug in Halle am 6. Dezember 1740 nach dem Regierungsantritt Friedrichs II. Gleim aber noch erleben durfte.

Unter den Studenten fand Gleim gleichgesinnte Freunde, den Dichter und Jurastudenten Johann Peter Uz aus Ansbach, den Theologen Johann Nicolaus Götz aus Worms und den Juristen Paul Jacob Rudnick aus Bützow. Dieser Kreis wurde wichtig für Gleims anakreontische Dichtung.

Gleim verließ die Universität Anfang August 1741 wohl mitten im Semester, weil sein alter Gönner Reinhard aus Wernigerode Aussicht hatte, dänischer Finanzminister zu werden und Gleim als Sekretär dorthin mitnehmen wollte. Das Projekt zerschlug sich, Reinhard konnte seine Angelegenheiten in Wernigerode nicht regeln und durch die Verzögerung der Abreise verlor er wohl die Gunst des dänischen Königs. Die in der Literatur geäußerte Ansicht, daß der Plan durch Reinhards Tod gegenstandslos wurde, ist nicht haltbar, Reinhard starb erst 1745, laut Kirchenbuchauszug der St. Sylvestrigemeinde Wernigerode wurde er am 27. Juni 1745 beigesetzt. Für Gleim, der wohl nie viel Neigung hatte, nach Dänemark zu gehen, war die lange Zeit der Ungewißheit bedrückend. Er lebte überwiegend bei seiner Schwester Fromme in Löhme und erfuhr erst im Mai 1742 von Uz, daß seine in Halle zurückgelassenen Sachen auf Befehl des Prorektors versiegelt worden waren, erst 1745 erhielt er sie zurück. Der dänische Plan war noch im Juni 1742 nicht völlig aufgegeben. Das nahe Berlin zog Gleim mächtig an, oft begleitete er auch seinen Schwager auf Reisen, 1741 nach Mecklenburg, vor allem nach Neustrelitz. Anfang 1743 fand Gleim endlich eine Stellung, er wurde Hauslehrer beim Obristleutnant von Schulze in Potsdam. In diese Zeit fielen dichterische Versuche, die ihn einem größeren Publikum bekanntmachten, *Schäferspiele und Scherzhafte Lieder*, zu deren Druck ihn der neue

Freund Jakob Immanuel Pyra anregte. Im November 1743 machte Gleim auch die Bekanntschaft Ewald Christian von Kleists.

Im Hause des Obristleutnants von Schulze lernte Gleim den Markgrafen Wilhelm von Brandenburg-Schwedt kennen und wurde sein Sekretär. Der genaue Zeitpunkt läßt sich nicht ermitteln, da Gleim weiterhin im von Schulzeschen Hause wohnte. Ende August 1744 begann der zweite Schlesische Krieg, der Markgraf Wilhelm, ein Vetter des Königs, nahm daran teil und auf intensives Drängen auch sein Sekretär Wilhelm Gleim. Das Heer zog durch Sachsen und Böhmen bis vor Prag. Die Übergabe der Stadt erlebte Gleim nicht mehr mit, denn der Markgraf fand am 12. September 1744 den Tod, und Gleim begleitete die Leiche nach Berlin. Damit war sein kurzes Kriegsabenteuer beendet und er war wieder stellungslos. Vorübergehend hoffte er, in die Dienste des Bruders des Verstorbenen zu treten, auch hatte der König versprochen, die Bediensteten seines Vetters zu versorgen, aber den ganzen Winter hindurch geschah nichts. Menschlich brachte diese Zeit des Wartens eine Bereicherung auf Jahre hinaus, um den Jahreswechsel 1744/45 lernte Gleim in Berlin Karl Wilhelm Ramler kennen.

Anfang Mai 1745 wurde Gleim als Stabssekretär dem Fürsten Leopold von Anhalt-Dessau, dem „alten Dessauer", zugeteilt, er war aber wohl nicht der einzige Bewerber um diesen Posten. An die Kriegsschauplätze kam er nicht noch einmal, er hielt sich bis Mitte August überwiegend in Oranienbaum bei Dessau und in Dessau selbst auf. Gleim scheint sich bei diesem Fürsten recht unbehaglich gefühlt zu haben und schrieb am 12. August 1745 an Uz: *„Ich arbeite jetzt daran, wieder nach Berlin zurück zu kommen, weil ich nicht von einem Orte entfernt sein kann, wo mein Herz ist."* Doch zunächst ging es ins Heerlager, nach Neugattersleben bei Calbe und nach Dieskau, wo er engeren Kontakt mit dem Pfarrer und Dichter Samuel Gotthold Lange in Laublingen pflegte.

Im Oktober 1745 verließ Gleim die Armee, war noch einmal kurz in Dessau und wollte über Magdeburg nach Berlin reisen. In Magdeburg erkrankte er und seine Stelle wurde anderweitig besetzt, wie er selbst berichtete. Aber er wollte das Verhältnis zum Fürsten lösen, besonders nachdem ein Jude wegen angeblicher Spionage kurzerhand aufgehängt worden war. Wie schwierig sein Verhältnis zum Fürsten war, zeigte sich noch nach über 50 Jahren. Gleim sah in Dessau ein Bildnis von ihm und veröffentlichte daraufhin folgende Verse im Teutschen Merkur 1798

*Beim Anblick des ... in Kupfer gestochenen Porträts des alten Fürsten Leopold von Dessau*
*Das ist mein alter Fürst, mein alter! den zu lieben*
*Kunst war! Lebt er zu dieser trüben*
*Unzeit, mit seiner starken Hand,*
*Hätt er aus dir, o Vaterland,*
*Den Teufel längst schon ausgetrieben.*

Am 13. November 1745 kam Gleim wieder in Berlin an und lebte, von einigen Reisen abgesehen, nun wieder dort auf der Suche nach einer Anstellung. Anfang 1746 hatte er Ausssicht, Kriegsrat in Küstrin zu werden, die Eignungsprüfung hatte er bestanden, der Schwager hatte die erforderliche Kaution besorgt, da bewirkte ein anderer eine Kabinetts-Order des Königs und bekam die Stelle. Die Schwester Fromme schrieb an den ältesten Bruder in Aschersleben:

„*Wir waren eben im Begriff, Betten für ihn anzuschaffen, da wurde ihm ein anderer vorgezogen. Denke nur, was er verzehrt, er wird meinem Manne nun wohl meist 700 Reichstaler schuldig sein, und er ist noch nichts; mich jammert er sehr, weil er oft ganz niedergeschlagen ist, Gott erbarme sich über solchen Zustand.*"

Die Sorge um sein äußeres Fortkommen durchzog von nun an alle seine Briefe. Am 30. Juni 1746 schrieb er an Uz: „*Die Sorge für meine Glücksumstände nimmt mir allen Witz, aber vielleicht verstärkt sie den Verstand ...*" Die

Idee, Korrespondenzen für auswärtige Höfe zu übernehmen, erwies sich als zu schwierig. Am 22. November 1746 schrieb er wieder an Uz, daß er nach einer Bedienung mit 1500 Talern Einkommen gestrebt habe, da aber ein Legationssekretär zur Unzeit aus Flandern zurückkam, zerschlug sich alles. Wahrscheinlich war eine Anstellung bei der Städtekasse in Berlin gemeint, um die sich Gleim am 1. Mai 1746 beworben hatte. Für diese sehr einträgliche Stelle hatte es 16 Bewerber gegeben.

Allmählich wurde Gleim bei der Mitteilung seiner Pläne und Hoffnungen immer zurückhaltender, er war zu oft enttäuscht worden und wollte bei Angehörigen und Freunden keine trügerischen Hoffnungen erwecken. Nur im Juli 1747 erwähnte er noch einmal kurz *„die Sache beim Prinzen Ferdinand"*, wahrscheinlich wieder eine Sekretärstelle, auf die er sich vergeblich Hoffnungen machte. In dieser Zeit waren Freundschaft und Dichtung seine wichtigsten Lebensimpulse. Seit dem Herbst 1744 kannte er auch Johann Georg Sulzer, ferner stand er mit den allgemein geschätzten Dichtern und Gelehrten Friedrich von Hagedorn, Albrecht von Haller und Johann Jacob Bodmer im Briefwechsel. Zu den vertrautesten Freunden gehörte seit 1746 der Theologe Johann Joachim Spalding, zum Bekanntenkreis ferner der Jurist und Musikliebhaber Christian Gottfried Krause, der Kapellmeister und Komponist Karl Heinrich Graun und der Maler Gottfried Hempel, der wenig später den Grundstock zu Gleims Freundschaftstempel legte. Dichterisch war Gleim in dieser Zeit des Wartens nicht sehr fruchtbar, nur die kleine Erzählung *Der alte Freier* wurde 1747 in Berlin gedruckt.

Gleim wohnte in Berlin bei einem Verwandten, dem Arzt und Professor Michael Matthias Ludolf in der Spandauer Straße. Er leistete ihm auch wohl gelegentlich Sekretärsdienste. Im selben Haus wohnte Christian von Berg, ein Domherr des Stiftes Halberstadt. Er war zwei Jahre älter als Gleim und beide kamen in ein freundschaftliches

Verhältnis zueinander. Das Halberstädter Domstift suchte einen Sekretär, da der amtierende alt war und seine Dienste nicht mehr zur Zufriedenheit ausführte. Christian von Berg schlug Gleim zunächst ohne dessen Wissen vor. Es gab manches für und wider, schließlich wurde Gleim gewählt und ihm aufgetragen, möglichst schnell nach Halberstadt zu reisen. Als Gehalt wurden ihm 200 Taler jährlich ausgesetzt, zuzüglich 20 Taler für Monatsmiete, und es wurde ihm angeraten, auf der Domfreiheit Wohnung zu nehmen, das Haus des Domsekretärs wurde ja noch vom Amtsvorgänger bewohnt. Er mußte ein Revers unterschreiben, daß er zu Lebzeiten des alten Sekretärs Heise nicht mehr Gehalt verlangen würde. Es wurde auch erwogen, ihn eine Kaution hinterlegen zu lassen, da er durch die Führung der außerordentlichen Rechnungen öfter große Summen in Händen haben würde, man sah aber schließlich davon ab. Außerdem wurde für beide Seiten eine halbjährige Kündigung festgelegt. Gleim erfuhr am 21. Oktober 1747 von seiner Wahl, am nächsten Tage teilte er Kleist seine Ernennung mit und bedauerte sehr, nun 20 Meilen von ihm entfernt leben zu müssen.

Am 2. November reiste Gleim aus Berlin ab, machte Station in Potsdam, um sich von den Freunden zu verabschieden und traf am 6. oder 7. November in Halberstadt ein. Bei einigen Domherren gab es Zweifel an seinen juristischen Fähigkeiten, denn bei Bedarf hatte er auch den Syndicus zu vertreten. Nachdem er aber seinen Amtseid abgelegt hatte, war die Anstellung perfekt. Am 12. November starb der alte Domsekretär Heise, so daß Gleim das Amt allein innehatte und die Regelung bezüglich des Gehaltes überflüssig war. Ob sich sein Gehalt dadurch sofort änderte, geht aus den Protokollen des Domkapitels nicht hervor. Aber 1750 und 1751 erhielt er Gehaltserhöhungen, die er wohl in erster Linie seinem Freund und Gönner von Berg zu danken hatte. Das dem Domsekretariat zugeordnete Vikariat mit Präbende hatte er im Herbst

1749 erhalten, wahrscheinlich mußte eine Vakanz abgewartet werden. Anfangs kam Gleim auch hier nicht in den vollen Genuß der Einnahmen, sondern mußte mit älteren verdienten Angestellten des Domkapitels teilen. 1758 erbat er vom Domkapitel die Aufhebung dieses Beschlusses. Er bekleidete außerdem verschiedene kleine Nebenämter, die ihm, wenn auch geringe, Einkünfte brachten. Genaue Angaben über die Höhe seiner Einkünfte sind nicht möglich

Die Witwe seines Amtsvorgängers hatte die Absicht geäußert, Halberstadt zu verlassen, man ließ ihr Zeit bis Ostern 1748, das Sekretärshaus zu räumen, forderte sie dann aber mehrmals energisch dazu auf. Am 23. September 1748 konnte Gleim an Ramler schreiben: *"... ich bin nun in meinem Hause. Welche Lust, wenn Sie mich als Hausvater sehen werden."* Die älteste Schwester Fromme war aus Löhme zu Besuch und hatte wohl bei der Einrichtung geholfen. Im Sommer 1751 wurde das Haus vergrößert, der Ostflügel wurde angebaut oder erneuert, dabei wurden auch im alten Haus räumliche Veränderungen vorgenommen.

Aus Gleims ersten Monaten in Halberstadt sind nur wenige Briefe erhalten, das neue Amt wird ihn voll in Anspruch genommen haben. Er sollte auch das domkapitularische Archiv, das sich in einem sehr bedenklichen Zustand befunden haben muß, ordnen. Die Suche im Archiv scheint immer belastend geblieben zu sein, im Februar 1755 klagte Gleim Ramler, daß er bei der grausamsten Kälte aufs Archiv gehen müsse. Die Witwe des verstorbenen Sekretärs gab nur zögernd die Unterlagen zurück, die sich noch in ihrer Wohnung befanden. Gesellschaftliche Verpflichtungen hatte Gleim selbstverständlich auch, schließlich hing sein Fortkommen vom Wohlwollen der Domherren ab. Ende November 1747 schrieb er an Ramler: *"Bisher habe ich alle Tage geschmauset, ich bin noch nicht recht wieder zu mir selbst gekommen. Es ist ein Unglück, daß man hier so viel aus Essen und Trinken macht. Man setzt die ganze Glückseligkeit darin."* Nach Überwindung der Anfangsschwierigkeiten scheint sich Gleim aber ganz wohlgefühlt zu haben. Am 31. Januar 1748 schrieb er an Uz, daß ihm sein neues Amt Zeit genug ließe und er auf freie Tage und Wochen hoffe – eine Sicht der Dinge, die er später sehr häufig korrigierte. Der Beruf wurde immer wichtiger für ihn, er bezeichnete sich gern als Geschäftsmann. Sein Engagement auf diesem Gebiet wird häufig unterschätzt, seitdem Goethe von einer *„dunklen aber einträglichen Stelle"* sprach. Es war keine leichte Aufgabe, 16 Domherren zufriedenzustellen, die keineswegs immer eine einheitliche Meinung vertraten und dabei das Interesse des Domstifts insgesamt und seine komplizierte Rechtsstellung nicht aus den Augen zu verlieren. Von Gleims diplomatischem Geschick zeugten seine häufigen Reisen nach Berlin und sein gutes, teilweise auch freundschaftliches Verhältnis zu preußischen Beamten und Ministern.

In den Anfangsjahren fehlte ihm in Halberstadt der Umgang mit einem Freundeskreis, Briefe konnten den persönlichen Verkehr nur teilweise ersetzen. Zwar baute er im Laufe der Zeit ein gutes Verhältnis zu einigen, besonders jüngeren Domherren auf, und auf vielen dienstlichen und privaten Reisen lernte er zahlreiche Menschen kennen, aus Bekanntschaften wurden manchmal Freundschaften, doch die konventionellen Beziehungen überwogen und konnten den Berliner Freundeskreis nicht ersetzen. Den Jahreswechsel 1747/48 verlebte Gleim bei seinem Bruder in Aschersleben und trat dort in nähere Beziehungen zum General von Stille. Die Liebe zu den Musen führte diese beiden so unterschiedlichen Menschen zusammen. Im Dezember 1748 war Gleim in Berlin und sah die alten Freunde wieder, soweit sie sich noch dort befanden. Etwa im August 1749 reiste er nach Braunschweig und lernte die Dichter Johann Arnold Ebert, Just Friedrich Wilhelm Zachariae und den Probst Johann Friedrich Wilhelm Jerusalem kennen. Im April 1750 reiste er nach Leipzig in der Hoffnung, dem Dichter Klopstock zu begegnen, dessen

*Messias* in aller Munde war. Er sah Christian Fürchtegott Gellert, Gottlieb Wilhelm Rabener, Johann Andreas Cramer, Johann Adolf Schlegel, Klopstocks Vetter Johann Christoph Schmidt und Klopstocks angebetete Fanny, die mit bürgerlichem Namen Marie Sophie Schmidt hieß, nicht aber Klopstock selbst, der war zu dieser Zeit Hauslehrer in Langensalza. Doch Klopstock erfuhr von Gleims Besuch, schrieb den ersten Brief an ihn, und Ende Mai 1750 lernten sich beide persönlich kennen.

Noch 1750 kam Johann Andreas Cramer als Prediger nach Quedlinburg, damit hatte sich ein Freund, der auch Freund Klopstocks war, in erreichbarer Nähe angesiedelt. Nach Halberstadt selbst kam zu Gleims großer Freude ein alter Bekannter, Johann Georg Sucro, als zweiter Domprediger. In der ersten Zeit verkehrten sie sehr herzlich und freundschaftlich miteinander. Im Juni 1750 reiste der Schweizer Buchhändler und Dichter Salomon Geßner durch Halberstadt und suchte Gleim auf, beide hielten Kontakt bis zu Geßners Tod. Im Oktober bekam Gleim für längere Zeit Besuch aus Berlin, es war der Maler Gottfried Hempel, der das Bildnis Gleims mit der Flöte malte. In einem Brief vom 26. Oktober 1750 schrieb er recht launig an Ramler über Gleims Leben:

*„Damit Sie sich aber eine noch deutlichere Idee von unserm gegenwärtigen Zustande machen können, so stellen Sie sich einen Mann vor, welcher ganz früh aus dem Bette in einen Berg von Akten, Dokumenten, Kontrakten und dergleichen Zeug kriecht, welches sich unser einer (ohne verflucht zu werden) nicht unterstehen darf anzusehen. Der Ort, wo dies geschieht, ist nur durch eine Türe von meinem Schlafzimmer unterschieden, ich bleibe daher so lange liegen, bis ich Teetassen klingen höre, und da finde ich ihn schon über und über angezogen, er schlucket eine Tasse Tee hinter, stecket sich den Busen voll Papier und schlägt die Tür hinter sich zu, daß ich ihn noch eine halbe Viertelstund nachher weggehn höre."*

Zu den wichtigen Besuchern des Sommers 1751 zählte Carl Philipp Emanuel Bach, ein Sohn Johann Sebastian Bachs, den Gleim schon von Berlin her kannte. Um die Jahreswende 1751/52 war Gleim neun Wochen lang verreist, in Iden in der Altmark besuchte er den Freiherrn Friedrich Wilhelm von Kannenberg, einen Halberstädter Domherren, außerdem war er in Berlin und kurz in Potsdam. Zusammen mit seinem Bruder aus Magdeburg reiste er im Mai 1752 zum Marburger Bruder, sie kamen über Göttingen und Kassel, und Gleim lernte Albrecht von Haller persönlich kennen, der bis 1753 als Professor der Medizin, Anatomie, Chirurgie und Botanik an der Göttinger Universität wirkte. Haller veranstaltete für Gleim, mit dem er schon vorher korrespondiert hatte, ein Essen, auf dem Gleim wahrscheinlich weitere Göttinger Persönlichkeiten kennenlernte. Der Aufenthalt brachte Gleim die Ehrenmitgliedschaft in der Göttinger Deutschen Gesellschaft ein. In der am 29. Mai 1752 ausgestellten Ernennungsurkunde hieß es, daß die Gesellschaft *„hinlänglich von den Vorzügen und Verdiensten überzeuget worden, welche sich der ... in den deutschen Werken des Witzes und Verstandes erworben, und welche bei ihr einen desto größern Reiz verursachen, je mehr sie durch den Glanz der Tugend erhoben und zum Dienste des Vaterlandes heilig und wirksam gemachet werden."* Sicher hatte Haller diese Ernennung angeregt, aber es wird doch auch deutlich, welche Wertschätzung Gleims *Scherzhafte Lieder* in der literarischen Welt genossen, denn weitere größere Dichtungen von ihm lagen noch nicht vor.

Nach dem Sommerbesuch von Ramler und Klopstock 1752 reiste Gleim im Herbst in Stiftsangelegenheiten, besuchte aber auch persönliche Freunde, er war in Halle, Helmstedt, Braunschweig und Wolfenbüttel. 1752 war auch der Fabeldichter Magnus Gottfried Lichtwer nach Halberstadt gezogen, Gleim wird ihn kurz nach seiner Ankunft kennengelernt haben, zu einer engeren Beziehung ist es jedoch nie gekommen.

Anfang 1753 lernte Gleim in Blankenburg Catharina Sophia Mayer, Tochter eines Braunschweigisch-Lüneburgischen Bergrates, kennen. Das Mädchen machte großen Eindruck auf ihn. Frühere Beziehungen zum anderen Geschlecht versteckten sich hinter all zu viel poetischen Fiktionen, eine Ehe hätte er als stellungsloser Literat in Berlin ja auch kaum anstreben können. Nun aber hatte er ein Amt und gesichertes Einkommen und konnte an die Gründung einer Familie denken. Am 5. April 1753 schrieb er an Uz, daß er sich am 15. Mai verlobt habe und am 1. oder 2. Mai heiraten würde.

Von Gleims Seite war alles für die Hochzeit vorbereitet, die Freunde hatten schon Glückwunschgedichte drucken lassen, und Kleist, der gerade von seiner Schweizer Werbereise zurückkehrte, wollte an der Hochzeit teilnehmen. Die Eheschließung fand jedoch nie statt. Die Geschwister der Braut und der Vater waren wohl von Anfang an nicht ganz glücklich über diese Verbindung. Nach Gleims Aussagen war der Vater eifersüchtig auf die Liebe der Tochter und machte ihr Vorwürfe. Sie erklärte daraufhin, daß sie Gleim nicht heiraten wolle. Zu der Zeit, als die Hochzeit stattfinden sollte, schickte der Vater sie zu Schwester und Schwager, die die Braut in ihrem Entschluß bestärkten, nicht zu heiraten. Als Gleim, Kleist und der Domherr von Berg nach Blankenburg fuhren, um die Angelegenheit zu klären, konnten sie also gar nicht mit der Braut sprechen und auch mit dem Vater keine klare Übereinkunft treffen. Auf der Rückfahrt stürzte der Wagen um, und Gleim brach sich den Arm. Pfingsten soll der Vater der Braut bei Gleim gewesen sein und Versöhnung angeboten haben, der auch die Braut zustimmte, aber Gleim war durch ihren Wankelmut zu sehr enttäuscht und betrieb die Auflösung der Verlobung. Am 8. Juni 1753 schrieb Gleim an Uz und an Ramler, daß die Hochzeit nie stattfinden werde. Diese Darstellung fußt nur auf Gleims Berichten. Über die Beweggründe der Familie der Braut kann ich nur spekulieren, sicher ist aber, daß Catharina Sophia Mayer bereits am 15. Januar 1754 den Quedlinburger Stiftsamtsmann Johann Carl Ulrich Linstedt heiratete. Es ist nicht ausgeschlossen, daß sich diese Beziehung schon während der Verlobung mit Gleim angebahnt hatte, und der Vater die Zukunft seiner jüngsten Tochter mit diesem Mann besser gesichert sah. Gleim war zu dieser Zeit noch keine gute Partie. Er war erst gut fünf Jahre in Halberstadt und hatte noch kein Vermögen ansammeln können, sondern Schulden bei seinem Schwager, der ihm in der Berliner Zeit immer wieder ausgeholfen hatte. Vielleicht irritierten den Vater ja auch Gleims außergewöhnlich zahlreichen und intensiven freundschaftlichen Beziehungen, und er sah deshalb keinen geeigneten Ehemann in ihm.

Gleim hatte natürlich von der Heirat der „ungetreuen Sophie" erfahren und daß sie nach der Hochzeit zu ihrem Vater zurückgekehrt war. Er schloß daraus auf eine unglückliche Ehe – sicher tat dies seinem Selbstbewußtsein gut. Wahrscheinlicher ist, daß die junge Frau nach Blankenburg zurückkehrte, weil der Vater krank war. Der Bergrat Johann Christoph Mayer starb wenige Wochen nach der Hochzeit seiner Tochter, er wurde am 17. Februar 1754 beigesetzt.

Gleim stand seiner ehemaligen Braut im August 1754 noch einmal in Quedlinburg in der Kirche gegenüber, wie er Ramler am 14. August 1754 mitteilte, weitere Begegnungen sind nicht bekannt. Gleim war enttäuscht, aber nicht verzweifelt nach der Auflösung der Verlobung, sicher spielte auch gekränkte Eitelkeit eine gewisse Rolle. Etwas merkwürdig mutet die Tatsache an, daß er mit dem Klopstock-Vetter Christian Heinrich Schmidt, der nichts von allem wußte, Briefe, angeblich im Namen seiner jungen Frau wechselte. Gleim hat danach nie wieder einen ernsthaften Heiratsversuch unternommen.

Im Herbst 1753 nahm er seine Nichte Sophie Dorothea Gleim zu sich, sie versorgte seine Hauswirtschaft in vorbildlicher Weise, und alle Freunde, die sie kennenlernten, schätzten und verehrten sie.

Im August 1753 war der Domdechant verstorben, Gleim wurde sein Testamentsvollstrecker, was ihm mancherlei Arbeit machte. Der neue Dechant Ernst Ludwig Spiegel Freiherr zum Desenberg widmete sich intensiv seiner neuen Aufgabe, er und Gleim reisten in der Folgezeit besonders häufig nach Berlin, um Angelegenheiten des Stiftes zu klären. Die Dichtung spielte zu dieser Zeit in Gleims Leben eine untergeordnete Rolle, er konzentrierte sich voll auf seinen Beruf. In einem Brief an Ramler vom 2. Dezember 1754 bedauerte er, daß ein erneuter Berlinaufenthalt ihn in Rückstand bei seinen täglichen Arbeiten bringen würde, zumal das nächste Generalkapitel sehr früh angesetzt sei, und nach der Rückkehr aus Berlin klagte er:

*„Und da muß Ihr armer Gleim Tag und Nacht bei seinen Akten sitzen – er muß, welches noch schlimmer ist, aufs Archiv gehen in der grausamsten Kälte und bei dem Pergamen, das die Würmer übrig gelassen haben, Kopf und Hände verfrieren."* (Gleim an Ramler, 3.2.1755)

Doch die Berlinaufenthalte brachten auch das Wiedersehen mit alten Freunden und die Bekanntschaft mit Lessing. Anfang 1755 begann auch Gleims Briefwechsel mit Christoph Martin Wieland, damals noch in Zürich.

Gleims wirtschaftliche Lage hatte sich im Laufe der Jahre entscheidend verbessert, er nutzte durchaus die Möglichkeiten, die das reiche Domstift auch seinen Angestellten bot. Wohl im Hinblick auf die geplante Heirat hatte er einen Zehnten, ein sogenanntes Mannlehen gekauft. Um 1775 gab es Streit, ob dieser „halbe Vensleber Zehnte" überhaupt vom Domdechanten verliehen werden durfte, der aber anscheinend zu Gunsten des Dechanten und damit Gleims entschieden wurde. 1756 wurde Gleim Kanonikus des desolaten Stiftes Walbeck in der Nähe Helmstedts. Da das Stift unter dem Patronat des Halberstädter Domstifts stand, war er nicht verpflichtet, dort zu wohnen, reiste aber fast jährlich am 1. Mai dorthin. Die übrigen fünf Kanoniker hatten aber ihre Kurien am Orte. Gleims Einkünfte werden auch hier recht unterschiedlich gewesen sein, seine diesbezüglichen Erkundungen vor dem Erwerb brachten kein Ergebnis. Als er eintrat, war die Verwaltung der Besitzungen lange Zeit vernachlässigt worden und die wirtschaftliche Lage entsprechend schlecht. Nach 1780 jedoch war durch den Kriegs- und Domänenrat Johann Albrecht Dorguth die gesamte Stiftsverwaltung revidiert worden, und dadurch vermehrten sich auch die Einkünfte wesentlich. Ebenfalls im Jahre 1756 kaufte Gleim den Garten vor dem Gröpertore, den er als Ort der Erholung für sich und seine Freunde umgestaltete. Seine Arbeit wurde ein Jahr später während der französischen Besetzung Halberstadts im Siebenjährigen Krieg zunichte gemacht. Am 3. Oktober 1757 schrieb er an Kleist:

„*... mein Garten, der mein Paradies war, mein einziges Vergnügen an dem ich den ganzen Sommer gearbeitet habe, ist in zwo abscheulichen Stunden zur Wüstenei gemacht, aber mit ihm ist nur mein Vergnügen dahin, wie viel tausend arme Leute haben seit acht Tagen ihr einziges Lamm, ihr einziges Huhn verloren, ihren einzigen Baum.*"

Vom September 1757 bis zum Februar 1758 – und auch später noch für kürzere Zeit – erlebte Gleim den Krieg vor der eigenen Haustür. Die Franzosen, zeitweise auch die Reichstruppen, waren eingezogen, hatten fast alle Häuser mit Einquartierung belegt und forderten riesige Kriegskontributionen, im Oktober 1760 die ungeheure Summe von 375 000 Reichstalern. Für den Anteil des Domstiftes mußte Gleim allein sorgen, die Domherren hielten sich versteckt, wie er Ramler etwas resigniert am 2. November 1760 mitteilte. Gleim befürchtete sogar, unter den Geiseln zu sein, die die Franzosen am 19. Oktober 1760 mitnahmen. Schon 1757 war er Kriegszahlmeister geworden, d.h.

er mußte die Summen zusammenbringen, mit denen sich das Domstift an den Kriegskosten zu beteiligen hatte. Gleims dienstliche Stellung – er war zu dieser Zeit auch Syndicus der Landstände – war durchaus nicht einfach, aber seine allgemeine Bildung und seine Gewandtheit im Französischen flößte auch manchem französischen Offizier Achtung ein. Wenn Gleim am 2. November 1760 an Ramler schrieb, daß ihm sein Amt niemals so beschwerlich war, wie in den letzten vier Wochen und er sich ernsthaft damit beschäftigte, sich ins Privatleben zurückzuziehen, so lag das wohl nicht allein am Kriege, sondern auch an Differenzen innerhalb des Domstiftes.

Bevor Gleim das Kriegsgeschehen hautnah erlebte, veranlaßten ihn die Schlachten und Siege Friedrichs II. zu einer seiner populärsten Dichtungen, den *Preußischen Kriegsliedern*, in denen er seinen preußischen Patriotismus voll auslebte. Gleims Stellung zum Preußentum war aber viel differenzierter, als diese Kriegslieder ausweisen. Eine gewisse preußentreue Haltung hatte Gleim schon bei seinem Vater erlebt, und sie hatte in der Familie Tradition. In seiner Berliner Zeit als meist stellungsloser Literat gab sich Gleim eher als Kosmopolit, denn als fanatischer Preuße. Zwar schätzte er auch in dieser Zeit den damals noch jungen König hoch, mißbilligte aber als selbstbewußter junger deutscher Dichter dessen absolute Hinwendung zur französischen Literatur und Kultur. Diese Kritik blieb auch später erhalten, aber er machte nicht den König selbst, sondern dessen Erziehung für die Bevorzugung des Französischen verantwortlich. Bald nach seiner Ankunft in Halberstadt müssen sich Gleims Anschauungen entscheidend geändert haben, der preußische König wurde sein Held, der ideale Herrscher. Wahrscheinlich waren die Herren des Halberstädter Domstiftes sehr königstreu, und gewiß hat Gleim bei seinen vielen Dienstreisen nach Berlin preußische Beamte kennengelernt, die er persönlich hochschätzte und die seine Vorstellung vom

König beeinflußten. Nun, zu Beginn des Krieges entwickelte sich aus dieser positiven Grundstimmung Ekstase, aber nur für Gleims Rolle als Grenadier, der Domsekretär und Kanonikus sah durchaus die dunklen Seiten des Krieges. Am 6. Oktober 1756 z.B. schrieb er an Kleist:

*"Freilich, mein liebster Freund, sind wir über den Sieg unseres Helden für Freuden außer uns, aber wie, wenn wir daran denken, daß es Menschen sind, die sich einander schlachten, können wir uns dann noch wohl ohne untermischte Seufzer darüber freuen?"*

Auch die Sorge um den Freund und Offizier Kleist dämpfte Gleims Kriegsbegeisterung, am 3. Oktober 1757 schrieb er ihm: *"Der Krieg mag mir alles rauben, wenn er mir nur meinen Kleist läßt."* Aber dieser Wunsch erfüllte sich nicht, Kleist erlag seinen Wunden nach der Schlacht bei Kunersdorf. Gleims Verehrung für Friedrich II. den Einzigen, wie er ihn gern nannte, blieb erhalten, er reiste an Orte an denen der König erwartet wurde, um ihn aus der Ferne zu sehen. Am 3. Juni 1763 berichtete er Ramler, daß er den König bei seinem Besuch in Halberstadt ganz aus der Nähe betrachten konnte. Gleims Verehrung blieb sogar über den Tod seines Helden hinaus erhalten. Auch gewisse ernüchternde Begegnungen, etwa die Audienz 1785, änderten nichts daran. Solange Gleim lebte, blieb Friedrich II. für ihn der beste aller möglichen Herrscher.

Gleims Reiselust war nur kurzzeitig durch die Kriegsereignisse gebremst worden, im Mai und Juni 1758 reist er bis nach Stettin zu seinem jüngsten Bruder. Auf dem Wege besuchte er seinen alten Freund und Gönner, den Domherren von Berg, auf dessen Gut Schönfeld in der Uckermark, und in Berlin verkehrte er mit alten und neuen Freunden, unter denen nannte er diesmal besonders Carl Philipp Emanuel Bach. 1760 machte er zusammen mit Klopstock eine Badereise nach Bad Pyrmont, und im Mai 1761 schließlich reiste er nach Berlin, um den neuen Stern am literarischen Himmel, die Dichterin Anna Louisa

Karsch kennenzulernen, von der ihm Ramler schon viel berichtet hatte.

Im Mai 1763 reiste Gleim wieder nach Berlin und zu seinem Bruder Leberecht, der gerade das Amt Berge bei Nauen pachten wollte. Die Sommerreise 1764 führte noch einmal nach Bad Pyrmont, Gleim machte die Bekanntschaft des Schriftstellers Thomas Abbt, der seinetwegen aus Rinteln gekommen war. Am Ende des Jahres bahnte sich das Zerwürfnis mit Ramler an, das nach einem Besuch Gleims in Berlin im Januar 1765 endgültig wurde.

Die Badereise 1766 führte nicht, wie zunächst geplant, zusammen mit Lessing nach Bad Pyrmont, sondern in das Modebad Lauchstädt in der Nähe Halles. Hier traf er einen jungen, noch wenig bekannten Dichter, Johann Georg Jacobi, der an der Universität Halle Vorlesungen über schöne Literatur hielt. Durch ihn lernte Gleim auch den Hallenser Professor Christian Adolf Klotz kennen, der wenig später in heftigen literarischen Streit mit Lessing geriet und dadurch seinen Platz in den Literaturgeschichten gefunden hat. Gleim war auch in Halle und in Leipzig, wo er den angehenden Dichter Johann Benjamin Michaelis kennenlernte. Die Reise führte weiter nach Dresden, dort machte er einen Besuch bei dem Kunstschriftsteller und Direktor der Dresdener Kunstakademie, Christian Ludwig von Hagedorn, einem Bruder des Dichters Friedrich von Hagedorn.

Auch in den Sommern 1767 und 1768 reiste Gleim ins Bad nach Lauchstädt und besuchte Halle und Leipzig. Jedesmal sah er den neugewonnenen Freund Jacobi und empfing ihn im September 1767 in Halberstadt. Selbstverständlich standen sie auch im Briefwechsel miteinander. Anfang 1767 knüpfte Gleim noch eine briefliche Beziehung, aus der eine Freundschaft fürs Leben wurde, am 8. Februar 1767 schrieb er den ersten Brief an Johann Gottfried Herder, damals noch Pfarrer in Riga, den Herder am 20. Februar beantwortete.

In dieser Zeit begann in Gleims freundschaftlichen Beziehungen eine Umorientierung auf einen jüngeren Personenkreis. Durch den Bruch mit Ramler war auch das Verhältnis zu den meisten andern Berliner Bekannten, die weiterhin zu Ramler hielten, getrübt worden. Auch andere Beziehungen waren nicht mehr so enthusiastisch, wie Gleim es liebte, etwa die zu Klopstock. Bei den jungen Leuten, die er nun verstärkt kennenlernte, fand er wieder diese freundschaftliche Begeisterung, auch eine gewisse Ehrerbietung und weniger Kritik, und er fühlte sich in seinen freundschaftlichen Bestrebungen wieder voll bestätigt. Außerdem ging es ihm materiell gut, und er konnte seine meist mittellosen jungen Freunde fördern und unterstützen. Er konzentrierte jetzt seine Aktivitäten auf Halberstadt und griff alte Pläne wieder auf, Halberstadt zu einem geistigen Zentrum zu entwickeln. Mit Johann Georg Jacobi machte er den Anfang, er sah wohl, daß dieser in Halle neben Klotz nicht den richtigen Wirkungskreis finden konnte und bemühte sich mit Erfolg um ein Kanonikat für ihn an der Halberstädter Moritzkirche. Im Dezember 1769 endlich siedelte Jacobi nach Halberstadt über, sein Aufenthalt blieb allerdings eine Episode, 1774 verließ er die Stadt wieder.

Vom April 1768 bis zum Mai 1770 war der Schriftsteller Friedrich Leopold Günther von Goeckingk Referendar in Halberstadt und pflegte freundschaftliche Beziehungen zu Gleim, auch Jacobi wird er kennengelernt haben, aber da dieser die meiste Zeit auf Reisen war, scheint er kein engeres Verhältnis zu ihm gewonnen zu haben. Im Januar 1768 machte auch Johann Lorenz Benzler seinen ersten Besuch in Halberstadt. Gleim schätzte den feinsinnigen, immer etwas kränklichen, schwerhörigen jungen Mann, nahm Anteil an seinem Geschick und förderte seine Übersetzungen aus dem Englischen. Auch an seiner späteren Berufung als Bibliothekar nach Wernigerode hatte Gleim Anteil.

1771 unternahm er eine große Reise, deren Hauptziel ein Besuch beim Bruder in Marburg war, in deren Verlauf er aber viele interessante Bekanntschaften machte. Sophie Dorothea begleitete ihn, am 10. Mai bestieg man die Postkutsche. Erster Höhepunkt wurde das Zusammentreffen mit Christoph Martin Wieland, nicht wie geplant in Dieburg, sondern in Darmstadt. Gleim wohnte im Hause des Kriegsrats und Schriftstellers Johann Heinrich Merck, und durch ihn lernte er auch den Kreis der *Darmstädter Empfindsamen*, darunter Caroline Flachsland, die spätere Gattin Johann Gottfried Herders, und den Theologen Leuchsenring kennen. Auch von der Landgräfin Caroline von Hessen wurde Gleim empfangen. Die Reise ging weiter über Wetzlar, wo er Angelegenheiten des Domdechanten Spiegel beim Reichskammergericht zu klären hatte und einen Verwandten, den Apotheker Karl Gustav Gleim, besuchte. Nach kurzem Aufenthalt in Gießen und einem einwöchigen Besuch beim Bruder und seiner Familie in Marburg trat man am 17 Juni die Rückreise an. Am 18. Juni besuchten er und die Nichte die Gemäldegalerie in Kassel und lernten deren Direktor, den Maler Johann Heinrich Tischbein den Älteren kennen, und Gleim ließ sich von ihm porträtieren. In Göttingen machte er die Bekanntschaft des Professors, Mathematikers und Epigrammatikers Johann Christoph Lichtenberg, des Dichters Gottfried August Bürger und des Schweizer Historikers Johannes von Müller. Nach siebenwöchiger Abwesenheit trafen Gleim und die Nichte Anfang Juli wieder in Halberstadt ein und fanden Besuch vor, den jungen stellungslosen Dichter Johann Benjamin Michaelis, den Gleim überredete, wenigstens den Sommer über in Halberstadt zu bleiben, er blieb bis zu seinem frühen Tod am 30. September 1772.

Unangenehm und belastend auch für Gleim wurde eine heftige Auseinandersetzung mit seinem Jugendfreunde Johann Joachim Spalding nach der Veröffentlichung des

Briefwechsels 1771. Gleim sah nur den Bruch der alten Freundschaft, war verbittert und konnte sich nie mehr mit Spalding versöhnen.

Zu den positiven Erlebnissen dieser Jahre zählte die aufkeimende herzliche Freundschaft zu dem Dichter Wilhelm Heinse. Nach einer Empfehlung Wielands war Gleim Ende 1770 mit ihm in Briefwechsel getreten und verschaffte ihm 1772 eine Hauslehrerstelle in Halberstadt und Quedlinburg. Wahrscheinlich prägte Heinse den Begriff „Vater Gleim". 1774 verließ er die Stadt wieder, zusammen mit Johann Georg Jacobi.

Vorübergehend schien sich Gleims Wunsch zu erfüllen, mehrere junge Dichter in Halberstadt zu versammeln. Zu den schon genannten kamen noch der gebürtige Halberstädter Klamer Schmidt, der nach dem Studium seit 1767 wieder in seiner Heimatstadt lebte, und Gleims Neffe, Wilhelm Gleim der Jüngere, ein Bruder der Sophie Dorothea. Im Januar 1774 kam Gleim auf die Idee, seinen jungen Freunden eine kleine literarische Unterhaltung zu verschaffen. Er schlug ihnen vor, Spottgedichte auf Kritiker und Journalisten zu machen. In einer verschlossenen Büchse sollten die anonymen Beiträge und ein Geldstück für die Armen gesammelt werden. Sonnabends nach dem Konzert öffnete man die Büchse, Gleim las die Beiträge vor und ließ die Verfasser erraten. Der beste Beitrag wurde prämiert. Es waren harmlose Gedichte, meist im Stil der Anakreontik. Man spricht in dieser Zeit von der Halberstädter Büchse und dem Halberstädter Dichterkreis, Bezeichnungen, die weit über das hinausgehen, was die Beteiligten planten. Immerhin sammelte Gleim alle Beiträge, die Handschriften sind noch heute erhalten.

Im Jahre 1773 hatte Gleim Schwierigkeiten in seinem Amt als Domsekretär. Aus den Akten des Domkapitels geht der Anlaß der Auseinandersetzungen nicht hervor, Gleim, der gewöhnlich Protokoll führte, streikte und hinterließ leere Seiten. Er beklagte sich bei fast allen Freunden und Bekannten über die Ungerechtigkeiten der Menschen, ohne den konkreten Anlaß zu nennen. Nur der Karschin teilte er am 16. Februar 1774 kurz mit, daß zwei Domherren, ein katholischer und ein evangelischer, einen Prozeß gegeneinander führten. Das Domkapitel stand auf Seiten des Katholiken, aber der Protestant gewann den Prozeß, es brach heftigster Streit aus, und Gleim geriet zwischen die Fronten. Die Auseinandersetzungen weiteten sich aus, der Streit schien auch um die Befugnisse des Domsekretärs allgemein zu gehen. Gleim dachte daran zu klagen, aber der Domdechant riet ab. Gleim fühlte sich unschuldig verfolgt, als Feind der Priester und damit der Religion diffamiert – und das im aufgeklärten 18. Jahrhundert.

Die Auseinandersetzungen kränkten und belasteten ihn und versetzten ihn in eine menschenfeindliche Stimmung. Er dachte sogar daran, Halberstadt zu verlassen, aber Spiegel überzeugte ihn schließlich zu bleiben. Gleim befreite sich aus diesem seelischen Tief durch die ernsten Gesänge des *Halladat*.

Im Sommer 1774 reiste er wieder ins Bad nach Lauchstädt und von hier aus weiter nach Weimar, um zwei glückliche Tage mit der Familie Wieland zu verleben. Er lernte auch den Fabrikanten und Verleger Friedrich Justin Bertuch kennen, der mit Wieland zusammenarbeitete.

Auch in Halberstadt selbst erhielt Gleim wieder neuen Umgang, 1775 kam Gotthold Nathanael Fischer als Rektor, zunächst der Martinischule, später der Domschule hierher. Gleim hatte ihn in Lauchstädt kennengelernt und an seiner Berufung mitgewirkt.

Die Badereise 1775 führte ihn und die Nichte nach Pyrmont und Bad Meinberg. Es kam zur ersten persönlichen Begegnung mit der Familie Herder in Pyrmont und Bückeburg. Als Herders 1776 nach Weimar umzogen, reisten sie über Halberstadt. 1776 begann auch Gleims Briefwechsel mit dem Dichter Johann Heinrich Voß.

Im Mai 1776 hatte Gleim den preußischen Minister des geistlichen Departements von Zedlitz zu Besuch. Das Verhältnis gestaltete sich herzlich und persönlich, und Gleim machte den Minister in der Folgezeit auf verschiedene interessante Leute aufmerksam, denn er hatte seine Lieblingsidee, Preußen zum geistigen Mittelpunkt Deutschlands zu machen, nicht aufgegeben, hatte aber wenig Erfolg.

Im Mai 1777 besuchten Gleim und die Nichte Weimar, sie wohnten bei der Familie Wieland, und Gleim lernte den jungen Goethe kennen, anschließend reiste er noch ins Bad nach Lauchstädt. Auch 1779 war er wieder in Lauchstädt und anschließend kam er über Halle, Leipzig, Dessau und Potsdam nach Berlin.

Gleim, der selbst keine Familie gegründet hatte, nahm am Familienleben seiner Geschwister regen Anteil. 1777 hatte er seine Großnichte Louise Ahrends in sein Haus aufgenommen. Er liebte das Kind sehr und beobachtete aufmerksam seine Entwicklung. Wenn er in Berlin war, weilte er bei den Kindern seiner ältesten Schwester, die dort lebten. Er hatte im Laufe der Jahre auch alle seine Brüder besucht, und 1779 veranstaltete er ein Treffen der noch lebenden Brüder in Magdeburg. Wichtiger für die Familie und den Fortbestand von Gleims Sammlungen war eine Zusammenkunft der drei unverheirateten Brüder im Juni 1781 in Halberstadt, sie gründeten die Gleimsche Familienstiftung, die die Nachkommen der Geschwister unterstützen sollte. Gleim plante auch, seine nun schon umfangreichen Sammlungen in die Obhut der Familienstiftung zu geben. Er bestimmte testamentarisch, daß die Einkünfte aus seinem Vermögen nach dem Tode seiner Nichte Sophie Dorothea Gleim der Familienstiftung zufallen sollten.

Im August 1780 empfing Gleim willkommenen Besuch, Friedrich Heinrich Jacobi mit seiner Schwester und zwei Söhnen und Gotthold Ephraim Lessing, und in Halberstadt wurden die schon in Wolfenbüttel begonnenen Spinoza-Gespräche fortgesetzt. Gleim nahm kaum Anteil daran, er hätte lieber über praktischere Dinge gesprochen. Trotz einer gewissen Enttäuschung blieb ihm dieser Besuch in lebhafter Erinnerung, da es seine letzte Begegnung mit Lessing war.

Ganz anders verlief der Besuch des Schweizer Historikers Johannes Müller im September 1780. Gleim kannte ihn seit seiner Reise 1771, schätzte ihn als Historiker und fand ihn sehr sympathisch. Müller wußte alle Gleimschen Kriegslieder auswendig, was Gleim sicher schmeichelte. Nach eigener Aussage wandte sich Gleim an alle preußischen Minister, um Müller eine Anstellung zu verschaffen, aber vergeblich. Auch Müllers Reise nach Berlin brachte keinen Erfolg. Im Mai 1781 sprach er noch einmal kurz bei Gleim in Halberstadt vor.

Auch die folgenden Jahre waren reich an Reisen und Besuchen, 1783 kamen Herder, Goethe und die Karschin nach Halberstadt, 1784 Matthias Claudius und im Januar 1785 Elise von der Recke, die den Winter bei Goeckingk in Ellrich verbrachte. Im Sommer 1785 rüsteten Gleim und die Nichte noch einmal zu einer großen Reise. Ende Juli fuhren sie über Göttingen nach Bad Pyrmont und dann weiter nach Bremen zu Johann Christian Gottlieb Gleim, einem Halbbruder der Sophie Dorothea und Vater von Betty Gleim, der dort eine Weinhandlung betrieb. Nach einem kurzen Abstecher nach Oldenburg reisten sie nach Hamburg, um den alten Freund Klopstock wiederzusehen. Außerdem verkehrte Gleim mit dem Kirchenmusikdirektor Carl Philipp Emanuel Bach, dem pädagogischen Schriftsteller Johann Joachim Campe, dem Schauspieler Johann Christian Brandes und dem Dichter Christian Friedrich Stolberg. Durch ein Mißverständnis kam das Treffen mit Johann Heinrich Voß nicht zustande.

An einem schönen Septembertag machten Gleim und die Nichte den kleinen Ausflug nach Wandsbeck zu Matthias Claudius. Die Heimreise führte dann auf ziemlich geradem Weg über Lüneburg, Celle, Braunschweig nach Halberstadt, wo man am 22. September abends ankam.

Am Ende des Jahres 1785 weilte Gleim für längere Zeit in Berlin, und am 22. Dezember erfüllte sich einer seiner langgehegten Wünsche, König Friedrich II. von Preußen empfing ihn in Potsdam zur Audienz. Im *Lied, gesungen in der Mitternacht vom Jahr 1785 zum Jahr 1786* erwähnte Gleim die Begegnung mit dem Zusatz, daß er den König nie wiedersehen werde. Über den Verlauf des Gesprächs äußerte er sich nur in einigen Zeilen, die sich im Nachlaß fanden. Sicher trug der Tod seines Bruders Daniel, den er auf der Rückreise in Magdeburg erleben mußte, zu seiner Schweigsamkeit bei, aber die Begegnung mit seinem königlichen Idol brachte doch auch eine gewisse Ernüchterung. Dennoch blieb auch danach seine Verehrung für „Friedrich den Einzigen" ungetrübt. Hier Gleims Verse.

*Der König und Gleim*
*Zu Potsdam, den 22. Dezember 1785*
*Wie heißt der Domdechant? – von Hardenberg. – Macht der*
*Auch Verse? – Mehr als ich! –*
*Macht er sie auch so gut als Er?*
*– Ich glaube nein, man schmeichelt sich*
*Am Liebsten selbst. – Da hat er recht! Die Brüder*
*Im heiligen Apoll, die harmonieren nicht.*
*– Wir harmonieren sehr, denn er macht Kirchenlieder,*
*Ich nicht, und keiner spricht*
*Von seinen Versen. – Das ist besser*
*Als wenn Ihr's tätet! Aber sagt*
*Ist Wieland groß, ist Klopstock größer?*
*Der, Sire, wäre stolz, der's zu entscheiden wagt*
*Er ist nicht stolz? Ich bin's in diesem Augenblick,*
*Sonst eben nicht. – Er geht nach Halberstadt zurück,*
*Ins hochgelobte Mutterland?*
*Ja, Ihro Majestät! Grüß' er den Domdechant.*

Der Inhalt des Gesprächs dürfte hier etwa wahrheitstreu mitgeteilt worden sein. Am 17. August 1786 verstarb der von Gleim so hochgeschätzte König. Den Nachfolger, Friedrich Wilhelm II., hatte Gleim schon als Kronprinzen gekannt, nun bat er ihn in einem Brief vom 23. August 1786, Beschützer der deutschen Musen zu werden. Die zustimmende Antwort des Königs erfolgte bereits am 27. August. Der alternde Gleim war glücklich darüber und fühlte sich von nun an dem preußischen Königshause noch enger verbunden, dadurch wurde auch seine Einstellung zu den politischen Ereignissen der Folgezeit mitbestimmt. Ausdruck dieser Haltung waren Gleims 1787 entstandenen *Soldatenlieder*, die *„das kriegerische Feuer und den Nationalstolz in der ländlichen Jugend"* verbreiten sollten. Als man in einem Gedicht Gleims einen Ausfall gegen das Wöllnersche Religionsedikt sehen wollte, fühlte er sich verpflichtet, eine Rechtfertigung an den Minister zu senden.

Auch an äußeren Ehrungen fehlte es nicht, im Herbst 1786 wurde Gleim zum Mitglied der Königlichen Akademie der Wissenschaften und Freien Künste ernannt, doch sehr viel bedeuteten ihm solche Ehrentitel nicht.

Im Juli 1786 hatte Gleim den Schweizer Theologen und Schriftsteller Johann Caspar Lavater empfangen. Er kannte ihn schon seit 1763 und schätzte seine *Physiognomischen Fragmente*, aber der fast religiösen Verehrung, die sich Lavater gefallen ließ, stand Gleim recht skeptisch gegenüber. Das Spannungsvolle des Verhältnisses drückte auch Lavater im Begleitbrief zu seinem Bildnis aus:

*„Mir ists genug, wenn Gleim diesem Bilde bisweilen einen Blick, ein vielleicht, ein Gott! wenn ich ihm Unrecht täte, eine Zähre gönnen mag, daß gute Menschen von guten so verschieden denken können!"* (März/April 1787)

Im Mai 1788 reiste Gleim wieder einmal nach Weimar, er wohnte bei der Familie Herder und machte die persönliche Bekanntschaft Friedrich Schillers. Goethe war zu dieser Zeit in Italien. Im August 1789 war Gleim in Hildesheim und ließ sich von Johann Heinrich Ramberg

malen, es entstand das bekannte Bildnis des Dichters der
Kriegslieder mit Grenadieren im Hintergrund. 1790 besuchte
Gleim seine Verwandten in Aschersleben und
wurde dort ernsthaft krank, dank sorgfältiger Pflege genas
er aber wieder.

Den Ausbruch und Verlauf der Französischen Revolution
ab 1789 verfolgte Gleim mit Entsetzen. Er hatte in seinen
70 Lebensjahren in einem Staat gelebt, den er im Prinzip
für gut hielt. Die Ziele der Aufklärung, Humanität und
Philantropie sah er wenigstens in Ansätzen verwirklicht.
Sein Glaube an die Macht der Ideen war so groß, daß er
meinte, mit ihrer Hilfe, vor allem durch entsprechende
Erziehung auch der Fürsten, eine Höherentwicklung der
Menschheit und eine Vervollkommnung des Staates zu erreichen,
und er wollte auch selber dabei mitwirken. Außerdem
war seine materielle Lage gesichert, und er hatte sich
auch bei Fürsten und Adel solch ein Ansehen verschafft,
daß er sich als Bürger weder unterdrückt noch diskriminiert
fühlte. Sein ganzer Lebensstil war auf friedliches
Wohlbehagen und Wohltun gerichtet, einen gewaltsamen
Umsturz konnte er nur verabscheuen, da er die harmonisch
friedliche Ausbildung des Individuums gefährdet
sah. Seine Antwort auf die Revolution war eine Vielzahl
von Zeitgedichten unter verschiedenen Titeln, meist als
Privatdrucke in sehr kleinen Auflagen veröffentlicht. In
Briefen schrieb er vielfach, daß er sich von den Zeitereignissen
abkehren und ein friedliches Leben in Abgeschiedenheit
führen wolle. Ausdruck dieser Haltung war die
Gedichtsammlung *Das Hüttchen* 1794, aber für den immer
regen Gleim war es auf Dauer nicht möglich, sich in
seinem Hüttchen zu verkriechen.

Gleims Reiselust blieb bis ins hohe Alter ungebrochen,
1793 und 1797 besuchte er Dessau und Wörlitz, bei dem
dortigen Fürsten wurde er immer freundlich aufgenommen.
1797 traf er dort mit Karl August Böttiger aus Weimar
zusammen, gemeinsam erlebte man den reizvollen

Wörlitzer Park. Durch die Bekanntschaft mit dem Maler Johann Friedrich August Tischbein wurde in der Folgezeit auch Gleims Sammlung von Bildnissen bereichert.

Im Mai 1794 lernte Gleim endlich einen Mann kennen, mit dem er schon seit 1776 Briefe wechselte, Johann Heinrich Voß und sein Sohn Heinrich kamen zu Besuch. Gleim beeinflußte die idyllische Dichtung *Louise* und ermunterte zur Übersetzung antiker Autoren, vor allem der *Odyssee*. Die Familie Voß wiederholte ihre Aufenthalte in Halberstadt 1796, 1797 und 1802.

1796 begann Gleims Freundschaft mit dem jungen Dichter Jean Paul, die seine letzten Lebensjahre überstrahlte. Ein ähnlich herzlich väterliches Verhältnis baute Gleim ab 1797 zu dem Schriftsteller Johann Gottfried Seume auf. Beide Freundschaften trugen wesentlich dazu bei, daß Gleim nicht vereinsamte und kaum spürte, daß er sich als Dichter überlebt hatte. Auch Gleim hatte zu den Dichtern gehört, die in Goethes und Schillers *Xenien* 1797 angegriffen worden waren. Er selbst hatte die Anspielung zunächst überlesen, erst Caroline Herder half ihm, manche der Verse zu verstehen. In der ersten Aufregung verfaßte Gleim Gegenxenien unter dem Titel *Kraft und Schnelle des alten Peleus*, allerdings konnte er damit die gegen ihn geäußerte Meinung nicht entkräften.

Nach knapp 50 Jahren im Amt beendete Gleim im Sommer 1797 seine Tätigkeit als Domsekretär. Nachfolger wurde der Assistenzrat Johann Heinrich Lucanus, allerdings mit etwas anderer Aufgabenverteilung. Gleim behielt sein volles Gehalt, und man sprach den Wunsch aus, daß er mit seinen Erfahrungen dem Domkapitel noch recht lange nützen möge. Nach Körtes Angaben blieb z.B. die Stipendienvergabe des Kapitels weiterhin seine Aufgabe, der er sich mit voller Hingabe widmete.

Nach 1800 nahm Gleims Sehkraft rapide ab. Eine am 2. August 1801 von Karl Himly, damals Professor der Medizin in Jena und Bruder des Ehemanns von Louise Ahrends, durchgeführte Staroperation brachte keinen Erfolg. Spätestens seit dieser Zeit war Gleim völlig blind. Für einen so regen Mann war es äußerst schwierig, dieses Schicksal zu akzeptieren. Die Hausbewohner hatten es sehr schwer mit ihm, der Großneffe Körte floh vorübergehend nach Berlin. Dennoch geriet Gleim nie in geistige Isolation, er ließ sich vorlesen und diktierte seine Briefe.

Auch Gleims letztes Lebensjahrzehnt war angefüllt von Kontakten zu alten und neuen Freunden. Die Beziehungen zu Jean Paul und Seume wurden intensiv gepflegt, 1794, 1797 und 1800 war die Familie Herder zu Gast Auch Johannes von Müller stellte sich noch einmal 1794 ein, 1795 kamen Friedrich Heinrich Jacobi und seine Frau Betty zu Besuch. 1801 klopfte sogar der spätere Dramatiker Heinrich von Kleist an Gleims Tür, er befand sich mit seiner Schwester Ulrike auf einer Reise nach Paris. Allein schon sein Name sicherte ihm eine gütige Aufnahme, von der Parisreise hätte ihn der alte Gleim allerdings gerne abgehalten. Als die Familie Voß 1802 nach Jena zog und Gleim zum letzten Mal besuchte, freuten sie sich, daß sie den blinden Mann *„noch so voll inneren Lebens und so teilnehmend für alles fanden, was jeder von sich selbst und aus der Welt mitzuteilen Lust hatte."*

Anfang 1803 fühlte Gleim sein Ende herannahen. Er diktierte Abschiedsbriefe an einige besonders geschätzte Freunde, so an Klopstock und die Familie Herder, ihr wünschte er am 9. Februar Wachsen und Gedeihen. Schon Ende 1802 hatte er sich von einigen Mitgliedern der Familie Stolberg-Stolberg verabschiedet, wohl aus dem Gefühl heraus, daß er ihren Übertritt zum Katholizismus zu scharf verurteilt hatte. Am 18. Februar 1803 entschlief er sanft, ohne daß die anwesenden Verwandten die genaue Todeszeit bemerkten.. Er wurde in seinem geliebten Garten an der Holtemme beigesetzt, Gedenkurnen an früher verstorbene Freunde umgaben sein Grab, bis sie nach dem Ende des Zweiten Weltkrieges im Gärtchen hinter dem Gleimhaus aufgestellt wurden. 1847 setzte die Gleimsche Familienstiftung ihrem Hauptinitiator ein schlichtes gußeisernes Denkmal über seinem Grab.

### Gleim als Dichter

Gleim gehörte zur älteren Generation von Dichtern, für die Dichtung Freizeitbeschäftigung war, das Produkt *„poetischer Nebenstunden"*. Für sich selbst hat er kaum ernsthaft angestrebt, allein seiner Dichtung zu leben. Nur 1762, als er durch die Kriegsereignisse beruflich stark belastet war und wohl auch persönliche Probleme mit einigen Domherren hatte, äußerte er Ramler gegenüber den Wunsch, sein Amt niederzulegen und mit seinen Dichtungen Geld zu verdienen. Die erfolgreiche Pränumeration auf die Gedichte der Karschin bestärkte ihn sicher bei diesen Wünschen. Er ließ sich dann aber doch vor allem vom Domdechanten Spiegel bewegen, sein Amt beizubehalten.

Das Dichten blieb für ihn bis zu einem gewissen Grade erlernbar und Ausdruck geistiger Beweglichkeit. Noch bei seiner ersten Begegnung mit Schiller im Mai 1788 in Weimar gestand Gleim, daß alle seine Gedichte Ausfluß des Augenblicks wären und ihn nicht länger als ein oder zwei Stunden beschäftigen dürften. Für eine weitläufige Komposition hätte er weder Geduld noch Zeit. Im Nachwort zu Gleims Gedichten 1969 sprach Jürgen Stenzel davon, daß Gleim jede Anstrengung scheute und nannte ihn den ersten Dilettanten großen Stils in der deutschen Literatur. Ich möchte ergänzen, daß der Beruf für Gleim immer deutlicher an die erste Stelle rückte. Der Dichter Gleim, der fast immer anonym blieb, unterschied sich deutlich vom Bürger Gleim. Schon in der Vorrede zum *Versuch in scherzhaften Liedern* hieß es: *„Schließet niemals aus den Schriften der Dichter auf die Sitten derselben, Ihr werdet Euch betrügen, denn sie schreiben nur, ihren Witz zu zeigen."* Das war Programm und Schutzbehauptung zugleich, denn über Sinnlichkeit und Lebensgenuß zu dichten, wurde von weiten Teilen des Publikums und teilweise auch von den Dichtern selbst als anstößig empfunden und sollte kein Urteil über ihre persönliche Moral zulassen. Trotzdem bemühte sich Gleim, alles, was als anstößig empfunden werden konnte, aus seinen Gedichten zu tilgen. Gut 20 Jahre später in den *Briefen von den Herren Gleim und Jacobi* 1768 hieß es dann, *"... die wahren Empfindungen nicht, sondern die angenommenen machen den Dichter"*. Bei dieser Haltung machte sich Gleim kaum Sorgen darüber, wie sein Briefwechsel mit Jacobi auf das Publikum wirken könnte, der tändelnde Dichter Gleim und der zuverlässige „Geschäftsmann" Gleim konnten durchaus nebeneinander bestehen. Diese Grundhaltung behielt er ein Leben lang bei, auch die Ansichten des preußischen Grenadiers waren nicht völlig die des Menschen Gleim. Wie sehr er Leben und Dichtung trennte, geht auch daraus hervor, daß er die Karschin bat, keine Versbriefe zu schreiben, wenn sie ihm etwas mitzuteilen hätte. Für Gleim gehörte der Vers zur Dichtung, war also Fiktion, und er hatte Schwierigkeiten, den Realitätsgehalt solch eines Versbriefes zu ergründen.

Gleim schlüpfte bei allen seinen Dichtungen in eine Rolle, wohl auch deshalb hat er so viele Gedichte anderer nachgebildet, Anakreon, Horaz, die Minnesänger und einige französische Dichter. Was zunächst wie ein Originalgedicht wirkt, stellt sich bei intensiverer Betrachtung oft als Nachdichtung heraus. Wirkliche Emotionen machten Gleim das Dichten unmöglich, so konnte er seinem geliebten Freunde Ewald Christian von Kleist nach dessen Tode kein poetisches Denkmal setzen. Selbstverständlich hat er später auch bei Todesfällen Gedichte verfaßt, weil es von ihm erwartet wurde, aber das waren reine Gelegenheitsgedichte.

Seinen ersten größeren dichterischen Erfolg errang Gleim mit dem *Versuch in scherzhaften Liedern*, 1744, zweiter Teil 1745. Der neu gewonnene Freund Pyra hatte zur Veröffentlichung geraten. Beide Teile wurden bei J.J. Schütze in Berlin verlegt, der erste Teil aber in Potsdam gedruckt, nicht nur, weil Gleim dort lebte, sondern weil man dort ohne Zensur veröffentlichen konnte. Diese Gedichte entstanden durch die Beschäftigung mit dem angeblichen Werk des griechischen Dichters Anakreon, eigentlich waren es spätantike Verse, die der Franzose Henri Estienne 1554 herausgegeben hatte. Außerdem erwachte bei Gleim ein formales Interesse an reimloser Dichtung, das auch die Schweizer Bodmer und Breitinger und Gleims Hallenser Lehrer und Freund Meier propagierten. Man sollte aber auch den kulturgeschichtlichen Hintergrund nicht übersehen, der jüngere Hallische Dichterkreis war eine typisch studentische Bewegung, die den literarischen Rationalismus der Aufklärung, aber auch eine gewisse pietistische Frömmelei in Halle ablehnte, ebenso wie moralisierende Dichtung, ohne den Anspruch auf Moral aufzugeben. Der anakreontischen Lebensauffassung entsprach es, Reichtum, Ehre und Macht zu verachten, das Leben, besonders die Jugend, zu genießen und stets an die Flüchtigkeit der Zeit zu denken. Liebe, Wein und Rosen wurden zu wichtigen Attributen heiteren Lebensgenusses.

Zemann sieht bei Gleim allerdings auch gesellschaftsbezogene, soziale und politische Themen und bezeichnet ihn als recht selbstbewußten Bürger. Als Alternative konnte Gleim allerdings nur das gesellschaftslose Ideal unverbrauchter Natur anbieten. Dennoch blieb die Thematik der Gedichte eingeengt, was schon von Zeitgenossen, etwa von Sulzer, kritisiert wurde. Die Inhalte spiegelten aber auch das Lebensgefühl großer Teile der jungen Generation, nur so ist der große Erfolg dieser Sammlung zu begreifen. Noch 1744 wurde der erste Teil der Lieder in Hamburg nachgedruckt und zahlreiche andere Dichter begannen, in der gleichen Art zu schreiben. 1749 erschienen noch einmal zwei Bändchen, nun aber gereimter Lieder, mit den Druckorten Amsterdam und Zürich. Gleim, der als Verfasser weitgehend unbekannt blieb, hatte sie aber in Halberstadt beim Buchdrucker Friderich drucken lassen. Er bemühte sich, die Gedichte über einen ihm bekannten Verleger zu verkaufen, um wenigstens die Druckkosten erstattet zu bekommen, beim Berliner Verleger Voß hatte er schließlich Erfolg. Der Dichter Gleim behielt sein Leben lang einen anakreontischen Zug bei, die Hinwendung zu Moral, Frömmigkeit und Humanität verstärkte sich aber mit zunehmendem Alter. 1764 erschienen *Sieben kleine Gedichte nach Anakreons Manier*, 1766 *Lieder nach dem Anakreon* und 1767 *Neue Lieder*, die zur engeren anakreontischen Dichtung zählen.

Den anakreontischen Gedichten nahe verwandt sind auch die Schäferspiele Gleims. 1743 entstand *Der blöde Schäfer*, der von der Schönemannschen Schauspieltruppe in Berlin über vierzigmal aufgeführt worden war und auch in Breslau Erfolg gehabt hatte. 1745 erschien ein Druck, den ein Schauspieler veranlaßt hatte. Auch *Der dreiste Schäfer* von Gleim ist aufgeführt worden, Gleim selbst sah aber keine Vorstellung, auch ein Druck ist nicht bekannt. Gleim plante, noch einen *klugen Schäfer* zu schreiben, zweifelte aber selbst daran, daß er es ausführen würde. Alle drei Stücke sollten zusammen, aber auch einzeln aufgeführt werden können.

Inhaltlich interessanter sind die etwa gleichzeitig entstandenen Gedichte *Die Schäferwelt, Die Bürgerwelt, Sendschreiben an das Pflanzstädtlein zu Herrnhut bei Übersendung eines Mohren* und *Das Glück der Spitzbuben*. In der Schäferwelt wird das einfache Leben in natürlicher Umgebung zum Ideal erhoben und teilweise recht kritisch mit der realen Welt verglichen. Trotz der „*elenden Abschriften*", über die sich Gleim ärgerte, beförderte er das Gedicht nicht selbst zum Druck, es erschien erst 1750 in W. A. Paullis *Poetischen Gedanken*. Das Gegenstück *Die Bürgerwelt* blieb Fragment und ungedruckt. *Das Sendschreiben an das Pflanzstädtlein zu Herrnhut …* erschien 1744 in *Freie Urteile und Nachrichten zum Aufnehmen der Wissenschaften und Historie überhaupt* in Hamburg und zeigte Gleim als Sohn der deutschen Aufklärung, der die von Gott gegebene Vernunft zur alleinigen Richtlinie des menschlichen Handeln machte. Die Satire *Das Glück der Spitzbuben* erschien 1748 in *Neue Beiträge zum Vergnügen des Verstandes und Witzes*.

Mit der Veröffentlichung der *Freundschaftlichen Briefe* 1746 übernahm Gleim eine Vorreiterrolle. Er wollte den natürlichen Briefstil fördern, den freundschaftlichen Austausch, *„die Sprache des Herzens und der Vertraulichkeit"* (Vorwort), im Gegensatz zur amtlichen Briefform, die er als Jurist ständig verwenden mußte. Dieser freundschaftliche Briefwechsel zwischen Gleim und Samuel Gotthold Lange wollte auch dem Deutschen als Literatursprache mehr Gewicht verschaffen und erschien sechs Jahre, bevor Gellert 1751 seine *Praktische Abhandlung von dem guten Geschmacke* in Briefen herausgab und damit wesentlich auf den Briefstil der Zeit einwirkte. Bekannter als diese frühen Briefe, die 1760 eine Neuauflage erfuhren, wurden die 1768 in Berlin veröffentlichten *Briefe von den Herren Gleim und Jacobi*. Die Behauptung in der Vorrede, daß ein ungenannter Herausgeber in den Besitz der nicht für die Öffentlichkeit bestimmten Briefe gelangt sei, gehört zum Versteckspiel, das Gleim mit vielen seiner Werke betrieb.

Vergleicht man diese Briefausgabe mit den tatsächlich geschriebenen Briefen, fällt auf, daß die realen Mitteilungen weitgehend getilgt wurden, es blieb anakreontische Tändelei fast ohne Bezug zur realen Welt. Die Lektüre für heutige Menschen ist sehr schwierig. Schon unter Gleims Zeitgenossen überwogen die kritischen Stimmen. Auch die Schutzbehauptung, daß die angenommenen, nicht die wahren Empfindungen den Dichter ausmachen, konnte nicht verhindern, daß die Karschin unangenehm berührt war von den süßlichen Freundschaftsbeteuerungen zweier erwachsener Männer, und daß der Hofrat Stahl in Berlin Gleim und Jacobi nicht in seinem Hause empfing, weil er sich von diesen Briefen abgestoßen fühlte. Auch Goethe schrieb im 14. Buch von *Dichtung und Wahrheit*: *"Jene Briefe und Gedichte, worin Gleim und Georg Jacobi sich öffentlich aneinander freuten, hatten uns zu mancherlei Scherzen Gelegenheit gegeben ..."* Diese Briefe vereinigen Prosa und Lyrik miteinander und wurden vor allem vom Franzosen Gresset beeinflußt. In der literaturwissenschaftlichen Forschung wurde Gleim bisher fast ausschließlich mit diesen Briefen identifiziert, die ein völlig falsches Licht auf seinen Briefwechsel überhaupt werfen. – Er hat sich mit dieser Veröffentlichung keinen Gefallen getan. Die späteren Veröffentlichungen der Briefe von Spalding (1771) und Boysen (1772) sind hauptsächlich von inhaltlich-biographischem Interesse.

1756 gab Gleim Romanzen heraus und führte damit Namen und Gattung in Deutschland ein. Das erste der drei Stücke war eine freie Nachdichtung von Moncrifs *Marianne*. Die ursprünglich spanische Romanze war ein Gegenstück zur germanischen Ballade und besang ihre Helden in volksliedhafter einfacher Form. Gleim bemühte sich, das Denken, Fühlen und die Sprache der ungebildeten Stände poetisch umzusetzen, machte sein Anliegen aber durch den leicht ironischen Ton zunichte und näherte sich dem Bänkelgesang. Trotz dieser Stilmischung fand Gleim zahlreiche Nachahmer, bis hin zu Gottfried August Bürger, der sich aber nach dem Erfolg der *Lenore* dem ernsten Stil der Ballade ganz zuwandte. Den echten Geist der Romanze vermittelte erst Herder durch seine Übertragung des spanischen Romanzenzyklus *Cid*.

1756 und 1757 erschienen die beiden Teile von Gleims *Fabeln*, eine Neuauflage erfolgte 1786. Hier begann sich eine Wende in Gleims Auffassung von Dichtung abzuzeichnen. Hatte er bisher unterhalten wollen und überwog die Freude an der (nicht immer gelungenen) Pointe, so bekannte er sich nun dazu, belehren und Nutzen stiften zu wollen. Besonders der zweite Teil enthält Nachdichtungen antiker und französischer Vorbilder. Die Tiergeschichte (es kommen auch einige andere vor) wird in gereimten Versen behaglich erzählt, auf die angehängte Moral verzichtete er weitgehend. Die anspruchslosen Geschichtchen weisen in der Form manchen Mangel auf, so daß Gleim mit seinen Fabeln nicht den Ruhm seiner Zeitgenossen Gellert und Lichtwer, und überhaupt nicht die intellektuelle Schärfe Lessings erreichen konnte.

Durch die Ereignisse des Siebenjährigen Krieges angeregt, begann Gleim 1756, Kriegslieder zu schreiben. Er schlüpfte dabei in die Rolle eines einfachen preußischen Grenadiers, der am Kriege teilnahm und Schlachten und Siege in einer volkstümlichen Sprache besang und erhielt diese Fiktion auch den meisten Freunden gegenüber aufrecht. Über detaillierte Kenntnisse von den Kriegsschauplätzen verfügte er in erster Linie durch den Briefwechsel mit Kleist, aber auch durch Briefe anderer, z.B. des Feldpredigers Küster oder des alten Freundes Sulzer aus Berlin. Jedes neu entstandene Lied schickte er an Gotthold Ephraim Lessing, damals in Leipzig, den er außerordentlich schätzte, deshalb konnte er Lessings kluge Kritik auch bereitwillig annehmen. Lessing ließ jedes Lied zunächst einzeln drucken und 1758 erschien dann die Sammlung *Preußische Kriegslieder in den Feldzügen 1756 und 1757 von einem Grenadier. Mit Melodien* bei Voß in Berlin. Die Melodien waren von Gleims Berliner Freund Christian Gottfried Krause, die Vorrede von Lessing. Gleim benutzte die vierzeilige Chevy-Chase-Strophe, die für englische Volksballaden typisch war. Die Zeitgenossen sahen in dem stumpfen Versausgang und der naiven Art der Darstellung etwas Altertümliches, Heroisches, Kriegerisches, wie es auch Lessing in seiner Vorrede betonte, und so trug auch die Form zum Erfolg bei. Vor allem war es aber die Aktualität, die Nähe zum Geschehen. Im zersplitterten Deutschland fehlte es an nationalen Themen für die Dichtung, und so wurden dynastische Ziele des jungen Preußenkönigs zu nationalen hochstilisiert. Selbst Goethe in Frankfurt am Main hatte es so erlebt und sprach davon, daß die Familie „*fritzisch*" gesinnt war. Im siebenten Buch von *Dichtung und Wahrheit* schrieb er:

*„Die Kriegslieder, von Gleim angestimmt, behaupten deswegen einen so hohen Rang unter den deutschen Gedichten, weil sie mit und in der Tat entsprungen sind, und noch überdies, weil an ihnen die glückliche Form, als hätte sie ein Mitstreitender in den höchsten Augenblicken hervorgebracht, uns die vollkommenste Wirksamkeit empfinden läßt."*

Gleims letztes Kriegslied *Der Grenadier an die Kriegsmuse nach dem Siege bei Zorndorf* ist in fünffüßigen Jamben abgefaßt und fand weder nach Inhalt, noch nach Form den ungeteilten Beifall der Freunde. Nach einem fragmentarischen Druck, den Lessing in den *Briefen, die neueste Literatur betreffend*, veranlaßt hatte, erschien ein vollständiger Druck aus politischen Gründen in der Schweiz bei Geßner. Die Sammlung der Lieder wurde 1760, 1770 und 1778 neu aufgelegt. Von Johannes von Müller wird berichtet, daß er 1780, bei einem Besuch in Halberstadt, die Kriegslieder mit Begeisterung auswendig lernte. Einzelne Lieder fanden im ganzen 19. Jahrhundert Aufnahme in die Lesebücher höherer Schulen und sicherten Gleim einen gewissen Nachruhm. 1778 während des Bayrischen Erbfolgekrieges und nach Ausbruch der Französischen Revolution von 1789 versuchte sich Gleim noch einmal auf diesem Gebiet, konnte aber an den Erfolg von 1758 nicht anknüpfen.

Starke berufliche Anspannung im Siebenjährigen Krieg, der Tod des Freundes Ewald Christian von Kleist und wohl auch der Bruch mit Ramler hemmten zeitweilig Gleims dichterische Produktivität. Durch den regen Verkehr mit jüngeren Literaten wurde er um 1770 wieder zu eigener Dichtung angespornt. 1769 war, vom Publikum relativ unbemerkt, seine erste Sammlung von Sinngedichten erschienen. Für heutige Leser sind gerade diese Epigramme eine interessante Fundgrube von Meinungen auch über Dichter der Zeit, und wo Gleim prägnante Kürze gelang, sind seine nachdenklichen Aussagen durchaus den bekannteren deutschen Epigrammdichtern an die Seite zu stellen.

1772 veröffentlichte Gleim *Lieder fürs Volk.* Er hatte versucht, die produktive Zusammenarbeit mit Lessing aus der Zeit der Kriegslieder wieder aufleben zu lassen. Lessing lobte zwar Gleims Begriff vom Volk, *„Sie nur haben das Volk eigentlich verstanden, und den mit seinem Körper tätigen Teil im Auge gehabt, dem es nicht sowohl am Verstande, als an der Gelegenheit fehlt, ihn zu zeigen".* (Lessing an Gleim, 22. März 1772) Er schrieb aber nicht die gewünschte Vorrede. Die Resonanz beim Publikum blieb gering, es waren keine echten Volkslieder. Auch die erweiterte Auflage von 1800 fand wenig Beachtung.

1773 veröffentlichte Gleim *Gedichte nach den Minnesingern,* eine recht freie Nachdichtung mit anakreontischen Zügen, keine Übersetzung. Diese mittelalterlichen Dichtungen waren trotz der Bemühungen Bodmers 1748 noch relativ unbekannt. Der Erlös aus der Veröffentlichung war für zwei arme Mädchen bestimmt, eine davon war die Schwester des jung verstorbenen Dichters Johann Benjamin Michaelis. Nach Veröffentlichungen einzelner Gedichte in Musenalmanachen erschienen 1779 *Gedichte nach Walther von der Vogelweide.* Gleim fehlte der historische Sinn, und er folgte Bodmer auch in allen seinen Irrtümern, dennoch war die Übertragung dazu angetan, das Interesse der Zeitgenossen für die Lyrik des Mittelalters zu wecken, und Gleim war neben Bodmer der erste, der die Bedeutung Walters von der Vogelweide erkannte.

Nach beruflichen Problemen entschloß sich Gleim 1774 zu der religiös-philosophisch gefärbten Dichtung *Halladat oder das rote Buch* (ein Hinweis auf den roten Einband). Zunächst wußte nur Heinse von dieser Arbeit, später wurde auch Klamer Schmidt eingeweiht, gedruckt wurde das Werk bei Bode in Hamburg. Auch Lessing hatte Anteil an Gleims Schwierigkeiten und am *Halladat* genommen und meinte zunächst, Gleim hätte eine Vorlage benutzt. Gleim beteuerte daraufhin, daß alles allein seinem Kopfe entsprungen sei und er schon immer eine Bibel schreiben wollte, gab aber eine gewisse Beeinflussung durch den Koran zu. Diese Dichtung mit ihren Menschenverbesserungsideen wurde zwar von den meisten Freunden gelobt, Wieland zeigte sie im *Teutschen Merkur* an, die eher zurückhaltend positive Einschätzung führten die meisten Leser darauf zurück, daß Wieland Gleim kurz zuvor in Halberstadt besucht hatte. Die von Gleim erhoffte Wirkung *Halladats* blieb allerdings aus, er wurde kein Schullesebuch, der Inhalt war zu verschwommen und die Form nicht gemeistert.

Von ähnlicher Tendenz, doch präziser im Ausdruck und ohne strenge religiöse Verankerung waren die 1775 erschienenen *Goldenen Sprüche des Pythagoras*, die 1786 noch einmal mit einem Anhang herausgegeben wurden. Darin befindet sich folgender Spruch

*Schließ, was du denkst und sprichst,*
*in angemeßne Schranken,*
*In deinem Redefluß ersäufst du die Gedanken*

Leider hat Gleim seinen eigenen Vorschlag nicht immer befolgt, und so gehen gute Gedanken und angemessene Formulierungen unter im Meer des Mittelmäßigen. Bemerkenswerten Erfolg konnten ihm diese Sprüche nicht einbringen.

Mit *Einige Gedichte für einige Leser auf dem Kongreß zu Reichenbach und auf der Kaiserwahl zu Frankfurt am Main* 1790 begann eine Flut von Zeitgedichten, mit denen Gleim die revolutionären Ereignisse in Frankreich begleitete, darunter *Zeitgedichte vor und nach dem Tode des heiligen Ludwig XVI.* 1793 und *Zeitgedichte von einem alten Deutschen* 1801. Es ging Gleim darum, seine ablehnende Haltung auszudrücken, auf Publikumswirkung rechnete er fast nicht, die Bändchen erschienen durchweg als Privatdrucke in sehr kleinen Auflagen, die Gleim großzügig verschenkte. Es war nicht ausschließlich die große Politik, die ihn beschäftigte, einzelne Gedichte waren auch an bekannte Persönlichkeiten gerichtet oder Nachrufe auf Verstorbene.

Die Gedichtsammlung *Das Hüttchen* 1794 entstand aus der gleichen Grundhaltung, ist in der Aussage aber entgegengesetzt, Gleim wollte sich vom Zeitgeschehen, das ihn beunruhigte, abkehren und sich in eine idyllische kleine Welt zurückziehen. Die meist vierzeiligen Strophen sind einfach im Aufbau, die Grundstimmung ist elegisch, neben einzelnen gelungenen Versen stehen viele, die schon die Zeitgenossen nicht begeistern konnten.

Gleims Gegenxenien *Kraft und Schnelle des alten Peleus* 1797 sind höchstens als Ausdruck seiner Gesinnung interessant.

Nach den *Preußischen Kriegsliedern* war Gleim kein großer Wurf mehr gelungen. Er fand seine Bestätigung in alten und neuen freundschaftlichen Beziehungen und nahm nur am Rande wahr, daß er sich als Dichter überlebt hatte. Die moderne Literaturwissenschaft spricht bei der Anakreontik von einem Öffentlichkeitsverlust (Zemann) der deutschen Literatur, der auch durch die deutsche Kleinstaaterei bedingt war. In den höfischen Zentren Wien und Berlin dominierten italienische bzw. französische Literatur, die deutsche Literatur entwickelte sich in kleinen bürgerlichen Zentren abseits der Höfe. Dieser Öffentlichkeitsverlust traf bei Gleim in doppelter Hinsicht zu, nicht nur die Thematik seiner frühen Gedichte bewegte sich im privaten Bereich der bürgerlichen Gesellschaft, sondern er zog sich auch immer mehr vom Buchmarkt zurück. Schon die *Lieder* 1749 ließ er privat drucken, bot sie jedoch damals noch Verlegern zum Verkauf an, um wenigstens die Druckkosten erstattet zu bekommen. Darauf war er später nicht mehr angewiesen und verschenkte seine Schriften großzügig, nahm sich damit natürlich auch die

Möglichkeit einer größeren Wirkung. Trotz aller Einschränkungen hatte Gleim der Literatur seiner Zeit manchen neuen Weg gezeigt, er war interessiert und gebildet genug, auch Anregungen aus fremdsprachlicher Dichtung zu übernehmen. Dabei wollte er sich sein Leben lang das Vergnügen an poetischer Produktion erhalten, das Überarbeiten und Verbessern von Versen war nicht seine Sache. Deshalb kam es auch zu seinen Lebzeiten zu keiner Gesamtausgabe seiner Werke, obwohl ihn viele Freunde und Teile des Publikums immer wieder dazu aufforderten. Gleim hatte ein tiefes Mißtrauen gegenüber Verlegern und wollte sich an keinen binden, außerdem brauchte er jemanden, der seine Gedichte redigierte. Anfang der sechziger Jahre, als sich abzeichnete, daß die Gedichtausgabe der Karschin wirtschaftlich recht erfolgreich werden würde, dachte auch Gleim daran, diesen Weg zu gehen. Ramler wollte ihn bei der Überarbeitung unterstützen, aber als er seine Kritiken ohne Umschweife anbrachte, reagierte Gleim so empfindlich darauf, daß die zwanzigjährige Freundschaft daran zerbrach. Schon 1761 wollte sich der Verleger Winter, mit dem Gleim einen Vertrag geschlossen hatte, eher verklagen lassen, als die Werke zu drucken, und so scheiterte das Projekt. Auch spätere Pläne wurden nicht ausgeführt, da Gleim nicht die Unterstützung fand, die er brauchte, und so blieb es seinem Großneffen Körte vorbehalten, die erste „Gesamtausgabe" von Gleims Werken zu veröffentlichen.

### Gleim als Freund und Förderer

Gleim war ein typischer Vertreter des Jahrhunderts der Freundschaft, wie das achtzehnte auch genannt wird. Freundschaft war für ihn kein enges, ausschließlich auf eine Person gerichtetes Gefühl, sondern Gleichklang mit einer größeren Gruppe. Seine Beziehungen sind mit Freundschaftsbünden, etwa den *Bremer Beiträgern* oder dem *Göttinger Hain* zu vergleichen, aber noch offener in der Auswahl der Teilnehmer. Kontakte zu etwa 400 Persönlichkeiten waren ohne umfangreichen Briefwechsel nicht denkbar. Viele der Briefe erfüllen die Kriterien des *„freundschaftlichen Briefwechsels"*, die der von Gleim 1746 herausgegebenen Musterbriefsammlung zugrundelagen. Neben der Förderung des deutschen Briefstils ging es darum, den Wert des Briefes für die Freundschaft deutlich zu machen.

Auch die Idee des Freundschaftstempels ist aus Gleims sehr weitgefaßter Vorstellung von Freundschaft abzuleiten. Bei ihm waren es Räume seines Hauses, in dem er die Porträts seiner Freunde sammelte, um ständig an sie erinnert zu werden. Im Freundschaftstempel wurden Besucher empfangen, Feste gefeiert und Briefe und Gedichte geschrieben. Das moralische Prinzip des Einstehens der Freunde füreinander war bei Gleim besonders stark ausgeprägt. Es schmerzte ihn, wenn sich Menschen, denen er sich freundschaftlich verbunden fühlte, untereinander bekriegten, wie etwa Lessing und Lange, oder Lessing und Klotz. Gleim wollte immer vermitteln, ein gutes Beispiel im Leben und in der Dichtung schien ihm wesentlich wirksamer zu sein als Kritik oder Spott, beides lehnte er mit zunehmendem Alter immer heftiger ab, allerdings war er bei seinen eigenen Fehden nicht ganz so tolerant. Trotzdem schloß er niemanden aus dem Freundschaftstempel aus, weder die Freunde, die sich untereinander befehdeten, noch die, mit denen er selbst in Streit geriet. Er hielt Freundschaft für das höchste Gut im Leben der Menschen, stellte sie in manchen Äußerungen über die Liebe.

Gleim hatte sein Leben lang ein offenes, einnehmendes Wesen, Ramler lobte seine Leichtigkeit im Umgang. Gleim selbst sagte von sich, daß er die meisten Freundschaften schnell und ohne lange Prüfungen geschlossen habe. Er war aber auch heftig, besitzergreifend und eifersüchtig, wie manche seiner Freunde bezeugten. In vielen Jugendfreundschaften hatte Gleim ein gewisses Übergewicht, teilweise war er der ältere, oder der als Dichter zunächst erfolgreichere und erfahrenere, der seine Freunde lenken und leiten wollte. Wenn sich im Laufe der Jahre die Gewichte verschoben und der Freund eine andere Rolle beanspruchte, konnte sich Gleim nur schwer auf die veränderte Situation einstellen und klagte über das Erkalten der Freundschaft. In manchen Beziehungen, etwa in denen zu Ramler und Spalding kam es zum endgültigen Bruch.

Ende der sechziger Jahre, als Kleist tot war, der Bruch mit Ramler vollzogen, die Entfremdung zu Spalding sich ankündigte und auch das Verhältnis zu Klopstock nicht mehr so überschwänglich war, wandte sich Gleim zunehmend jüngeren Freunden zu. Besonders bekannt geworden sind seine Beziehungen zu Johann Georg Jacobi durch die Veröffentlichung des Briefwechsels. Daneben sammelte Gleim die Mitglieder des sogenannten Halberstädter Dichterkreises um sich. Sicher genoß Gleim die relative Anerkennung dieser jungen Leute und seine Stellung als Mentor. Als Dichter ging seine Bedeutung zurück, menschlich brachten ihm die neuen Beziehungen aber viel mehr als erkaufte Anerkennung, sie waren ein Jungbrunnen für ihn und schützten vor der angeblichen Kälte älterer Freunde.

Fast gleichzeitig mit dem Briefwechsel mit Johann Georg Jacobi begann für Gleim der sehr intensive Austausch mit Johann Gottfried Herder und nach dessen Heirat auch mit seiner Frau Caroline. Der Briefwechsel mit Christoph Martin Wieland war in dieser Zeit am intensivsten, nachdem es schon 1755 einen kurzen Kontakt gegeben hatte. Unter den jungen Freunden waren Wilhelm Heinse und Gottfried August Bürger durchaus begabte Dichter und die noch viel jüngeren, etwa Jean Paul und Johann Gottfried Seume, waren nicht nur von Gleims Persönlichkeit beeindruckt, sondern fanden in ihm auch einen durchaus kompetenten Gesprächspartner. Der Ton der Freundschaft war oft überschwänglich, wenn der Partner es zuließ, in anderen Fällen aber auch sachlich.

Für Gleim war mit Freundschaft auch Hilfe und Unterstützung verbunden. Bei ihm vereinigte sich der Humanitätsgedanke des 18. Jahrhunderts mit der Liebe zu Preußen, das er fast mit Deutschland gleichsetzte. Durch die Hilfe für einen dichtenden Freund hoffte er, auch der deutschen Literatur zu helfen. Da Gleim den Beruf Schriftsteller eigentlich nur bei Klopstock akzeptierte, bemühte er sich, seinen Freunden Anstellungen zu verschaffen. Gleim nutzte früh die Möglichkeiten des Halberstädter Domstifts, das Pfarrstellen zu besetzen hatte, aber auch Beziehungen zu preußischen Ministern und Beamten, um Leute zu empfehlen, die das kulturelle Leben in Preußen bereichern sollten. Die im Briefwechsel zwischen Friedrich II. und Voltaire oft geäußerte Idee, Berlin zum preußischen Athen, also zu einem kulturellen Mittelpunkt zu machen, hatte Gleim begeistert aufgenommen, nur dachte er als selbstbewußter deutscher Dichter im Gegensatz zu seinem König an deutsche oder deutschsprachige Dichter und Gelehrte und nicht an Franzosen. Er hatte sich schon für Sulzers Berufung nach Berlin eingesetzt, und diese Idee blieb bis in sein spätes Alter lebendig. So schrieb er sich z.B. einen gewissen Anteil an der Berufung Spaldings nach Berlin zu, hätte gern Lessing dauerhaft in Berlin gesehen und bemühte sich, allerdings vergeblich, den Schweizer Historiker Johannes von Müller nach Berlin zu ziehen.

Zeitweise rückte auch Halberstadt in den Mittelpunkt seiner Bemühungen, so in der Anfangszeit seines Aufenthaltes um 1750 und um 1770, als er die Chance sah, mehrere junge Dichter um sich zu versammeln. Zu seinen persönlichen Interessen kam immer die Idee, etwas für die kulturelle Aufwertung Preußens zu tun. Selbstverständlich waren seine Einflußmöglichkeiten begrenzt, er hatte keine Stellen zu vergeben sondern konnte nur empfehlen. Das Wohl des zu fördernden Freundes stand natürlich an erster Stelle, so vermittelte er etwa dem jungen Heinse eine

Hauslehrerstelle in Halberstadt und Quedlinburg und Johann Georg Jacobi ein Kanonikat an der Moritzkirche in Halberstadt, auch an der Berufung Johann Lorenz Benzlers zum Bibliothekar in Wernigerode war er beteiligt. Für manchen jungen oder noch unbekannten Dichter war es hilfreich, wenn Gleim seine Werke zum Druck beförderte, so war er maßgeblich beteiligt an der Herausgabe der *Auserlesenen Gedichte* der Anna Louisa Karsch 1764 und 1771 beförderte er Heinses *Sinngedichte* zum Druck.

Der Verbesserung der materiellen Lage der Schriftsteller sollte auch sein Plan einer *Typographischen Gesellschaft* dienen. Für Gleim waren Verleger und Buchhändler die Schuldigen an der schlechten Honorarsitation. Am 10. Dezember 1760 schrieb Gleim an Ramler, nachdem er erfahren hatte, daß Lessing weit weniger mit seinen Schriften verdiente, als er angenommen hatte: *„Die abscheulichen Buchhändler! Sie mästen sich von unserm Witz, und sehen uns gelassen verhungern."* Gleim hatte die Problematik besonders häufig mit Klopstock diskutiert, und den gemeinsamen Freund Bachmann überzeugt, ein Unternehmen zu gründen, das bessere Honorare zahlen, ein Vertriebsystem aufbauen und gegen unbefugten Nachdruck vorgehen sollte. Das sicher gut gemeinte Unternehmen konnte sich nur kurze Zeit behaupten. Unter den wirtschaftlichen Bedingungen der Zeit mußte es wohl scheitern und auch die Schriftsteller, die gut mit einem Verleger zusammenarbeiteten, konnten sich nicht dafür begeistern.

Gleims Wohltätigkeit nahm, seinem wachsenden Vermögen entsprechend, im Alter zu und beschränkte sich nicht auf Schriftsteller oder persönliche Freunde. Berichte über einen Knopfmacher, der seine Familie nicht ernähren konnte, weil seine Produkte aus der Mode gekommen waren, und dem Gleim über Jahre täglich ein Viergroschenstück für Brot zahlte, oder über die Wirtin eines ärmlichen Kruges in der Nähe vopn Oldenburg, der er auf der Rückreise das notwendigste Wirtschaftsgerät schenkte, ohne sich zu erkennen zu geben, zeugen von seiner Haltung. Die Freundschaften zu Jean Paul und Seume begannen mit Geldgeschenken, aber schon 1771, als Gleim Gottfried August Bürger kennengelernt hatte, versuchte er intensiv, dessen materielle Lage zu verbessern, lieh und schenkte ihm Geld und versuchte, ihn mit seinem Großvater auszusöhnen. Wenn jungen Leuten nicht anders zu helfen war, lud er sie auch für einige Zeit nach Halberstadt ein, so Johann Benjamin Michaelis, der das letzte Jahr vor seinem frühen Tod im September 1772 hier verbrachte. Erst aus dem Nachlaß erfuhr Gleim von der wirklichen Notlage der Eltern und unterstützte sie in selbstloser Weise, noch wenige Monate vor Gleims Tod ist eine Geldsendung an Michaelis Mutter nachzuweisen. Dem jungen Johann David Hartmann wollte Gleim ein Jahr der Selbstbesinnung ermöglichen, bevor er sich dem Schuldienst zuwandte und auch der Dichter Christoph August Tiedge lebte einige Zeit in Gleims Haus – also Gleims Humanitätsschule in der Erprobungsphase. Von Familien mit Kindern wurde es gern angenommen, wenn Gleim sie zu einem Urlaubsaufenthalt in Halberstadt einlud, besonders die Familien Herder und Voß machten davon Gebrauch, und Gleim erbot sich dann wohl regelmäßig, die Hälfte der Reisekosten zu tragen. Gleim übernahm die Patenschaft bei Kindern Wielands und Herders und bei Enkeln der Karschin. Die regelmäßigen Patengeschenke, meist Bücher, manchmal auch Geld, wurden gerne angenommen. Für Adalbert Herder besorgte Gleim eine Lehrstelle in der Landwirtschaft in der Nähe Halberstadts, und an der Ausbildung des Enkels der Karschin nahm er regen Anteil.

Gleim interessierte sich immer sehr für praktische Einrichtungen zur Erziehung und Bildung, den Musterschulen, die der Halberstädter Domherr von Rochow auf seinem Gut Reckahn bei Brandenburg einrichtete, widmete er viel Aufmerksamkeit. Er war neben Rochow und dem Domdechanten Spiegel wesentlich an der Errichtung eines Landschullehrerseminars 1778 in Halberstadt beteiligt. Für das von Basedow in Dessau eingerichtete Philanthropien zeichnete Gleim als einer der ersten einen Beitrag. Sein persönlichstes Werk jedoch, die geplante Humanitätsschule, blieb in ihren Konturen verschwommen. Er dachte an eine Vorstudienanstalt, in der junge Leute ihre Allgemeinbildung vervollständigen sollten, bevor sie sich einem konkreten Studienfach zuwandten. Gleim sah die Anstellung von zwei Lehrern vor und stellte entsprechende Räumlichkeiten zur Verfügung, die inhaltliche Konzeption wollte er allerdings seinen Freunden Johann Gottfried Herder oder Johann Heinrich Voß überlassen. Herder starb im selben Jahre wie Gleim, Voß hatte einen Wirkungskreis gefunden, der ihn ausfüllte – vielleicht verhinderte auch Körte, der in heftige Auseinandersetzungen über Briefveröffentlichungen mit ihm geriet, seine Einbeziehung – jedenfalls wurde ein Preis von 100 Talern für die Erarbeitung des besten Planes ausgesetzt. Ausgezeichnet wurde 1807 der Plan des Rektors Koch aus Stettin, der die Humanitätsschule in das Domgymnasium integrieren wollte. Während des Königreiches Westfalen unter Napoleons Bruder Jerôme konnte das Projekt nicht ausgeführt werden, doch als Halberstadt wieder preußisch war, zahlte die Familienstiftung 24 000 Taler an den preußischen Staat, der damit die Verantwortung für die Schule übernahm, und in Anlehnung an Kochs Plan erhielten besonders begabte Schüler des Halberstädter Domgymnasiums zusätzlichen Unterricht in alten Sprachen. Dies entsprach zweifellos nicht Gleims Vorstellungen, Körte versuchte 1816 noch einmal, Gleims Ideen aus den verschiedenen Schriften zu entwickeln, konnte sich aber gegenüber den führenden Mitgliedern der Familienstiftung nicht durchsetzen und die Entwicklung nicht umkehren. Körte selbst wurde durch ein Jahresgehalt entschädigt.

Gleim hatte als preußischer Patriot sein Leben lang versucht, Maßnahmen des Staates, die er für gut und richtig hielt, zu unterstützen und sie sinnvoll durch persönliche Initiativen zu ergänzen. Dennoch war materielle Hilfe und Unterstützung nur die eine Seite, Gleim selbst hielt seine Anteilnahme, Anregung und Ermunterung für mindestens ebenso wichtig.

### Gleim als Sammler

Wie bereits deutlich wurde, waren Gleims ausgedehnte freundschaftliche Beziehungen nur durch intensiven Briefwechsel aufrechtzuerhalten. Unter den knapp 10 000 Briefen von etwa 400 Korrespondenten steht vom Umfang her der Briefwechsel mit der Karschin mit weit über tausend Schreiben an der Spitze, es gibt auch Partner, die nur einmal schrieben, etwa Christian Fürchtegott Gellert. Neben Briefen von Lessing, Klopstock, Herder, Wieland stehen solche von Bürger, Heinse, Voß, Claudius, Johannes von Müller, Jean Paul und Seume und vieler weniger bekannter Persönlichkeiten. Der Briefwechsel umfaßt alle möglichen Briefkategorien, also „freundschaftliche Briefe", Gelehrtenbriefe mit vielen Hinweisen auf Neuerscheinungen auf kulturellem und wissenschaftlichem Gebiet und Familienbriefe im weiteren Sinne, also Anteilnahme am Geschick des Freundes und seiner Familie, kaum Liebesbriefe.

Die Sammlung besteht überwiegend aus Briefen an Gleim, enthält aber auch etwa 1500 Gleimbriefe, das sind Briefe, die Gleim nach dem Tode des Adressaten zurückerhielt, etwa von der Karschin, Uz, Kleist oder Konzepte bzw. Abschriften seiner eigenen Briefe. Daneben nimmt sich die Zahl der Werkhandschriften bescheiden aus, Gleims eigene Manuskripte sind durch den zweiten Weltkrieg und seine Folgen stark dezimiert worden. Manche Freunde wollten ihm eine besondere Freude machen und schenkten ihm Handschriften ihrer Werke, so Klopstock eine Abschrift von Gesängen des *Messias*, Voß ließ seine *Luise* durch seinen Sohn für Gleim abschreiben, und Lessing schrieb elf seiner *Fabeln* in ein kleines Heft, das er Gleim zum Geschenk machte.

Da die meisten von Gleims Freunden und Korrespondenten Schriftsteller waren, sammelte er ihre Werke in seiner Bibliothek. Zusammen mit einigen späteren Ergänzungen vermitteln die heute über 11200 Bände ein umfassendes Bild vom Wissen des 18. Jahrhunderts. Daneben sind aber auch einzelne Werke aus früheren Jahrhunderten, sogar einige Wiegendrucke, enthalten. Die Erstausgaben der Schriftsteller des 18. Jahrhunderts enthalten teilweise persönliche Widmungen der Verfasser und sind dadurch besonders interessant und wertvoll. Unter den zahlreich vertretenen Zeitschriften hatte es im Zweiten Weltkrieg große Verluste gegeben, glücklicherweise sind einige Exemplare in letzter Zeit aus Armenien und Georgien zurückgekehrt.

Gleims Weltoffenheit zeigte sich in der großen Anzahl von fremdsprachlichen Werken, die damals modernen englischen, französischen und italienischen Klassiker sind ebenso vertreten, wie die Werke der Griechen und Römer. Werke der Philosophie, Theologie, Geschichte, Geographie und der Naturwissenschaften runden das Bild ab.

Gleims Bildnissammlung, der „Freundschaftstempel" umfaßte nach seinem Tode 125 Gemälde, fast ausschließlich Brustbilder, Öl auf Leinwand. Zu Gleims Lebzeiten ist die Zahl größer gewesen, Stucke, die nicht seinen Vorstellungen entsprachen, verschenkte er oftmals, oder versuchte, sie durch bessere Gemälde zu ersetzen. Außer von Goethe und Schiller sind von den meisten Schriftstellern des 18. Jahrhunderts Porträts erhalten, also von Uz, Ramler, Kleist, Spalding, Bodmer, Sulzer, Lange, der Karschin, Klopstock, Lessing, Wieland, Herder, Heinse, Jacobi, Bürger, Voß, Jean Paul, Seume und vielen anderen. Die Dichter überwiegen, aber auch dem Maler Johann Heinrich Tischbein d.Ä., dem Pädagogen Pestalozzi, dem Historiker Johannes von Müller und dem Architekten und Landschaftsgestalter von Erdmannsdorff kann man begegnen. Die meisten Bildnisse wurden in Gleims Auftrag und in der von ihm gewünschten Größe gemalt. Die heutige Anordnung entspricht nicht der bei Gleim. Da er nach und nach in den Besitz der Bilder kam, änderte sich ihre Anordnung ständig. Gleim ging es in erster Linie um das Porträt eines Freundes oder einer bekannten Persönlichkeit, erst in zweiter Linie um ein bedeutendes Kunstwerk. So sind unter den Malern neben Anton Graff und mehreren Vertretern der Familie Tischbein auch unbekanntere, wie Wilhelm Hempel, zu nennen. Gleim besaß auch einige andere Gemälde, die nach seinem Tode verkauft wurden, so z.B. zwei Landschaften von Philipp Hackert.

Ein für Freundschaft empfänglicher Sinn und bürgerliches Selbstbewußtsein, das ihn auf die kulturellen Leistungen seiner Zeit stolz sein ließ, machten Gleim zu einem der bedeutendsten bürgerlichen Sammler des 18. Jahrhunderts. Seine Sammlungen sind noch heute in seinem ehemaligen Wohnhaus am Domplatz zu besichtigen und ermöglichen tiefe Einblicke in die Kultur des 18. Jahrhunderts. Bildnisse, Briefe und Bücher ergänzen sich gegenseitig in einmaliger Weise. Die Anfänge von Gleims Sammlertätigkeit lagen im privaten Bereich, er bewahrte vieles, weil es ihm Freude machte, Erinnerungsstücke an persönliche Freunde zu besitzen. Er war sich aber immer des Wertes dieser Dinge bewußt, und schon früh tauchte der Gedanke auf, seinen Sammlungen den privaten Charakter zu nehmen und Zeugnisse von bedeutenden Persönlichkeiten zusammenzutragen, unabhängig davon, ob er mit ihnen befreundet war oder nicht. Etwa gleichzeitig erwog er Maßnahmen, die den Fortbestand seiner Sammlungen auch nach seinem Tode sichern sollten. Auf Gleims Anregung gründeten die drei unverheirateten Brüder Gleim 1781 eine Familienstiftung zum Nutzen der Geschwister und ihrer Kinder und Kindeskinder. Nach Gleims Vorstellungen sollte diese Stiftung auch die Humanitätsschule einrichten, seine Bibliothek und Handschriftensammlung sollten als Anschauungsmaterial dienen. Zum Erben der Bildnissammlung wurde zunächst das Domkapitel bestimmt, diese Verfügung aber in einem zweiten Testamentsanhang zurückgenommen. Da die Humanitätsschule nicht in der von Gleim gewünschten Form eingerichtet wurde, blieb die Familienstiftung Eigentümerin von Gleims Sammlungen und brachte sie in das Haus Domplatz 48, das Gleim gekauft hatte. Wilhelm Körte wurde zum Verwalter eingesetzt und führte gelegentlich interessierte Besucher durch die Sammlungen. Nach Körtes Tod wurde das Haus verkauft. Die Sammlungen wurden auf dem Boden des damaligen Domgymnasiums untergebracht Aus dieser Zeit sind leider einige Verluste zu beklagen. Die Familienstiftung war sich aber des Wertes von Gleims Hinterlassenschaft durchaus bewußt, kaufte 1862 das Haus Domplatz 31, das Wohnhaus des Domsekretärs, in dem Gleim gelebt hatte, brachte die Sammlungen dorthin zurück und machte sie der Öffentlichkeit zugänglich. Mit Vertrag vom 15. Mai 1868 verkaufte die Familienstiftung das Haus mit den Sammlungen an die Stadt Halberstadt mit der Maßgabe, weder einzelne Stücke noch die Sammlungen insgesamt weiterzuverkaufen. Die Sammlungen werden heute von einem sehr rührigen Förderkreis verwaltet. Bis auf einige Kriegsverluste sind sie erhalten geblieben und ermöglichen heute Blicke in eine Vergangenheit, die mit vielen Ideen in unsere Gegenwart wirkt.

Allein durch seine Sammlungen würde Gleim Beachtung in der Gegenwart verdienen. Das Phänomen seines Wirkens besteht aber in der Komplexität, Dichter, Freund, Förderer und Sammler waren nicht nur in einer Person vereinigt, sondern bedingten und beeinflußten einander. Goethe, der nach seinen eigenen Worten kein rechtes Verhältnis zu Gleim finden konnte, würdigte ihn im 10. Buch von *Dichtung und Wahrheit*:

„Er hätte eben sowohl des Athemholens entbehrt, als des Dichtens und Schenkens, und, indem er bedürftigen

*Talenten aller Art über frühere oder spätere Verlegenheiten hinaus, und dadurch wirklich der Literatur zu Ehren half, gewann er sich so viele Freunde, Schuldner und Abhängige, daß man ihm seine breite Poesie gerne gelten ließ, weil man ihm für die reichlichen Wohltaten nichts zu erwidern vermochte, als Duldung seiner Gedichte."*

Dies bezieht sich in erster Linie auf Gleims Altersgedichte. Während eines Besuches in Halberstadt 1805 besichtigte Goethe auch Gleims Sammlungen und schrieb in den Tages- und Jahresheften:

*„Dem allgemeinen deutschen Wesen war Gleim durch seine Gedichte am meisten verwandt, worin er als ein vorzüglich Liebender und liebenswürdiger Mann erscheint. Und so gewähren Vers und Reim,, Brief und Abhandlung, durch einander verschlungen, den Ausdruck eines gemütlichen Menschenverstandes innerhalb einer wohlgesinnten Beschränkung. Suchte man nun aber in einem Begriff zusammenzufassen, was uns von dem edlen Manne vorschwebt, so könnte man sagen, ein leidenschaftliches Wohlwollen lag seinem Charakter zu Grunde, das er durch Wort und Tat wirksam zu machen suchte. Durch Rede und Schrift aufmunternd, ein allgemeines, rein menschliches Gefühl zu verbreiten bemüht, zeigte er sich als Freund von jedermann, hilfreich dem Darbenden, armer Jugend aber besonders förderlich.*

*Alles jedoch zusammengenommen, muß man ihm den eigentlichsten Bürgersinn in jedem Betracht zugestehen, er ruht als Mensch auf sich selbst, verwaltet ein bedeutendes öffentliches Amt und beweist sich übrigens gegen Stadt und Provinz und Königreich als Patriot, gegen deutsches Vaterland und Welt als echten Liberalen."*

Kapitel 2

## Die Eltern

Gleim schrieb auf die Rückseite des Porträts seines Vaters, das zum Grundstock seiner Bildnissammlung und Maßstab aller folgenden Porträts wurde: „Ein deutscher Mann, wie wirs alle sein sollten". Diese Inschrift voller Ehrfurcht und Liebe muß lange nach dem Tode des Vaters 1735 entstanden sein.

Der Vater, Johann Laurentius Gleim, wurde am 24. Juni 1676 in Seehausen in der Altmark geboren, seine Eltern waren Laurentius Gleim (1625-1678), Rechtsgelehrter und langjähriger Bürgermeister in Seehausen, und dessen zweite Ehefrau Katharina Elisabeth, geb. Schreiber (?- 1684), aus Salzwedel. Über Jugend und Ausbildung von Johann Laurentius Gleim nach dem frühen Tod seiner Eltern ist nichts bekannt. Am 15. Dezember 1702 wurde er zum Akzise- und Steuereinnehmer des Weichbildes Cochstedt und des Amtes Schneidlingen bestellt. Am 29. Oktober 1707 wurde er Obereinnehmer des Ermslebenschen und Ascherslebenschen Kreises, trat sein Amt am 29. November an und blieb bis zu seinem Tode in dieser Stellung. Er heiratete am 25. Mai 1706 Anna Gertrud Peil in Brühne bei Wesel im Cleveschen. Sie war am 25. April 1681 als Tochter des Predigers und Präsidenten des Konsistoriums im Bergischen Land Gottfried Peil (1638-1705) und seiner Ehefrau Agnes Margaretha Goldbach, geb. Wülferoth (1644-1718), geboren worden. Nach Gleims Aussagen in einem Brief an Uz lebte die Mutter vor der Hochzeit in Amsterdam, und ein Freund des Vaters hatte für ihn geworben. Trauzeugen bei der Hochzeit von Anna Gertrud und Johann Laurentius Gleim waren David Balthasar Gleim, Apotheker in Wesel, ein Halbbruder des Bräutigams, und dessen Ehefrau Johanne Marlene, geb. Peil, wahrscheinlich eine Schwester der Braut. Der glücklichen Ehe entsprossen neun Söhne und drei Töchter, nur drei Kinder verstarben vor den Eltern. Der Dichter Wilhelm Gleim war das achte dieser Kinder und nach Aussagen seines Biographen Wilhelm Körte der besondere Liebling seiner Eltern. Der Vater nahm ihn schon im achten und neunten Lebensjahr mit in die Dörfer seines Einnahmegebietes und übertrug ihm Schreibarbeiten. Schon hier wurde der Eindruck vom Charakter des Vaters als eines sehr korrekten und gerechten Mannes geprägt. Die Mutter beschrieb der Dichter als klug in der Leitung des Hauswesens, wohltätig und sehr fromm. Im Gedicht *Auf das Grab der Mutter* heißt es:

Die Mutter, die hier schläft, die liebte keine Flitter
Zwölf Kinder liebte sie, den Mann und ihren Herd
Kein Glück war ihr zu süß, kein Unglück ihr zu bitter
Von Gott kommt, sagte sie, was Menschen widerfährt.

Auch Gleims Aussage in den *Scherzhaften Liedern*
Erst sollt ich im schwarzen Kleide
Schwere Seelensorgen lernen,
Weil es meine Mutter wollte; ...

wird einen durchaus realen Hintergrund gehabt haben, sicher hätte ihn die fromme Mutter gerne als Pfarrer auf der Kanzel gesehen, aber durch ihren frühen Tod konnte sie keinen Einfluß auf seine berufliche Zukunft nehmen. Da Gleim schon vom zehnten Lebensjahr an nicht mehr dauernd in Ermsleben war und mit 16 Jahren beide Eltern verlor, wußte er relativ wenig von ihnen.

Der Dichtkunst stand der Vater aufgeschlossen gegenüber. Ein Verwandter, Johann Philipp Lorenz Withof, erwähnte drei Stücke, die seine Begabung für die Elegie deutlich zeigten. Gleim, von Herder darauf angesprochen, mußte bekennen, daß es ihm nicht gelungen war, auch nur Abschriften davon zu bekommen. Er konnte sich lediglich erinnern, daß der Vater öfter zusammen mit dem

Pastor Höfer in Ermsleben in Knittelversen dichtend gescherzt habe.

Johann Laurentius Gleim verstarb am 26. April 1735 in Ermsleben. Nach der Familienüberlieferung hatte ein despotischer Übergriff des für die Soldatenwerbung im Kanton verantwortlichen Rittmeisters wesentlich zu seiner Krankheit und zum Tode beigetragen. Friedrich Wilhelm I., der Soldatenkönig, hatte Preußen in Kantone aufgeteilt und jedem Regiment sein Gebiet zur Rekrutenwerbung zugeteilt. Der für Ermsleben zuständige Rittmeister von Natzmer hatte dem Vater Gleim Soldatenpässe für alle seine Söhne überreicht. Johann Laurentius Gleim wünschte sich aber eine bürgerliche Zukunft für seine Kinder, wandte sich an den König und legte dar, daß er seine Söhne zu nützlichen Staatsbürgern, nicht aber zu Soldaten erziehen wollte. Der Rittmeister mußte die Pässe zurücknehmen, sann nun aber auf Rache. Er sah seine Stunde gekommen, als er mit dem Ehemann der ältesten Gleim-Tochter, Johann Friedrich Fromme, in einen Streit um ein schönes Reitpferd geriet, das dieser nicht verkaufen wollte. Der Rittmeister ließ Fromme verhaften, machte ihn zum Wachtmeister seiner Kompanie, und Fromme hatte sehr große Mühe, sich aus den Fängen des Militärs zu befreien. Johann Laurentius Gleim erregte sich so sehr über die sich überstürzenden Ereignisse, daß er eine Gallenkolik bekam und daran verstarb. Anna Gertrud Gleim starb knapp drei Monate später am 20. Juli 1735.

Kapitel 3

## Die Geschwister

Wie in den meisten Familien des 18. Jahrhunderts wuchs auch bei den Gleims eine große Kinderschaar heran. Von den drei Töchtern und neun Söhnen werden hier nur diejenigen genannt, die das Erwachsenenalter erreichten.

Wilhelm Gleim hatte besonders enge Beziehungen zu seiner Schwester Gertrud Fromme in Löhme in der Nähe Berlins und zu den Brüdern David in Aschersleben, Daniel in Magdeburg und Leberecht in Nauen bei Berlin. Obwohl bekannt ist, daß er mit seinen Geschwistern im Briefwechsel stand, haben sich kaum Familienbriefe erhalten, außer 56 Briefen von Wilhelm Gleim an seinen Magdeburger Bruder 1781-1785 und zahlreichen Geburtstagsglückwünschen.

Die Briefe an den Bruder enthalten überwiegend sachliche Mitteilungen, über ihr emotionales Verhältnis zueinander erfahren wir wenig. In Briefen an Freunde erwähnte Gleim zwar Reisen zu den Brüdern, hielt aber meist persönlichere Mitteilungen für überflüssig, da sich Freund und Bruder nicht kannten. Gewisse Ausnahmen bildeten in der Frühzeit der Briefwechsel mit Karl Wilhelm Ramler, später mit Anna Louisa Karsch und schließlich mit der Familie Herder in Weimar.

Nicht alle Geschwister hatten engen Kontakt zueinander. Nach ersten, wenig ergiebigen Gesprächen über eine Familienstiftung 1776 beim Bruder Leberecht, kam es auf Wilhelm Gleims Anregung 1779 zu einem Treffen der noch lebenden Brüder in Magdeburg, dies waren

- Wilhelm, Domsekretär und Dichter in Halberstadt
- Daniel, Kaufmann in Magdeburg
- Leberecht, Amtmann in Nauen und
- Franz, Kaufmann in Stettin.

Ob auch Lorenz, Hofapotheker in Marburg teilgenommen hatte, bleibt fraglich, in einem Brief an die Karschin erwähnte Gleim ihn nicht, aber Körte sprach in seiner Gleimbiographie von einem Treffen aller fünf Brüder. Die wohlhabend gewordenen Söhne beschlossen, zu Ehren der Eltern den Altar der Hauptkirche ihres Geburtsortes Ermsleben neu ausmalen und vergolden zu lassen. Nach Besuchen in Halberstadt und Ermsleben ließen sie den Eltern ein Grabdenkmal errichten. Wilhelm Gleim, der am nächsten wohnte. wurde mit der Ausführung betraut, das Monument wurde 1781 fertiggestellt.

Folgenreicher war die Zusammenkunft der drei unverheirateten Brüder Wilhelm, Daniel und Leberecht Gleim am 15. Juni 1781 zur Gründung einer Gleimschen Familienstiftung. Wilhelm Gleim hatte dieses Projekt schon längere Zeit vorbereitet und mit den Brüdern besprochen. Als ausgebildeter Jurist trug er auch für die rechtliche Absicherung Sorge und ließ sich die Stiftung vom Preußischen König genehmigen. Im Antrag an Friedrich II. hieß es:

*„Wir, die Endes unterschriebenen nicht verehelichten Gebrüder Gleim, haben in unserm herannahenden Alter uns entschlossen, einen Teil unsers Vermögens zu einer Familienstiftung, unter Aufsicht der Burgvoigteigerichte hier zu Halberstadt, gemeinschaftlich auszusetzen, in der heilsamen Absicht, daß diejenigen unserer Anverwandten beiderlei Geschlechts und deren Nachkommen, die zu ihrem Fortkommen einiger Unterstützung bedürfen, ein Gewisses zur Erziehung ihrer Kinder, zur Erlernung guter Wissenschaften, der Handlung, und sonst zu einem Etablissement, ferner auch zur Fortpflanzung ihrer Familien aus dem Stiftungsfonds erhalten sollen."*

Konkret wurde vorgesehen, daß Jungen und junge Männer Unterstützung beim Schulbesuch, beim Studium oder einer sonstigen Ausbildung erhalten konnten, junge Mädchen bei einer handwerklich-künstlerischen Ausbildung, oder der Vorbereitung auf ein Erziehungsamt, ferner war ein Zuschuß zur Aussteuer möglich. Auch verwaiste Kinder und verarmte alte Familienmitglieder konnten Unterstützung beantragen.

Der König stimmte am 16. Januar 1781 zu. Körte lobte die Absicht der Stiftung, kritisierte aber, daß die geplanten Summen zu gering seien, um wirkliche Hilfe zu leisten. Die Familienstiftung hat bis 1998 trotz aller gesellschaftlichen Umbrüche Bestand gehabt, befindet sich jetzt aber wegen Mangel an Kapital in Auflösung. Der Stammbaum, den die Brüder 1783/84 aufstellen ließen, wird bis in die Gegenwart fortgeführt, sofern sich die Familienmitglieder melden.

Der Bruder Christian Friedrich David Gleim wurde am 2. November 1708 in Ermsleben geboren. Er übernahm, wie der Vater, das Amt des Steuereinnehmers und hat wohl zunächst mit ihm zusammengearbeitet. Zu Reichtum hat er es nie gebracht, zumal er zahlreiche Kinder zu versorgen hatte. 1756, als die preußische Prinzessin Amalia Äbtissin in Quedlinburg geworden war, plante Gleim, sich bei ihr um eine Stellung für diesen Bruder zu bemühen, verwarf dieses Projekt aber wieder.

David Gleim war seit etwa 1729 in erster Ehe mit Susanne Dorothea Wagner verheiratet. Eine Tochter aus dieser Ehe war Sophie Dorothea, die dem Dichter Gleim den Haushalt führte. Susanne Dorothea starb bereits am 6. Juli 1740 an den Folgen ihrer siebenten Entbindung und hinterließ vier kleine Kinder. Der Witwer heiratete 1741 Marie Margarethe Bastian aus Aschersleben. Das erste Kind aus dieser Ehe war Johann Wilhelm Ludwig Gleim der Jüngere, ein Patenkind des Dichters Gleim, der später in Halberstadt in seinem nächsten Umfeld lebte. Kinder dieser Ehe waren auch der Kaufmann in Bremen Johann Christian Gottlieb Gleim, Vater der Pädagogin Betty Gleim, und die Mutter von Louise Ahrends und Wilhelm Körte, Christiane Friederica Körte.

Die zweite Ehefrau David Gleims starb bereits am 5. Dezember 1749. Wilhelm Gleim besuchte diesen Bruder besonders zu Anfang seines Halberstädter Aufenthaltes recht häufig, z.B. um die Jahreswende 1747/48 und im Juni 1748, zumal er bei solchen Gelegenheiten auch die Kontakte zum General von Stille in Aschersleben vertiefen konnte. David Gleim starb am 5. Dezember 1774.

Die Schwester **Anna Catharina Magdalena Gertrud Fromme**, geb. Gleim, erblickte am 5. Juli 1710 das Licht der Welt. Sie heiratete 1733 oder Anfang 1734 den am 18. Oktober 1704 geborenen Amtmann Johann Friedrich Fromme. 1735, als die Eltern Gleim kurz nacheinander starben, lebte das junge Paar noch in Ermsleben.

Johann Friedrich Fromme war mit dem Rittmeister von Natzmer, der für die Rekrutenwerbung im Kanton verantwortlich war, in heftigen Streit um den Verkauf eines schönen Reitpferdes geraten. Als Fromme den Verkauf energisch verweigerte, ließ ihn von Natzmer kurzerhand verhaften und machte ihn zum Wachtmeister seiner Kompanie. Die Familie Gleim sah darin einen Racheakt des Rittmeisters, weil er vor Jahren die Soldatenpässe für alle Gleimsöhne zurücknehmen mußte. Der Amtsverwalter Fromme konnte sich zunächst freikaufen, geriet aber in die Hände eines anderen Rittmeisters, und alle Vorstellungen beim Prinzen Gustav von Anhalt, dem Inhaber des Regiments, brachten ihm nicht die ersehnte Freiheit. Fromme erreichte durch einen Verwandten eine Audienz beim preußischen König Friedrich Wilhelm I., der ihm aber nicht half, da ein Anhaltiner Chef des Regimentes war. Fromme nahm nun seine Zuflucht zum Kronprinzen in Rheinsberg, dem späteren König Friedrich II. Der Kronprinz bot ihm die Pacht der Happeschen Güter an, die der König für ihn gekauft hatte. Fromme besichtigte die Güter, willigte ein, zog mit seiner Familie nach Löhme in die Nähe Berlins und war damit der Soldatenwillkür entzogen. Für den späteren Dichter Gleim war diese glückliche Wendung prägend für sein ganzes weiteres Leben, Friedrich II. wurde für ihn zum Sinnbild des gerechten Monarchen.

In der neuen Heimat konnte sich die älteste Schwester Fromme um ihre verwaisten Geschwister kümmern, die drei jüngsten Brüder Daniel, Leberecht und Franz nahm sie in ihr Haus auf. Gäste waren in Löhme stets willkommen. Als Wilhelm Gleim ab 1741 überwiegend in Berlin lebte, war er häufig bei der Schwester zu Besuch und brachte auch seinen Freund Karl Wilhelm Ramler mit, der vom Juli 1746 bis zum September 1747 dort Hauslehrer wurde. Auch die Brüder Daniel und Franz, die zu dieser Zeit ebenfalls in Berlin lebten, kamen häufig und brachten Freunde mit.

Gertrud machte sich große Sorgen um ihren Bruder Wilhelm Gleim, der lange Zeit keine passende Anstellung fand. Ramler berichtete am 23. Januar 1747 von einem Gespräch mit ihr, nach dem sie den König, sollte er ihr eine Gnade erweisen wollen, um die Versorgung ihres Bruders bitten würde, für sie und die Kinder würden Gott und ihr Mann schon sorgen. Sie half aber auch ganz praktisch, indem z.B im Januar 1747 ein paar fette Puten an den Bruder und Professor Ludolf, bei dem er wohnte, nach Berlin gingen. Auch sonst wurde manches Nahrhafte geschickt, und das Ehepaar Fromme half auch mit Geld aus, wenn es nötig war, denn Gleim hatte in seiner ersten Halberstädter Zeit vor allem bei seinem Schwager Schulden abzutragen; dies erwähnte er noch 1755, als ihn Ramler um 60 Taler gebeten hatte.

Als Wilhelm Gleim 1747 nach Halberstadt ging und im September 1748 sein Haus am Domplatz bezog, besuchte ihn die Schwester, wohl um ihm bei der Einrichtung zu helfen. Sicher hätte sie ihn auch gerne gut verheiratet. Am 24. August 1750 schrieb Gleim an Ramler:

*„Wenn meine Schwester und mein Schwager nach Berlin kommen, so tragen Sie doch etwas bei, daß sie nicht böse auf mich sind. Ich will mir ja gern von Berlin eine reiche Frau holen."*

Er tat es dann aber doch nicht.

Das Ehepaar Fromme lebte in Löhme in bescheidenem Wohlstand, aber natürlich nicht ohne Probleme. Ramler schrieb Anfang September 1749 an Gleim:

„*Er* (Fromme) *hat wieder achttausend Taler eingebüßt, und jetzt ist ihm viel Korn verhagelt, worüber er mit der Kammer disputiert. Voriges Jahr hat er Mißwachs gehabt und nichts restituiert bekommen. Hier werden vielleicht die achttausend Taler stecken ...*"

Auch der Siebenjährige Krieg brachte mannigfaltige Probleme, Gleim ahnte, daß die Schwester große Ängste ausstehen würde.

Von den sieben Kindern des Paares starben die beiden jüngsten bereits im ersten Lebensjahr, der älteste Sohn Johann Siegfried Friedrich Fromme verstarb 1752 als fünfzehnjähriger Schüler des Joachimsthalschen Gymnasiums in Berlin. Die Tochter Marie Tugendreich heiratete in zweiter Ehe ihren Vetter Johann Wilhelm Ludwig Gleim den Jüngeren und lebte in Halberstadt. Auch die älteste Tochter Johanne Elisabeth sah Wilhelm Gleim häufig bei seinen Besuchen in Berlin, sie war dort mit dem Kriegsrat Johann Friedrich Ludwig Borchmann verheiratet. Ihre Eltern waren nicht immer mit diesem Schwiegersohn einverstanden. Gleim unterstützte das junge Paar 1759 auch finanziell, als ein Kind erwartet wurde.

Der Sohn Johann Gottfried Ludwig Fromme war Amtmann in Fehrbellin und Linum. Theodor Fontane berichtete in seinen *Wanderungen durch die Mark Brandenburg –* Grafschaft Ruppin über eine Inspektionsreise Friedrichs II. durch das trockengelegte Dossebruch, auf der ihn Fromme durch sein Gebiet begleitete und Auskünfte erteilte. Johann Gottfried Ludwig Fromme hatte seinem Onkel Einzelheiten dieser Reise des hochgeschätzten Königs mitgeteilt, und Gleim hatte die Episode unter dem Titel *Reisegespräch des Königs* veröffentlicht, das wiederum benutzte Fontane.

Anna Catharina Magdalena Gertrud Fromme starb am 22. Juni 1760 kurz vor Vollendung ihres 50. Lebensjahres, ihr Gatte Johann Friedrich Fromme folgte ihr am 20. September 1761.

Der Bruder **Johann Gotthelf Gottfried Gleim** wurde am 22. Dezember 1711 geboren. Weitere Daten von ihm sind nicht bekannt. Er muß noch gelebt haben, als die Eltern 1735 verstarben. Wahrscheinlich hatte ihn sein Beruf in andere Regionen geführt, und er verlor den Kontakt zu seinen Geschwistern völlig.

**Marie Christiane Friederica Caroli**, geb. Gleim, wurde am 21. Mai 1717 geboren. Nach dem Tod der Eltern ging sie wahrscheinlich als Erzieherin zu den Grafen Stolberg. Sie heiratete 1750 den Prediger Johann Heinrich Elias Caroli und lebte mit ihm in Börnecke. Sie starb bereits am 21. Dezember 1751 nach der Geburt ihres Sohnes. Gleim hat sehr um diese Schwester getrauert, noch am 25. September 1758 erinnerte er sich daran, als ihm Ramler den Tod seiner Schwester mitgeteilt hatte. Der Sohn der Schwester Christian Ludwig Heinrich starb aber schon am 23. Januar 1768. Wilhelm Gleim hatte auch später noch Kontakt zu seinem Schwager Caroli, der wieder verheiratet war, im September 1755 berichtete er Ramler von einer guten Pfarrstelle des Schwagers, und am 27. Oktober 1779 schrieb er an die Karschin, daß Caroli und dessen Frau verstorben seien und er sich um das verwaiste Kind kümmern müsse, sein Familiensinn ging also weit über die Blutsverwandtschaft hinaus.

Der Bruder **Friedrich Ludwig Laurentius (Lorenz) Gleim** wurde am 25. Dezember 1720 geboren und war in der Kindheit am engsten mit Wilhelm Gleim verbunden. Wilhelm Körte erzählt in seiner Gleimbiographie, daß Wilhelm dem jüngeren Bruder nachts heimlich die Locken abschnitt, weil die Schwestern diesen Bruder bevorzugten und der Meinung waren, er solle studieren und Wilhelm Apotheker werden. Das Leben stellte die Weichen anders, Friedrich Ludwig Laurentius wurde Apotheker. Wahrscheinlich ging er gleich nach dem Tod der Eltern zu einem Verwandten, der diesen Beruf, der in der Familie Tradition hatte, ausübte. 1744 hielt er sich in Frankfurt am Main auf, wie Gleim Uz mitteilte. Lorenz heiratete am 20. April 1747 Anna Elisabeth Schroodt (geb. 28. November 1718) und übernahm die Einhornapotheke in Marburg, 1761 wurde er Hofapotheker.

Wilhelm Gleim besuchte seinen Bruder 1752 zusammen mit Bruder Daniel und 1771 mit der Nichte Sophie Dorothea in Marburg. Daß Lorenz Gleim am Treffen der Brüder 1779 in Magdeburg teilgenommen hat, ist eher unwahrscheinlich, denn Wilhelm Gleim erwähnte ihn im Brief an die Karschin nicht.

Im Februar 1784 erkrankte seine Frau Anna Elisabeth, ihr Zustand wurde immer hoffnungsloser, sie starb am 10. Mai 1784. Im Frühjahr 1785 traf Lorenz Gleim ein weiteres Unglück, sein Haus mit der Apotheke brannte ab. Wilhelm Gleim machte sich große Sorgen um den Bruder und seine Familie. Der Halberstädter Domdechant Ernst Ludwig von Spiegel, der auf Reisen war, hörte schon in der Umgebung Marburgs von dem Unglück und schrieb seinem Freunde Wilhelm Gleim trotz eigener Krankheit am Tag vor seinem Tode (21. Mai 1785) aus Wetzlar:

*„Das beste ist, daß sie alle wohl und gesund sind, sie haben beinahe alles gerettet, das was verbrannt ist, das ist von keinem Wert. Hauptsächlich die besten Sachen benebst auch die Apotheke sind gerettet, welche in des Herrn Commissionsrates Braunens Behausung schon wieder in Gang ist. Sie haben Assekuration auf dem Hause von 3000 und 500 Rth. in Louisdor, wovon das Haus besser gebaut werden kann, als das vorige war."*

Am 30. Oktober 1785 teilte Wilhelm Gleim seinem Magdeburger Bruder mit, daß Bruder Lorenz nach dem Brand wieder bauen dürfe und hoffte sehr, ihn noch einmal zu sehen. Doch dieser Wusch erfüllte sich nicht, Friedrich Ludwig Laurentius Gleim starb am 18. April 1787 in Marburg. Von der Tochter und den zwei Söhnen aus dieser Ehe war der ältere, Wilhelm Heinrich Ludwig, Arzt, aber schon vor den Eltern verstorben, der andere, Daniel Carl Vollrath, war zu seinem Onkel Leberecht nach Nauen gegangen und dort Aktuar, also Gerichtsschreiber. Die Tochter, Maria Magdalena Gleim, heiratete Johann Heinrich Braumann, Bürgermeister zu Marburg.

**Daniel Conrad Vollrath Gleim** wurde am 29. März 1723 geboren. Nach dem Tod der Eltern ging er mit der Schwester Fromme nach Löhme und später in eine Kaufmannslehre nach Berlin. Im Juli 1741 wohnte und lernte er beim Kaufmann Richter auf dem Mühlendamm in Berlin, Gleim bat seinen Freund Uz, Briefe dorthin zu adressieren. In Berlin hielt er sich bis 1747 oder Anfang 1748 auf, pflegte enge Kontakte zu seiner Schwester Gertrud in Löhme und deren Familie und zu den Brüdern Wilhelm und Franz, solange sie sich in Berlin aufhielten. Anfang 1748 war er anscheinend schon in Magdeburg und Mitte 1751 begründete er dort sein eigenes Geschäft. Im Juni 1751 schrieb Gleim an Ramler:

„*Mein Schwager* (Fromme) *hat wieder eine Probe seines guten Charakters gegeben, da er dem Bruder Daniel zum Etablissement in Magdeburg ein Kapital vorstreckt.*"

Im September 1753 wurde er in die Bürgerrolle der Stadt Magdeburg eingetragen. Nach der *Tabelle von den hiesigen Einwohnern 1766* im Stadtarchiv Magdeburg beschäftigte er zwei „Jungen", einen Knecht und eine Magd und wohnte im ersten Viertel der Stadt, das war die Gegend um den Alten Markt. Später hat er sich wahrscheinlich mit andern Kaufleuten zusammengeschlossen, im Einwohnerverzeichnis von 1784 werden die Kaufleute Rethmann, Focke, Gleim und Comp. genannt.

Mitte Mai 1752 reisten die Brüder Wilhelm und Daniel Gleim nach Marburg, um Bruder Lorenz zu besuchen, und das Weihnachtsfest 1752 verlebte Daniel in Halberstadt. Obwohl Wilhelm Gleim dem Kaufmannsstand mindestens in jungen Jahren recht skeptisch gegenüberstand, an Kleist schrieb er z.B. am 8. Mai 1750: *„Mein Bruder hat sich was Rechts eingebildet, daß Sie sich seiner erinnert haben, und das ist schon ein groß Verdienst für einen Kaufmann, dessen Seele nur Gewinn und Verlust ist"*, hatte er enge Beziehungen zu diesem Magdeburger Bruder, besuchte ihn häufig, und gemeinsame Freunde in und um Magdeburg festigten die Beziehungen. Während des Siebenjährigen Krieges unterstützte Daniel seinen Bruder Wilhelm Anfang 1758 mit Lebensmitteln, nachdem die französische Besatzung die ausgeplünderte Stadt verlassen hatte.

Daniel Gleim blieb unverheiratet und war einer der Mitbegründer der Familienstiftung. Im Oktober 1783 kam Bruder Leberecht aus Nauen in sein Haus und verbrachte hier seine letzten Krankheitswochen bis zum Tode am 18. Dezember 1783. Daniel Gleim mußte sich anschließend um die Erbteilung kümmern und Anfang 1784 auch nach Nauen reisen. Wilhelm Gleim zeigte sich am 16. März 1784 sehr erleichtert, daß die Erbschaftsangelegenheiten so gut geregelt wären, er hatte sich große Sorgen um die Gesundheit von Daniel gemacht. Anfang Mai 1785 ist von einem Wasserschaden die Rede, der Daniel Gleim betroffen hatte. Daniel Conrad Vollrath Gleim starb am 24. Dezember 1785 in Magdeburg. Daß Wilhelm Gleim, der nach seiner Audienz bei König Friedrich II. in Potsdam am 22. Dezember 1785 über Magdeburg zurückreiste, ihn noch lebend antraf, ist eher unwahrscheinlich.

Der Bruder Matthias Leberecht Caspar Gleim war nach Aussagen von Körte Wilhelm Gleim im Aussehen und Charakter am ähnlichsten. Er wurde am 13. Mai 1725 geboren. Nach dem Tode der Eltern lebte er bei seiner Schwester Fromme in Löhme und lernte wohl auch dort bei seinem Schwager in der Landwirtschaft. Anfang März 1747 verließ er Löhme, ausgestattet mit Geld vom Schwager, aber ohne Empfehlungsschreiben, Amtmann Fromme würde sonst gefragt werden, warum er ihn nicht selber behielte (Ramler an Gleim, 10. März 1747). Ob sich Leberecht gleich nach Königshorst begab, wo er 1758 Amtmann war, bleibt unklar. Im Juni 1763 pachtete er die Domäne Berge bei Nauen in der Nähe Berlins und wurde königlich preußischer Oberamtmann. Gleim legte seine Reise nach Berlin so, daß er an der Amtseinführung teilnehmen konnte, wie er Ramler in Briefen vom 8. Juni und 22. Juli 1763 berichtete.

Leberecht brachte es zu einem bescheidenen Vermögen. Er war ein begeisterter Landwirt, machte auf Anregung der Kurmärkischen Kammer Versuche mit Lupinen und entwickelte ein Imprägniermittel für Saatgut. Zu seinen Freunden zählte der Verfasser der *Ökonomisch-technologischen Encyklopädie*, Johann Georg Krünitz, der ihn als Menschen und Fachmann außerordentlich schätzte und ihn häufig besuchte, um sich von seiner anstregenden Arbeit zu erholen. Auch Wilhelm Gleim besuchte den Bruder immer, wenn er nach Berlin reiste und führte auch Freunde und Bekannte bei ihm ein, z.B. die Dichterin Anna Louisa Karsch. Sein äußerst gastfreundliches Haus wurde allgemein gerühmt.

In seinen letzten Lebens- und Amtsjahren unterstützte ihn sein Neffe Daniel Carl Vollrath Gleim, Sohn des Marburger Apothekers Lorenz Gleim, bei der Arbeit. Leberecht Gleim blieb unverheiratet und war einer der Mitbegründer der Familienstiftung

Im August 1783 verschlechterte sich sein Gesundheitszustand, im Oktober reiste er nach Magdeburg zum Bruder Daniel, mit dem er sich besonders eng verbunden fühlte. Zu der geplanten Reise nach Halberstadt kam es nicht mehr, Matthias Leberecht Caspar Gleim verstarb am

18. Dezember 1783 in Magdeburg. Bruder Daniel mußte die schwierige Aufgabe der Erbteilung übernehmen.

Der jünste Bruder Franziskus (Franz) Carl Eberhard Gleim wurde am 29. Februar 1728 geboren, war also beim Tode der Eltern erst sieben Jahre alt. Die Schwester Fromme nahm ihn mit nach Löhme, später lernte er Kaufmann in Berlin. Wilhelm Gleim hing mit besonderer Liebe an diesem jüngsten Bruder, im September 1748 klagte er in einem Brief an Ramler über den Vormund, der immer noch kein Geld geschickt hatte. Gleim versprach, für den Bruder zu sorgen. Am 6. Februar 1750 bat er Ramler *„daß Sie sich doch bisweilen nach meinem Bruder Franz umsehen möchten. Ich bin bange, daß er den Mädchen zu nahe kommt und sich Krankheiten zuzieht. Sie wissen, wie ich ihn liebe, fragen Sie ihn doch einmal aus und assistieren ihm mit Ihrer Erfahrung in der Medizin, wenn sie nötig ist."* Am 28. November 1750 sprach Gleim von einem unangenehmen Brief vom Bruder Franz und bat Ramler um Mitteilung, wieviel Geld er noch brauchte. Franz heiratete wohl Anfang 1756 Sophie Dorothea Cammeradt (geb. 25. Mai 1725) und lebte als Kaufmann in Stettin, Gleim besuchte ihn dort im Frühsommer des Jahres 1758. Von den Kindern aus dieser Ehe überlebte nur eine Tochter.

Die Beziehungen von Franz Gleim zu seinen älteren Geschwistern lockerten sich immer mehr. 1779 nahm er mit seiner Frau am Treffen der Brüder in Magdeburg und Halberstadt teil, und Gleim schrieb an die Karschin, daß er nach 36 Jahren zum ersten Mal wieder sein Heimatland besuchte, gemeint war wohl das Fürstentum Halberstadt. 1784 nahm er in Nauen an den Auseinandersetzungen um das Erbe seines Bruders Leberecht teil. Wilhelm Gleim schrieb am 13. August 1784 an Bruder Daniel in Magdeburg, daß er Franz' Betragen bei der Erbauseinandersetzung nicht hätte miterleben mögen. Franz Carl Eberhard Gleim starb 1791 in Stettin.

Kapitel 4

# Nichten und Neffen in Halberstadt

Wilhelm Gleim, der selber keine Familie gegründet hatte, pflegte engen Kontakt zu seinen Geschwistern und deren Kindern, ihm war in erster Linie der Zusammenhalt in der Großfamilie zu verdanken. Besondere Unterstützung genossen die Kinder seines ältesten Bruders in Aschersleben, der das geringste Einkommen und die meisten Nachkommen hatte.

Die Nichte Sophie Dorothea Gleim wurde von Wilhelm Gleim zur Unterscheidung von anderen als Hausnichte, in reiferen Jahren auch als Tante-Nichte bezeichnet, die Dichterin Anna Louisa Karsch gab ihr den Namen Gleminde, der von vielen andern übernommen wurde. Sie war die Tochter des ältesten Bruders David in Aschersleben und wurde dort am 18. Dezember 1732 geboren. Ihr Vorname Sophie Dorothea, Name der preußischen Königin, der Mutter Friedrichs II., gehörte zu den Modenamen damaliger Zeit und läßt auf Königstreue in der Familie schließen. Die Mutter Susanne Dorothea, geb. Wagener, starb bereits, als Sophie Dorothea sieben Jahre alt war. Der Vater heiratete wieder, aber auch diese Stiefmutter verstarb, bevor Sophie Dorothea 17 Jahre alt wurde. Sie wird als eine der ältesten Töchter voll in die Pflichten einer großen Familie eingebunden gewesen sein. Im Herbst 1753 holte sie Wilhelm Gleim nach Halberstadt und übertrug ihr die Führung seines Haushaltes. Sie konnte langsam in diese Rolle hineinwachsen, denn zunächst war noch die alte Justine, die schon bei Gleims Eltern gedient hatte, im Hause.

Sophie Dorothea blieb bis an Gleims Lebensende bei ihm, offensichtlich war sie eine sehr gute Hausfrau. Ihr Leben verlief gleichmäßig in fest umrissenen Bahnen. Sie hatte ihre Freundinnen und Kaffeekränzchen, aber sie lernte auch viele berühmte Persönlichkeiten im Hause des Onkels kennen. Sie drängte sich nicht in den Vordergrund, aber ihre Kritik, auch in literarischen Fragen, wurde von vielen geschätzt. Zunächst war sie das unschuldige Mädchen, an dem Gleim die Wirkung seiner Gedichte erprobte. Von den Freunden wurde ihr aber bald großer Einfluß auf den Dichter Gleim zugetraut, 1760 meinte Ramler, daß nur sie Gleim zur Übersetzung von *L'art de guere* von Friedrich II. bewegen könne. Kaum einer der zahlreichen Besucher Gleims vergaß, sie anschließend in seinen Briefen zu grüßen, sie gehörte zur angenehmen Atmosphäre des Hauses. Ein engeres persönliches Verhältnis entstand vor allen dann, wenn Familien mit Kindern zu Besuch kamen. Für Dorothea Wieland, Caroline Herder und Ernestine Voß war sie Ansprechpartnerin und Freundin. Sie schrieb sehr selten Briefe, auch wenn es um rein hauswirtschaftliche Dinge ging, etwa um eine Flachslieferung an die Familie Wieland, mußte Gleim den Sekretär spielen. Den vereinzelten Nachschriften zu Gleims Briefen sieht man an, daß sie selten schrieb. Dennoch war sie nicht ungebildet, sie las Dichtungen von E. Chr. von Kleist, von Herder und Jean Paul oder ließ sich vorlesen.

Daß von den vielen Männern, die in Gleims Haus verkehrten, keiner ihr Herz gewann, war wohl in erster Linie eine Altersfrage, viele der Besucher hätten fast ihre Söhne sein können. Ewald Christian von Kleist, den sie aus den Erzählungen des Onkels kannte, scheint sie beeindruckt zu haben. Gleim berichtete ihm gelegentlich, daß er die Nichte vor seinem Bildnis antraf. Auch dem alten Hagestolz scheint die Schwärmerei des jungen Mädchens wohlgetan zu haben, aber er näherte sich ihr nicht.

Sophie Dorothea begleitete Gleim auf fast allen seinen Reisen, zumal meist auch Besuche bei Verwandten mit vorgesehen waren. Nur 1768, als Johann Georg Jacobi als Canonicus nach Halberstadt kommen wollte, schlug

Gleim ihm vor, im trüben Monat November kleine Reisen zur Aufheiterung ohne die Nichte zu unternehmen. Da sich das Verhältnis zu Jacobi aber nie so gestaltete, wie Gleim es sich erträumt hatte, durfte Sophie Dorothea weiterhin an den meisten Reisen teilnehmen.

Um ihre Stellung im Hause machte sich Sophie Dorothea nur einmal, Anfang der sechziger Jahre, Sorgen, als Gleim die Dichterin Anna Louisa Karsch kennengelernt hatte und zunächst nicht abzusehen war, wie sich die Beziehung entwickeln würde. Da Gleim aber gar nicht daran dachte, eine engere Beziehung zur Karschin anzustreben, blieb die Stellung der Nichte ungefährdet.

1777 kam ihre knapp sechsjährige Nichte Louise Ahrends ins Haus. Deren Mutter, Christiane Friederica, war eine Halbschwester Sophie Dorotheas und hatte nach dem Tode von Louises Vater wieder geheiratet. Ob es der besondere Wunsch Sophie Dorotheas war, daß die kleine Louise nach Halberstadt kam, ist nicht zu ermitteln, jedenfalls trug sie die Entscheidung freudig mit und kümmerte sich mütterlich um die Nichte. Als Louise 1799 heiratete, verlor Sophie Dorothea nicht nur eine geliebte Tochter, sondern auch eine Stütze im Haushalt. An ihrer Stelle kam die Demoiselle Keller, Tochter des Pfarrers in Redebber bei Wernigerode, ins Haus.

Sophie Dorothea lebte in bescheidenem Wohlstand, und Gleim sorgte dafür, daß sie auch nach seinem Tode abgesichert war. In seinem Testament vom 20. September 1782 vermachte Gleim ihr die Einkünfte aus seinem Vermögen, erst nach ihrem Tod sollten sie der Familienstiftung zufallen. Schon Anfang der siebziger Jahre wurde sie Stiftsdame in Drübeck bei Wernigerode und hätte nach Gleims Tod dort leben können. Als ihr Onkel Leberecht Gleim 1783 verstarb, hinterließ er auch ihr etwas Geld. Gleim riet ihr, es sicher anzulegen, was wohl auch geschehen ist. 1790 bat die Karschin Sophie Dorothea, ihren Bruder Johann Friedrich Gotthelf Gleim, der als Offizier mit fünf Kindern in Not geraten war, zu unterstützen. Gleim antwortete an Stelle der Nichte, lehnte ab und verbat sich Einmischungen in Gleimsche Familienangelegenheiten, sicher kannte er die Hintergründe und wollte der Nichte das bescheidene Kapital erhalten. In solchen Fällen vertraute Sophie Dorothea voll auf Gleims Urteil. Sie war sehr jung in sein Haus gekommen und akzeptierte ihn wohl ohne Einschränkungen. Das Verhältnis zwischen Onkel und Nichte war außerordentlich harmonisch. Gleim schätzte sie in seiner Weise, wenn sie krank war, machte er sich große Sorgen um sie, dennoch hatte sie wohl nicht sehr viel Einflußmöglichkeiten, strebte sie aber auch nicht an. Für eine unverheiratete Frau im 18. Jahrhundert führte sie ein gesichertes und erfülltes Leben im Rahmen der Konvention.

Nach Gleims Tod lebte Sophie Dorothea im Hause ihres Neffen Wilhelm Körte am Domplatz in Halberstadt. Hier empfing sie 1805 den Besuch Goethes, der Gleims Sammlungen besichtigt hatte und auch ihr seine Aufwartung machte. In den *Tages- und Jahresheften* schrieb er später:

*„Nach allen diesen lebhaften Vergegenwärtigungen sollten wir noch ein Bild des Vergänglichen erblicken, denn auf ihrem Siechbette begrüßten wir die ablebende Nichte Gleims, die unter dem Namen Gleminde viele Jahre die Zierde eines dichterischen Kreises gewesen. Zu ihrer anmutigen obschon kränklichen Bildung stimmte gar fein die große Reinlichkeit ihrer Umgebung, und wir unterhielten uns gern mit ihr von vergangenen guten Tagen, die ihr mit dem Wandeln und Wirken ihres trefflichen Oheims immer gegenwärtig geblieben waren."*

Die Zierde eines dichterischen Kreises war sie wohl nicht, eher mütterliche Freundin der Dichter, die sie schätzten, aber selten bedichteten.

Sophie Dorothea Gleim starb am 6. Dezember 1810 und wurde in der Gruft in Gleims Garten neben ihrem Onkel beigesetzt.

## Louise Christine Wilhelmine Ahrends

wurde am 17. November 1771 in Aschersleben geboren. Ihr Vater, der Subkonrektor Andreas Ahrends (geb. 10. November 1736), verstarb bereits am 2. Juli 1772. Ihre Mutter, Christiane Friederica, geb. Gleim, eine Halbschwester von Sophie Dorothea Gleim, heiratete 1773 den Subkonrektor Körte. Louise wuchs seit 1777 im Hause ihres Großonkels und ihrer Tante wohlbehütet und umsorgt auf. Gleim liebte sie sehr und beschäftigte sich viel mit ihr. An Wilhelm Heinse schrieb er am 4. November 1777:

*„Ich habe ein kleines sechsjähriges Mädchen, von welchem ich Großonkel bin, zu mir genommen. Dieses kleine Mädchen horcht, wie eine Muse, den Liedern, die der Großonkel ihr vorliest, ein herrliches Kind, das in meinem Schneckenhause, ... mir viel Vergnügen macht."*

Louise war eng befreundet mit den jungen Gräfinnen aus dem Hause Stolberg-Wernigerode, die bei Gleim aus- und eingingen und ihn Onkelchen nannten. Drei von ihnen waren Gäste auf Louises Hochzeit 1799, wie Gleim stolz berichtete. Der regierende Graf Christian Friedrich von Stolberg-Wernigerode war 1786-1796 Domdechant in Halberstadt, hatte seine Kurie in unmittelbarer Nähe des Gleimhauses und arbeitete eng mit Gleim zusammen.

Louise begleitete Gleim und Sophie Dorothea auf den meisten Reisen, und als sie älter wurde, schrieb sie auch gelegentlich Briefe für den Onkel. Sie las die Literatur, die Gleim ihr empfahl, z.B. Werke Herders, pflegte aber mehr als Sophie Dorothea auch eigene Interessen, z.B. korrespondierte sie mit der Schriftstellerin Sophie Laroche. Gleim hätte es gerne gesehen, wenn sie Gottfried Herder, den Sohn von Johann Gottfried und Caroline Herder in Weimar geheiratet hätte, aber er konnte sich auch mit ihrer Wahl, die auf Johann Friedrich Wilhelm Himly (geb. am 29. September 1769) gefallen war, einverstanden erklären, wie er der Herderfamilie am 28. November 1798 mitteilte. Der Bräutigam sollte 800 Reichstaler Jahresgehalt beziehen, und das junge Paar würde zunächst in Halberstadt bleiben und am Domplatz wohnen.

Himly war als Sekretär des Diplomaten und Historikers Wilhelm von Dohm nach Halberstadt gekommen. Als 1796 sein Geburtstag im Hause Dohms gefeiert wurde, kannten sich die jungen Leute bereits, zu Louises Geburtstag 1798 wurde er als ihr Bräutigam vorgestellt, und am 1. Februar 1799 fand die Hochzeit statt. Ihr erstes großes Fest im eigenen Heim gaben die jungen Eheleute zu Gleims 80. Geburtstag am 2. April 1799, wie Gleim stolz der Familie Herder berichtete. Überhaupt scheint er sich im bequemen Haus der Großnichte recht wohlgefühlt zu haben. Aber schon Mitte des Jahres war bekannt, daß sie nach Berlin gehen würden, wo Himly eine Stelle als Kriegsrat in Aussicht hatte. Im Sommer 1799 unternahmen sie eine achtwöchige Reise, auf der sie auch Klopstock in Hamburg besuchten. Die endgültige Übersiedlung nach Berlin erfolgte Ende Juli oder Anfang August 1800. Anfang Juni 1801 wurden sie noch einmal zu einem Besuch in Halberstadt erwartet, und Gleim erlebte auch noch die Geburt des ersten Kindes 1802. Anfang November konnte er der Familie Herder berichten, daß Himlys sehr viel Freude an ihrem Clärchen hätten. Sie muß aber wohl als Kind gestorben sein, der Stammbaum der Gleimschen Familie verzeichnet nur einen Sohn Ernst Friedrich Carl Himly, geboren am 1. September 1808, verstorben am 12. Mai 1851. Die Familie wohnte später in Frankfurt am Main, wo Himly wohl als preußischer Gesandter tätig war. Louise Himly verstarb bereits am 5. April 1820, ihr Gatte Wilhelm Himly lebte noch bis zum 4. Oktober 1831.

## Johann Wilhelm Ludwig Gleim der Jüngere

wurde am 3. November 1742 in Aschersleben geboren. Er war der erste Sohn aus der zweiten Ehe von Gleims ältestem Bruder David und somit ein Halbbruder der Hausnichte Sophie Dorothea. Seine Mutter, Marie Margarethe, geb. Bastian, starb, als er gerade sieben Jahre alt war. Als Patenkind Wilhelm Gleims hat er sein Leben lang in dessen unmittelbarer Nähe und zeitweise auch von dessen Unterstützung gelebt. Er besuchte die Schule in Halberstadt und wohnte im Hause seines Onkels. Während seines Jurastudiums in Halle gab ihm Gleim jährlich 200 Reichstaler, wie er später einmal seinem Magdeburger Bruder berichtete, damals ein eher bescheidener Unterhalt. Im Nachruf auf Gleim den Jüngeren heißt es dann auch, daß er in der ersten Hälfte seines Lebens mit drückendem Mangel kämpfte,

*„vieles tat, trug, litt, oft an der Zukunft verzweifelte, ein Spielball der Launen, des Schicksals und gewinnsüchtiger Menschen, zuweilen in zu raschem Lebensgenusse Entschädigung für die entbehrte wahre Heiterkeit des Geistes suchte; wie er sich endlich mit männlicher Kraft losriß von den Banden, die ihn hart gefesselt hielten, der eigene Schöpfer seines Glückes wurde,..."*

Nach dem Studium kehrte er nach Halberstadt zurück, und übernahm verschiedene juristische Aufgaben innerhalb der Gleimschen Familie. Er war entscheidend an der Erbteilung nach dem Tode von Gleims Bruder Leberecht beteiligt, war Vormund der Pelckmannschen Kinder, deren Mutter eine Tochter aus dem Frommeschen Hause war, und Rendant der Gleimschen Familienstiftung. Beruflich wirkte er als Geschäftsführer des Halberstädter Domkapitels, das am 11. März 1797 seine Entlassung wegen Erblindung beschloß, ihm aber das volle Gehalt weiterzahlte. Außerdem war er Hofrat, als solcher wird er meistens bezeichnet, um ihn vom Onkel, dem Kanonikus, zu unterscheiden. Als begeisterter Garten- und Naturfreund erwarb er sich große Verdienste um die Halberstädter Grünanlagen, speziell um die Bepflanzung des Lindenweges. Er war sehr musikalisch und ein tätiges Mitglied der Halberstädter Literarischen Gesellschaft. Sein Leben lang war er kränklich, fast alle brieflichen Erwähnungen brachten die

Johann Wilhelm Ludwig Gleim d. Jüng.,
gemalt von Karl Christian Kehrer, 1795.

Sorge um seine Gesundheit zum Ausdruck. Die letzten 15 Jahre seines Lebens war er blind.

Er war seit 1777 mit seiner Cousine Marie Tugendreich, geb. Fromme, verwitwete Gerber, verheiratet. Marie Tugendreich war am 3. Mai 1739 geboren worden und heiratete Ende April 1761 den Kriegs- und Steuerrat Carl Ludwig Gerber (1700-1768). Gleim war zur Hochzeit eingeladen, nahm aber nicht teil. An Ramler schrieb er am 22. April 1761:

*„Sie bekommt einen Kriegsrat Gerber zu Neustadt Eberswalde, einen alten aber reichen Mann, und will vermutlich mit dem reichen sich einen jungen verdienen."*

Nach dem Tod des Mannes und 1777 auch der Tochter aus dieser Ehe heiratete Tugendreich ihren Cousin und zog mit ihm nach Halberstadt. Der Onkel Wilhelm Gleim freute sich über die Vergrößerung der Familie, hatte guten Kontakt zu dieser Nichte, die ihn manchmal auch auf Reisen begleitete. Marie Tugendreich Gleim starb am 25. Februar 1817 und wurde am 4. März auf dem Domkirchhof beigesetzt.

Johann Wilhelm Ludwig Gleim der Jüngere war bereits am 11. April 1804 von seinen Leiden erlöst worden.

Kapitel 5

## Biograph und Nachlaßverwalter Wilhelm Körte

Wie kein anderer hat sich der Großneffe Wilhelm Körte mit Gleims Nachlaß beschäftigt, sowohl im Auftrage Gleims und der Familienstiftung als auch aus eigenem Antrieb. Friedrich Heinrich Wilhelm Körte wurde am 24. März 1776 als Sohn des Subkonrektors Andreas Matthias Christian Körte (1746-1826) in Aschersleben geboren. Seine Mutter, Christiane Friederica (1748-1811), war in erster Ehe mit Andreas Ahrends verheiratet gewesen und auch die Mutter von Louise Ahrends und eine Halbschwester von Sophie Dorothea Gleim.

Wilhelm Körte war seit seinen frühesten Kindertagen eng mit seinem Großonkel Gleim vertraut. Die Mutter weilte mit ihren drei Söhnen recht häufig in Halberstadt, und auch Gleim hat diese Verwandten besonders häufig besucht. 1790 erkrankte er während eines Aufenthaltes in Aschersleben schwer und wurde liebevoll von der Familie Körte gepflegt. Die Tochter Marie Körte berichtete in ihren Erinnerungen sogar, daß Gleim Wilhelm Körte und seine Stiefschwester Louise Ahrends adoptiert habe, was sicher nicht streng rechtlich zu verstehen ist.

Wilhelm Körte ging zunächst in Aschersleben auf die Bürgerschule und besuchte von 1792-96 die Domschule in Halberstadt. In dieser Zeit wohnte er im Hause des Predigers der reformierten Gemeinde Le Brun. 1796-98 studierte er in Halle Jura, aber auch Literatur und schöne Wissenschaften und Künste. Einer seiner Lehrer war der Altphilologe Friedrich August Wolf. Körte hat schon in dieser Zeit seine spätere Frau, eine Tochter Wolfs, kennengelernt, er entdeckte das zehnjährige Mädchen fast vergraben unter Werken griechischer Schriftsteller. Körte hatte im April 1796 sein Studium angetreten, schon im August besuchten ihn Gleim sowie die Nichten Sophie Dorothea Gleim und Louise Ahrends und trafen sich auch in Bad Lauchstädt mit ihm. Nach seiner Rückkehr aus Halle bezog Körte eine eigene Wohnung im Haus am Halberstädter Domplatz 48, das Gleim für die Humanitätsschule bzw. für die spätere Unterbringung seiner Sammlungen erworben hatte. Körte konnte davon ausgehen, für seinen weiteren Lebensweg durch Gleim abgesichert zu sein. Gleim hatte ihn als Lehrer für die geplante Humanitätsschule vorgesehen. Diese Schule wurde nie so eingerichtet, wie es Gleim vorgeschwebt hatte, nämlich als Vorstudienanstalt beim Übergang vom Gymnasium zur Universität. Nach endlosen Auseinandersetzungen zwischen Familienstiftung und preußischem Staat erhielt Körte für die entgangene Lehrerstelle eine jährliche Abfindung von 600 Talern in Gold. Außerdem war er Domvikar und hatte bis zur Auflösung des Domstiftes 1810 auch hier Einkünfte. 1810 eröffnete er das „Büro für Literatur und Kunst", einen kleinen Verlag mit Buchhandlung, und wurde noch 1818 als Miteigentümer genannt.

Körte konnte sich also weitgehend seinen Neigungen widmen und bearbeitete, zunächst auf Gleims Anregung, später nach eigenem Ermessen, die unterschiedlichsten Themen. 1799 beauftragte ihn Gleim, einen Plan für die Familienbibliothek und das Haus am oberen Ende des Domplatzes (heute Domplatz 48) zu erarbeiten. 1800 sollte er sich mit dem Thema beschäftigen, wie man das Fürstentum Halberstadt in einen großen Garten verwandeln könnte, und ebenfalls 1800 war er beauftragt, den Weimarer Erbprinzen, der beim Regiment in Halberstadt diente, mit gotischer Baukunst vertraut zu machen. 1801 plante er eine Neuausgabe von Gleims Halladat. 1800 veröffentlichte er in den *Neuen gemeinnützigen Blättern* einen längeren sachkundigen Aufsatz *Von den Bohlendächern überhaupt und von dem des Kaufmanns Spilleke zu Halberstadt insbesondere.* Es handelte sich um eine besondere Dachkonstruktion nach französischem Vorbild, durch die man viel Bodenraum gewann. Gleim bezeichnete ihn fortan als Baumeister, Erzbaumeister, auch Erztekt.

Obwohl sich Körte bemühte, dem Großonkel gerecht zu werden, so stellte er z.B. 1801 zu Gleims 82. Geburtstag eine Biographie in Briefen zusammen, gab es auch Spannungen im täglichen Umgang zwischen Onkel und Großneffen. Das Verhältnis wurde besonders schwierig, nachdem eine Augenoperation bei Gleim erfolglos blieb und er vollends erblindete. Körte beklagte sich bitter bei der Familie Herder über die Launen des alten Mannes, der angeblich seine Jugendlichkeit haßte. Körte verließ Halberstadt zeitweise. Im Juli 1801 meinte Gleim, daß er sich bei Wilhelm von Dohm aufhielte und Weihnachten 1801 war er schon fünf Wochen in Berlin und studierte dort an der Bauakademie. Herder versuchte zu vermitteln und hatte wahrscheinlich Erfolg. Wann Körte nach Halberstadt zurückkehrte, ist nicht genau zu ermitteln, jedenfalls war er wieder anwesend, als Gleim starb, denn er meldete den Tod an die Familie Herder nach Weimar noch am Todestag, dem 18. Februar 1803.

Wilhelm Körte wurde nun von der Familienstiftung als Verwalter von Gleims Sammlungen eingesetzt. Eine seiner ersten Aufgaben war es, einen Versteigerungskatalog zu erarbeiten, der 1804 unter dem Titel *Verzeichnis eines Teils der Kupferstich- und Büchersammlung J.W.L. Gleims* erschien. Gleim hatte testamentarisch verfügt, daß neben seiner Kupferstichsammlung Dubletten, unvollständige Werke und Romane aus der Bibliothek verkauft werden sollten. Dieser Katalog enthält mit 2522 Büchern wahrscheinlich wesentlich mehr, als es Gleim vorgesehen hatte.

Da das heutige Gleimhaus nicht Eigentum, sondern die Dienstwohnung des Domsekretärs war, wurden Gleims Sammlungen in dem von ihm erworbenen Haus am Domplatz nahe der Peterstreppe untergebracht und interessierten Besuchern gezeigt. Körte wohnte im Hause und beschäftigte sich intensiv mit Gleims Nachlaß. Als erstes publizierte er die Werke Ewald Christian von Kleists. Noch 1803 erschienen *Sämtliche Werke nebst des Dichters Leben aus seinen Briefen an Gleim* in zwei Bänden. Diese Ausgabe erreichte in der ersten Hälfte des 19. Jahrhunderts mehrere Nachauflagen, und so war es auch Körtes Verdienst, daß sich die Biedermeierzeit mit dem Dichter Ewald Christian von Kleist beschäftigen konnte. Ramlers Ausgaben nach dem Tode des Dichters wiesen zu viele Veränderungen auf. 1804 veröffentlichte Körte die *Briefe der Schweizer, Bodmer, Sulzer, Geßner* in Zürich und 1805/06 folgten die *Briefe Teutscher Gelehrter*, die Gleims Korrespondenz mit Wilhelm Heinse und Johannes von Müller enthielten, mit letzterem verband Körte eine enge Freundschaft.

Alle diese Publikationen entsprechen natürlich nicht modernen editorischen Grundsätzen, Körte fühlte sich mit Recht als bester Kenner der Gleimschen Intentionen und wählte entsprechend aus. Diese ersten Briefbände brachten ihm heftige Auseinandersetzungen mit Friedrich Heinrich Jacobi und Johann Heinrich Voß ein, wobei sich vor allem Jacobi gegen die Veröffentlichung privater Briefe aussprach. Die verschiedenen Streitschriften, die auf beiden Seiten auch persönliche Diffamierungen enthielten, schädigten das literarische Ansehen des jungen Körte, obwohl er in Gleims Sinn gearbeitet hatte, und hielten ihn davon ab, weitere Briefwechsel zu veröffentlichen. Trotz mancher berechtigter Kritik hat er mit seinen Briefveröffentlichungen auf das reiche literarische Leben in der zweiten Hälfte des 18. Jahrhunderts und die Beziehungen der Schriftsteller untereinander hingewiesen, und da heute nicht mehr alle Materialien, die er im Original benutzen konnte, vorhanden sind, stellen diese Veröffentlichungen eine wichtige literatur- und kulturgeschichtliche Quelle dar.

1805 besuchte Goethe mit seinem Sohn August und dem Hallenser Altphilologen Friedrich August Wolf Halberstadt. Neben dem Dom und den Spiegelsbergen besichtigten sie auch Gleims Sammlungen und sprachen eingehend über ihn. Nach dem Besuch übersandte Körte 30 Briefe aus Gleims Sammlungen an Goethe, ferner das Lessingbildnis aus dem Freundschaftstempel und Lessings Totenmaske. Das Lessingbildnis kehrte etwa zwei Jahre später nach Körtes Mahnungen nach Halberstadt zurück, die Briefe befinden sich noch heute im Goethe- und Schiller-Archiv.

Goethe bestärkte Körte in der Absicht, eine Gleimbiographie zu verfassen, um das Andenken des bemerkenswerten Mannes lebendig zu erhalten. Körte, der bereits auf Vorarbeiten zurückgreifen konnte, machte sich mit großem Engagement an die Arbeit, und 1811 erschien in Halberstadt *Johann Wilhelm Ludewig Gleims Leben. Aus seinen Briefen und Schriften von Wilhelm Körte*. Für diese außerordentlich faktenreiche Biographie gibt es bis heute keinen Ersatz. Körte berichtete mit Sympathie für seinen Großonkel, ohne ihn über die Zeitgenossen zu stellen, die mit und neben ihm wirkten, aber zu einer kritischen Auseinandersetzung war er nicht fähig, er fühlte sich verpflichtet, das Bild des trotz kleinerer Auseinandersetzungen doch geliebten und geschätzten Großonkels von Flecken frei zu halten. Zur gleichen Zeit arbeitete er an Gleims literarischen Werken, 1810 erschienen Gleims Fabeln und Erzählungen und 1811-13 *Sämmtliche Werke in sieben Bänden*, der Ergänzungsband mit Zeitgedichten folgte 1841. Der Titel war irreführend, es wurden bei weitem nicht alle Gedichte Gleims aufgenommen, was bei der Quellenlage wohl auch kaum möglich gewesen wäre. Gleim selbst hatte es trotz mehrerer Ansätze nie fertiggebracht, eine Sammlung seiner Gedichte herauszugeben, Titel aus frühen Jahren, die darauf hindeuten, sind Raubdrucke. Gleim ging nicht besonders sorgfältig mit seinen Gedichtentwürfen um, auch von den Drucken ist jedenfalls heute bei weitem nicht alles erhalten, was erschienen ist. Gleims „Verbesserungen" waren keine Hilfe für Körte, es waren Varianten, ohne in eine bestimmte Richtung zu deuten. Körte standen natürlich auch keine modernen editorischen Kriterien zur Verfügung, und so verließ er sich auf seine intime Kenntnis und entschied intuitiv, was besonders den frühen Gedichten Gleims nicht immer gerecht wurde. Dennoch tat Körte das mögliche und seine *Gesamtausgabe* ist bis heute die einzige geblieben.

Körtes archivalische Editionsarbeit beschränkte sich nicht auf Gleims Nachlaß, 1820 veröffentlichte er *Das Leben L.N.M. Carnots ...*, eines Offiziers und Mathematikers, der als französischer Emigrant in Magdeburg lebte und den Körte persönlich kennen- und schätzen gelernt hatte. 1833 schließlich erschien *Leben und Studien F.A. Wolfs*, seines Schwiegervaters. Kulturhistorisch interessant ist auch seine Sammlung *Die Sprichwörter und sprichwörtlichen Redensarten der Deutschen,* Leipzig 1837. Verwirrung brachte er in die Lessingforschung, indem er behauptete, mindestens die ersten 53 Paragraphen von Lessings Erziehung des Menschengeschlechts stammten von dem Arzt und Landwirt Albrecht Thaer, mit dem Körte entfernt verwandt war. Diese Behauptung konnte erst in der zweiten Hälfte unseres Jahrhunderts entschieden widerlegt werden.

Körte heiratete am 17. Juli 1809 Wilhelmine Wolf, die 1786 geborene Tochter des Hallenser Altphilologen. Die Tochter Marie Wilhelmine Ernestine (geboren am 13. Juni 1815), die in Körtes Haus aufwuchs, war ein Adoptivkind, nach der Familienüberlieferung aber eine leibliche Tochter Wilhelm Körtes mit der Freundin des Hauses Ernestine Klenze. In der Taufurkunde Maries in Paderborn wurde zwar eine Henriette Ernst als Mutter genannt, aber da alle Beteiligten den wahren Tatbestand verschleiern und den Anschein erwecken wollten, Marie sei ein eheliches Kind der Körtes, wurde wohl aus dem Vornamen Ernestine der Nachname Ernst, denn in einer Zeit, da die Menschen noch nicht ständig einen Paß bei sich tragen mußten, waren unkorrekte Angaben durchaus möglich. Die Frauen lösten das Problem auf ihre Weise. Beide gingen auf Reisen, und die Ehefrau kam mit dem Säugling nach Halberstadt zurück. Marie Körte hat wohl erst bei ihrer Heirat von ihrer Herkunft erfahren.

In ihren Erinnerungen an Kindheit und Jugend in Halberstadt beschrieb Marie Körte ein Leben voller biedermeierlicher Beschaulichkeit, aber auch reich an interessanten Begegnungen und geborgen in einer großen Familie. Die Körtes lebten im Wohlstand, Wilhelm Körte machte 1824 eine Reise nach Marienbad, Wien und Mailand, und als er die Nachricht vom Tode des Schwiegervaters erhielt, kaufte er kurzerhand einen Reisewagen, um schnell nach Hause zu kommen. Nach Aussagen der Tochter war Körte ein großer Blumen- und Gartenfreund, spielte gerne Schach, führte ein sehr gastfreies Haus, war aber ein ausgesprochener Choleriker und dadurch ein sehr schwieriger Partner. Sie beschrieb seine Ungeduld und seine Wutausbrüche, als er zunächst die Tochter und eine Nichte selbst unterrichten wollte. Der Halberstädter Domklub schloß ihn aus, also hatte er sich wohl mit mehreren Mitgliedern verfeindet. Besonders, wenn er seine schmerzhaften Gichtanfälle bekam, tyrannisierte er das ganze Haus. Andererseits beschrieb sie ihn als „hinreißend in sanfter Stimmung, fröhlich, ja funkensprühend witzig", auch sein Neffe Friedrich Körte schrieb: *„Ein Mann von sprühendem Geist, spitzer Zunge und noch spitzerer Feder, von einem Humor, wie ich ihn kaum jemals wieder gefunden habe ..."*

Daß sein Verhältnis zu Gleim in jungen Jahren nicht nur aus Harmonie bestand, darf man ihm nicht allein anlasten, auch Gleim war ein schwieriger Zeitgenosse. Dennoch war es vor allem Körte, der sich bemühte, Gleims Nachlaß in seinem Sinne zu verwalten und zu nutzen, allerdings war das auch zu seinem eigenen Vorteil. Gegen die Vorsteher der Familienstiftung konnte er sich trotzdem nicht immer durchsetzen.

Friedrich Heinrich Wilhelm Körte starb am 28. Januar 1746 in Halberstadt. Die Familienstiftung bot danach das Haus am Domplatz und auch einige Gemälde aus Gleims Sammlung zum Verkauf an. Die Witwe Wilhelmine Körte zog zunächst in die Harsleber Straße und im Sommer 1752 nach Berlin. Sie starb am 29. August 1761. Nach Körtes Tod begannen schwierige Zeiten für die Gleimschen Sammlungen, sie wurden auf dem Boden des damaligen Domgymnasiums gelagert und einige Stücke gingen schon in dieser Zeit verloren.

Brief Körtes an Familie Herder. 18. Februar 1803 (Mitteilung von Gleims Tod)

Kapitel 6

## Betty Gleim

Als Gleim 1785 auf einer größeren Reise auch den Neffen Johann Christian Gottlieb Gleim (1744-1806) in Bremen besuchte, lernte er dessen vierjährige Tochter Ilsabetha kennen. Bei der Vielzahl der Großneffen und Großnichten wird sie keinen besonderen Eindruck bei ihm hinterlassen haben, aber die Kontakte auch zu dieser Familie waren eng. Der Vater, ein Bremer Kaufmann und Weinhändler, war häufiger in Halberstadt, und Ilsabetha besuchte die Verwandten z.B. im Sommer 1798. Gleim berichtete der Familie Herder, daß sich das junge Mädchen bei einem Ausflug in die Spiegelsberge den Magen an Kirschkuchen verdorben habe. Ob sie sich für seine Bibliothek interessierte, berichtete er nicht. Man darf wohl davon ausgehen, daß sie es tat, denn ein junges Mädchen, das sich einen speziellen Leseplan aufstellte, wird an solchen Schätzen nicht vorbeigegangen sein. Die noch nicht Siebzehnjährige war äußerst belesen und aufgeschlossen, Mutter und Großmutter unterstützten ihren Hang zur wissenschaftlichen Bildung, wahrscheinlich formten sich schon damals die Vorstellungen der jungen Ilsabetha vom künftigen Lebensweg .

Ilsabetha Gleim wurde am 13. August 1781 in Bremen geboren und auf den Namen Adelheid getauft, aber schon im Stammbaum der Gleimschen Familie von 1783/84 tauchte der Name Ilsabetha auf. Ihr Vater war ein Sohn aus der zweiten Ehe von Gleims Bruder David aus Aschersleben und damit ein Halbbruder der Sophie Dorothea Gleim. Die Mutter Adelheid, geb. Tiedemann, war die Tochter eines Ältermannes und Schwester des Bürgermeisters Franziskus Tiedemann. Bei der angesehenen Stellung des Hauses wird die begabte Tochter sorgfältig erzogen worden sein. In ihrem Elternhaus verkehrten zwei angesehene Geistliche, die für eine Reform des Unterrichtswesens im Pestalozzischen Sinne wirkten, der Züricher Haefeli und der aus Detmold kommende Johann Ludwig Ewald. Von Haefeli wurde Ilsabetha im Mai 1799 konfirmiert, und mit seiner Tochter Regula war sie eng befreundet. Gleim schätzte ihre Mutter und vor allen ihre Großmutter außerordentlich und traf sich mit ihnen in Bad Pyrmont, die Großmutter Tiedemann nannte er in einem Brief an die Karschin vom 21. Juli 1785 *„eine meiner besten Freundinnen"*.

Die junge Ilsabetha hörte beim Bremer Pastor Ewald Vorlesungen zum Geist der Pestalozzischen Bildungsmethode nach Urkunden und eigener Ansicht. Sie wurde empfänglich für pädagogische Fragen, wollte sich als Mensch vervollkommnen, ein selbstbestimmtes Leben führen und ihre Einsichten an Geschlechtsgenossinnen weitergeben. Zwischen Gleims Tod 1803 und der Errichtung ihrer ersten Schule 1806 lebte sie ein Jahr lang im Hause ihres Vetters Wilhelm Körte in Halberstadt, in dem sie einen kundigen Gesprächspartner fand. Die große Bibliothek ihres verstorbenen Großonkels stand ihr zur Verfügung und wird ihren Blick geweitet haben. In dieser Zeit lernte sie einen Prediger aus dem Braunschweigischen kennen und verlobte sich mit ihm. Nicht unbedingt zur Freude der Familie löste sie diese Verlobung wieder, als ihr klar wurde, daß die Beziehung nicht tragfähig war und sich immer stärker abzeichnete, daß sie ihr Leben der Erziehung und Bildung von Mädchen widmen wollte. Sie unternahm eine pädagogische Reise und informierte sich in verschiedenen deutschen Städten über die Einrichtung von Mädchenschulen. Am 14. Oktober 1805 veröffentlichte sie *Ankündigung und Plan einer in Bremen im Jahre 1806 zu errichtenden Lehranstalt für Mädchen*. Sie teilte mit, daß sie den Plan lange gehegt und sorgfältig vorbereitet habe. Durch den Tod ihres Vaters, der kein großes Vermögen hinterlassen hatte, sah sie sich außerdem gefordert, zur materiellen Sicherheit der Familie beizutragen.

Die Schule wurde wie geplant eröffnet und enthielt eine Ober-, Mittel- und Elementarklasse. Weibliche und männliche Lehrkräfte unterrichteten die Schülerinnen, Betty Gleim selbst erteilte Unterricht in Religion, Geschichte, Geographie, Mythologie und mündlichem und schriftlichem Ausdruck. Trotz des hohen Schulgeldes von 24-28 Talern in Gold (1812) hatte die Schule regen Zuspruch und zeitweise 80 Schülerinnen. Die *Zeitung für die elegante Welt* von 1809 lobte sie und hob die Pestalozzische Lehrmethode hervor.

Betty Gleim unternahm eine pädagogische Reise nach Göttingen, Frankfurt und Heidelberg und führte mit kompetenten Fachgelehrten Gespräche über neueste Forschungsergebnisse. In Heidelberg traf sie mit Karoline Rudophi zusammen, die in Romanform ein Gemälde weiblicher Erziehung entworfen hatte und schon Kontakte zu ihrem Großonkel Wilhelm Gleim gepflegt hatte. Betty Gleim ging anders vor, ihr ging es um bewußte planvolle Erziehung. Sie war keine Rebellin oder Romantikerin, sie rang um einen sinnerfüllten Platz im Leben. 1810 erschien ihr Hauptwerk *Erziehung und Unterricht des weiblichen Geschlechts*, 1814 folgte der zweite Teil *Über die Bildung der Frauen und die Behauptung ihrer Würde in den wichtigsten Verhältnissen ihres Lebens*.

Bildung war für Betty Gleim nicht das Privileg besonders Begünstigter, sondern Gemeingut der Menschheit. Es ging ihr nicht eigentlich um gelehrte Bildung, sondern um die Veredelung der Persönlichkeit. Zwar sprach sie vom Beruf der Gattin, Hausfrau und Mutter und meinte, daß eine gebildete Frau Bedeutendes als Mutter leisten könne und umfassende Bildung wichtig für die Kindererziehung sei, aber sie überschritt auch alle gewohnten Denkansätze und verlangte eine Berufsausbildung für Frauen. Sie kannte genug Mädchen und Frauen, die gegen ihre Neigung heiraten mußten, um versorgt zu sein, da sie sonst Verwandten zur Last fielen oder ihr Leben lang mit Elend und Mangel kämpfen mußten. Ihnen wollte sie durch einen Beruf ein selbstbestimmtes Leben ermöglichen und dachte an sogenannte weibliche Berufe wie Erzieherin, Lehrerin, Krankenwärterin oder Haushälterin. Diese Ideen wurden von allen nachfolgenden bürgerlichen Pädagoginnen aufgegriffen. Betty Gleim sprach sich gegen Privatunterricht und für öffentliche Schulen aus, Halbwissen war ihr ein Greuel. So hatten ihre Schülerinnen mehr als in der Zeit üblich Unterricht in der deutschen Sprache. Das wichtigste aber war ihr, der Frau den ihr gebührenden Platz einzuräumen, selbstbewußt verkündete sie:

*„Die Frauen regieren die Welt, mögen die Männer dies hören wollen oder nicht. Von ihrer Beschaffenheit hängt das Wohl und Weh, die Veredlung oder das Verderben des Ganzen ab, wie sie sind, wird das Menschengeschlecht sein. Ist dies wahr, o so ist es notwendig, zu sorgen, daß nicht länger die eine große Hälfte des Menschengeschlechts, und mit ihr die andere, geistig zu Grunde gehe ..."* (Erziehung und Unterricht des weiblichen Geschlechts)

1810 erschien auch ihre *Fundamentallehre oder Terminologie der Grammatik mit besonderer Hinsicht und Anwendung auf die Grammatik der deutschen Sprache. Nach den Grundsätzen der Pestalozzischen Methode bearbeitet.* Das Buch wurde benutzt, aber die Autorin auch angefeindet, hatte sie es als Frau ohne Kenntnis der alten Sprachen doch gewagt, in das Fachterrain der Philologen einzudringen. Sie antwortete mit der Schrift *Rechtfertigung einiger Begriffe in der Fundamentallehre*. Erst als der Grammatiker Johann Heinrich Seidenstücker die Fundamentallehre zu den nützlichen Schulbüchern zählte, zogen sich die Angreifer zurück.

Betty Gleim arbeitete diszipliniert, ohne auf den Beifall der Öffentlichkeit zu rechnen. Prunk und Schimmer lehnte sie ab. Zunächst lebte sie mit einer Freundin zusammen, von der sie sich aber bald trennen mußte. In der Lehrerin Sophie Lasius aus Oldenburg fand sie dann die geeignete Partnerin, mit der sie ohne zermürbende Konflikte bis zu ihrem Tode zusammenleben konnte.

1809 hatte sie begonnen, ein Lesebuch zur Übung in der Deklamation herauszugeben. Der erste Band für die jüngeren Schüler enthielt so beliebte Jugendschriftsteller wie Campe und Salzmann, aber auch Dichtungen von Gleim, Herder, Hölty und Goethe (*Das Veilchen, Der Erlkönig*). Der zweite Band für die mittleren Klassen umfaßte Schriften von Hippel, Musäus, Voß, Jean Paul, Lessing, Herder, Goethe und Schiller. Sie strebte die Rückkehr zur *„unvergleichlichen wunderköstlichen Muttersprache"* an.

Ihrer Schulgründung war trotz gründlicher wissenschaftlicher Vorbereitung kein dauerhafter Erfolg beschieden. Die Probleme des täglichen Schulbetriebes zermürbten sie, die Leitung der Lehranstalt glitt ihr aus den Händen, Mißverständnisse, Vertrauensbrüche, Ärger zwischen Eltern und Lehrern und schließlich Geldschwierigkeiten bewirkten die Schließung der Schule nach neunjährigem erfolgreichen Bestehen.

Doch Betty Gleim gab nicht auf, auch nicht, als ihr Versuch, in Elberfeld eine „Bildungsanstalt für Töchter höherer Stände" zu gründen, scheiterte. Sie blieb Pestalozzis Ideen treu und besuchte ihn auch einmal in der Schweiz. Während eines längeren Aufenthaltes in Frankfurt am Main ließ sie sich in einer Zeichenlehrmethode unterweisen, und sie reiste zu Aloys Senefelder in München, um bei dem Erfinder des Steindrucks diese Handwerkskunst zu erlernen. Mit zwei Mitarbeitern kehrte sie nach Bremen zurück, bewarb sich beim Bremer Senat um die Konzession, erhielt sie und eröffnete im Mai 1819 ihre *Lithographische Anstalt für Frauen*. Hier sollten junge Mädchen eine Berufsausbildung erhalten, die ihnen ein unabhängiges Leben ermöglichte. Als die Anstalt erfolgreich arbeitete, übergab sie die Leitung den Herren Dreyer und Comolli und eröffnete auf Drängen vieler Bremer erneut eine höhere Mädchenschule. Sie selbst unterrichtete täglich, was sicher zum Erfolg der Schule beitrug. Doch mit 40 Jahren war sie am Ende ihrer Kraft, die körperliche Gebrechlichkeit nahm ständig zu, die Ärzte waren ratlos und sprachen von nervösen Leiden. Betty Gleim starb am 27. März 1827.

Helene Lange, die Gründerin des *Allgemeinen deutschen Lehrerinnenvereins*, die sich besonders für Mädchenbildung in Preußen einsetzte, wies immer wieder auf Betty Gleim hin. Renate Feyl bezeichnete Betty Gleims Werk als wichtigen Meilenstein zwischen der ersten Gründung einer höheren Mädchenschule durch August Hermann Francke 1698 und den von Helene Lange 1893 eingeführten Gymnasialkursen für Mädchen. In der Einführung zum Neudruck von *Erziehung und Unterricht des weiblichen Geschlechts* 1989 schreibt Ruth Bleckwenn:

*„Mit Betty Gleim begegnet uns die bedeutendste Pädagogin im deutschsprachigen Raum in der ersten Hälfte des 19. Jahrhunderts. Ihre pädagogischen und gewerblichen Gründungen, vor allem aber ihre Bücher, fanden damals zwar eine gewisse Resonanz, blieben aber nicht dauerhaft wirksam, – sie waren wohl ihrer Zeit zu weit voraus."*

Wie unterschiedlich Betty Gleim heute gewürdigt wird, zeigt sich darin, daß sie zwar in der alten *Allgemeinen deutschen Biographie* gewürdigt wird, ihr Name aber in der *Neuen deutschen Biographie* fehlt. Betty Gleim war stark vom Erziehungsoptimismus der Aufklärung geprägt, sie nahm den Bildungs- und Glücksanspruch des Menschen auch für die Frau in Anspruch. Sie entwickelte ihre Gedanken logisch und selbstbewußt, aber unspektakulär, sie trat hinter ihrem Werk zurück, wollte durch ihre Schriften, weniger durch ihre Person wirken. So wurde sie außer-

Betty Gleim, Bildnis im Focke-Museum Bremen

halb ihrer Heimatstadt Bremen im männlich geprägten Bereich der Pädagogik nur teilweise wahrgenommen, und – Ironie des Schicksals – sie, die den Frauen auch ein Leben außerhalb ihrer Rolle als Hausfrau und Mutter ermöglichen wollte, erzielte den nachhaltigsten Erfolg mit einem Kochbuch.

Der Anteil des Dichters Wilhelm Gleim an der Entwicklung der Pädagogin Betty Gleim blieb natürlich bescheiden, schon wegen des großen Altersunterschiedes von 62 Jahren, aber die Atmosphäre im Hause Gleims und Körtes und in der Familie überhaupt wird ihr geholfen haben, ihren Weg zu finden, denn die von Gleim initiierte Familienstiftung sah auch eine Unterstützung für junge Mädchen vor, wenn sie sich z.B. zur Erzieherin ausbilden lassen wollten. Bei Aussterben der Familie Gleim sollte das Stiftungskapital für ein Erziehungsinstitut für junge Mädchen verwandt werden. Diese für die damalige Zeit nicht selbstverständlichen Ideen werden sie in ihrem Entschluß bestärkt haben, materielle Unterstützung hat sie von der Familienstiftung wohl nicht gehabt.

Kapitel 7

# Ernst Ludwig Christoph Spiegel zum Desenberg

Als im September 1753 im Halberstädter Domkapitel eine Dechantenwahl notwendig wurde, setzte Gleim auf einen anderen Kandidaten, gewählt wurde aber der Freiherr Ernst Ludwig Spiegel zum Desenberg, mit dem Gleim in den folgenden über 30 Jahren eng und gut zusammenarbeiten sollte. Spiegel wurde am 22. Februar 1711 in Gießen geboren. Sein Vater, Klaus Dietrich Spiegel, Erbherr auf Niederübelngönne und Dalheim, hatte die militärische Laufbahn eingeschlagen und war seit 1718 Generalmajor und Kommandant der Festung Gießen, er verstarb bereits 1725. Die Mutter, Hedwig Auguste, war eine geborene von dem Bussche.

Ernst Ludwig von Spiegel wurde schon im Alter von elf Jahren, 1722, an der Universität in Gießen immatrikuliert. Das Studium war wohl als Statussymbol gedacht und nicht als Voraussetzung für eine wissenschaftliche Laufbahn, denn danach trat er in Hessen-Kasselsche Militärdienste und war bereits 1730 Kornett. 1731 wurde er durch Vermittlung seines Oheims Eberhard Clamor von dem Bussche Domherr in Halberstadt und muß bald darauf seine militärische Laufbahn beendet haben. 1746 wurde er auch Domscholaster und schließlich am 25. September 1753 Domdechant. Außerdem war er Propst des Halberstädter Stiftes St. Peter und Paul und des Oberkollegiatstiftes Unserer lieben Frauen. Seine Besitztümer im Harz und im Hessischen waren vielfältig, oftmals hatte er langwierige Prozesse um einzelne Besitztümer mit anderen Verwandten zu führen.

Er verlobte sich am 8. Dezember 1744 mit Mechthild Agnes Johanna von Ledebur, die zwanzigjährige Braut verstarb aber schon im Sommer 1745 vor der Hochzeit. Ernst

Ludwig von Spiegel vermählte sich dann am 7. Juli 1749 zu Dalheim mit Ehrengard Melusine Johanna Spiegel von Peckelsheim, die aus dem anderen Zweig der ausgebreiteten Familie stammte. Sie war damals 20 Jahre alt und Erbtochter auf Seggerde. Auch dieser Besitz blieb nicht unangefochten, Ernst Ludwig und seine Frau setzten sich aber nach dem Tode ihres Vaters durch, und so blieb dieses Schloß neben Halberstadt Hauptsitz der Familie.

Auch in der Nähe Halberstadts erwarb Spiegel Besitzungen, so die Güter Suderode und Schneidlingen und das Haus auf der Viktorshöhe. Seit 1759 war er Senior der Spiegel-Desenbergschen Sippe und wurde als solcher 1765 und erneut 1784 mit Burg und Herrschaft Desenberg belehnt.

Seine Tätigkeit als Domdechant nahm ihn außerhalb der Generalkapitel, die meist im April und Oktober stattfanden, nicht übermäßig in Anspruch, zumal die Kleinarbeit von anderen verrichtet wurde, auch vom Domsekretär Wilhelm Gleim, mit dem er sehr vertrauensvoll zusammenarbeitete. Zwar war Gleim nicht sein offizieller Stellvertreter, das konnte er als Bürgerlicher gar nicht sein, für ihn war es aber selbstverständlich, in Halberstadt zu bleiben, wenn Spiegel auf Reisen war. Die Verwaltung seiner zahlreichen Güter und die Prozesse, die er um sie zu führen hatte, manchmal sogar vor dem Reichskammergericht in Wetzlar, zwangen ihn zu zahlreichen Reisen. Außerdem war er ein begeisterter Jäger und ließ sich bis in seine letzten Lebensjahre gerne zu Jagden einladen, z.B. vom Grafen Stolberg-Wernigerode. Noch ein halbes Jahr vor Spiegels Tod schrieb Gleim an die Karschin nach Berlin:

*„Dem lieben Alten habe ich die Epistel an ihn nicht vorlesen können, ich habe sie nachgeschickt nach Ilsenburg, wo er auf der Jagd ist beim Herrn Grafen von Wernigerode, nicht weit von den Felsenbrüdern, dem Ilsenstein und dem Altvater der Berge, dem Brocken!"* (17. Oktober 1784).

Seine Geburtstage am 22. Februar 1781, 1784 und 1785 verbrachte Spiegel in Ballenstedt, um der Prinzessin Pauline Christiane Wilhelmine von Anhalt-Bernburg (1769-1820) zu gratulieren, die am nächsten Tag, dem 23. Februar, ihr Wiegenfest beging.

Zu Beginn des Siebenjährigen Krieges reiste Spiegel auf Wunsch des preußischen Königs zu den böhmischen Kriegsschauplätzen und verteilte während der Schlacht bei Collin Liebesgaben an die ermatteten preußischen Truppen. Nach der militärischen Niederlage geriet er in große Gefahr, kehrte aber doch wohlbehalten nach Halberstadt zurück. Er erlitt auch schmerzliche kriegsbedingte Vermögensverluste, vom Herbst 1757 bis zum Januar 1758 durch hohe Kriegskontributionen, die die Franzosen in Halberstadt forderten und durch Einquartierungen auf seinen westfälischen Gütern. Im Januar 1758 gelang es Gleim zwar zweimal, Plünderer aus Spiegels Haus zu vertreiben, aber der Schaden auf den Gütern insgesamt blieb beträchtlich. Gleim, der in diesen Kriegszeiten unter seinem Amt litt und sich mit dem Gedanken trug, es niederzulegen, ließ sich dann doch von Spiegel bewegen, in Halberstadt zu bleiben. Nach dem Friedensschluß 1763 konnte Spiegel dann noch zwei Jahrzehnte glücklich seinen Wohlstand genießen.

Ernst Ludwig von Spiegel erfreute sich hoher Gunst beim preußischen König Friedrich II., der ihn zum Kammerherrn und Geheimen Rat ernannte. Er übertrug ihm die selbständige Leitung der Kirchen- und Schulangelegenheiten des Halberstädter Domstifts. Spiegels größte Leistung auf diesem Gebiet war die Gründung des Halberstädter Lehrerseminars mit Unterstützung des Domherren von Rochow und Gleims. Spiegels Engagement ist besonders hoch zu würdigen, da sich die Erkenntnis, daß auch Dorfschullehrer eine Ausbildung brauchten, nur langsam durchsetzte.

Spiegel zu Ehren stiftete der König einen eigenen Orden für die Halberstädter Domherren, den St. Stephansorden, und selbstverständlich wurde Spiegel 1754 sein erster Träger. Das von Bekly 1756 gemalte Porträt im Gleimhaus zeigt Spiegel im Ornat des Domdechanten mit Orden. 1781, zum 50. Jubiläum als Domherr und zum 70. Geburtstag, sollte eine Gedenkmünze geprägt werden. Gleim übernahm die Bestellung beim Medailleur Abramson in Berlin. Der Text auf der Rückseite lautete: „Ward Domherr zu Halberstadt 1731, Domdechant 1753, lebte, geliebt von allen Menschen im Jahr 1781, würde, wenn unsere Liebe Leben gäbe, nicht sterben".

Das dauerhafteste Denkmal setzte sich Ernst Ludwig von Spiegel mit der Anlage der Spiegelsberge. Das Gelände hatte er schon 1761 von einem Herrn Kattfuß erworben. Auf Anregung Gleims und der Dichterin Anna Louisa Karsch begann er 1763 mit der Aufforstung und ließ nach und nach die Bauten errichten, die für einen Park des 18. Jahrhunderts typisch waren, also Schloß, Eremitage, Belvedere, Mausoleum, aber auch einen Tanzsaal, in dem die Halberstädter ihre Feste feiern konnten. Als begeisterter Jäger dachte Spiegel zunächst an die Anlage eines Wildparkes, änderte aber später seine Absicht, geblieben ist eine Schießanlage, die auch vom Halberstädter Schützenverein genutzt werden konnte, nicht gerade typisch für einen Park des 18. Jahrhunderts. Für das Schlößchen, das als eines der letzten Bauwerke 1782 fertiggestellt wurde, schenkte ihm der preußische König das riesige Weinfaß aus dem verfallenen Schloß in Gröningen bei Halberstadt. Gleim und seine Brüder besichtigten dieses Faß noch im Gröninger Schloß im Juni 1781, bevor es mit dem dazugehörigen Portal nach Halberstadt gebracht wurde. Nach Fertigstellung des Schlößchens gab Spiegel ein großes Fest für die Bauarbeiter. Dieses Ereignis und das Weinfaß wurden von den Halberstädter Dichtern auch gebührend gewürdigt.

Beeinflußt von den Ideen der bürgerlichen Aufklärungsbewegung, die ihm durch Gleim und seine Freunde nahegebracht wurden, öffnete Spiegel die Anlage für die Halberstädter Bevölkerung, um seinen Mitbürgern Erholung und Entspannung zu ermöglichen. Dies fiel ihm besonders leicht, als ihm Friedrich der Große 1771 die Gerichtsbarkeit über seinen Besitz verlieh und er sich gegen etwaige Übergriffe der Besucher schützen konnte.

Die Spiegelsberge wurden nicht von einem großen Gartenarchitekten geplant, sie entstanden nach den Vorstellungen ihres Schöpfers, der etwa 30 000 Taler dafür ausgab. Man kann sie als Produkt des Übergangs vom französischen zum englischen Gartenstil bezeichnen. Wichtiger als die Reinheit des Stils war die Idee, einen Raum für Begegnungen, für menschliches Miteinander zu schaffen. Für Gleim war es z.B. selbstverständlich, mit seinen Besuchern einen Ausflug in die Spiegelsberge zu unternehmen.

Nachdem das Schlößchen 1782 fertiggestellt war, lud Spiegel auch dorthin ein. 1783 gab er im August und September Feste zu Ehren der Herzogin-Mutter Anna Amalia aus Weimar, die ihre Verwandten in Braunschweig besuchte. Gleim hatte sich auf Spiegels Wunsch Anfang Juni 1783 an Wieland in Weimar gewandt und ihn gebeten, der Herzogin den Weg über Halberstadt, statt über Blankenburg vorzuschlagen, da der Domdechant Spiegel, *„der eine Sandwüste zu einem hübschen Garten nun geschaffen hat"*, ihr zu Ehren ein Frühstück auf den Spiegelsbergen geben würde. Wichtige Persönlichkeiten des Weimarer Hofes nahmen an diesen Festen teil, im September auch Johann Wolfgang von Goethe. Natürlich waren auch die Halberstädter Dichter geladen, und die Herzogin aus Weimar überreichte Gleim im August einen Brief Wielands vor den versammelten Gästen.

Wichtiger als solche repräsentativen Feste waren für die Bevölkerung Halberstadts und der Umgebung Volksfeste wie ein Scheibenschießen nach Fertigstellung des neuen Schießhauses 1783 und ein Vogelschießen Ende August 1784. Gleim schrieb der Karschin am 31. August 1784:

„In diesen dreien Tagen der Freude, die unser guter Domdechant auf seinen Spiegelbergen den Halberstädtern und den Blankenburgern und den Quedlinburgern, und den Bürgern vieler andern Städte durch ein angestelltes Vogelschießen gemacht hat, in diesen herrlichen Tagen, den 26., 27. und 28. dieses (Monats) dacht` ich keinen Freude störenden Gedanken, als nur den an meine Freundin, deren Bildsäule von tausenden, Einheimischen und Fremden an diesen Tagen angestaunt wurde! Wäre das Wetter nur etwas besser gewesen, so hätte man ein schöneres Volksfest nicht haben können – Viele Zelte waren aufgeschlagen auf den Bergen, aus welchen man dem Vogelschießen sicher zusehen konnte.! Die ganze Stadt war auf den Bergen! Auf allen Säulen, in allen Grotten, in allen Zelten wurde getafelt und getanzt! Auf allen den Hügeln umher sah man die Haufen vergnügter Menschenkinder, ein herrlicher Anblick vom Belvedere! Jeder Vater führte seine Kinder, jede Mutter ihre Töchter. Ich sah in diesen drei Tagen keinen Dämon schleichen und sich ärgern am Vergnügen der Menschenkinder, aller Menschen Augen waren hell und heiter, jeden Abend waren wir zusammen bei dem Freudenmacher und erzählten einander die Geschichten des Tages."

Mit der hier erwähnten Bildsäule der Karschin wollte Spiegel der Dichterin eine besondere Ehre erweisen. Er kannte sie seit ihrem ersten Besuch bei Gleim 1761, stand im lockeren Briefwechsel mit ihr und las darüber hinaus viele ihrer Gedichte bei Gleim. Sie wiederum erhielt manches Geschenk von ihm und nahm z.B. seine Dienste in Anspruch, um Gleim pünktlich zum Geburtstag ihre poetische Aufwartung machen zu können. 1773 erschien Spiegel am Geburtstagsmorgen zum Kaffee bei Gleim, ging in die Küche, heftete der Nichte Sophie Dorothea Gleim das Seidenband mit dem Glückwunsch der Karschin an die Brust und führte sie zum Kaffeetisch, um Gleim zu überraschen.

Spiegel war auch Pate, als die Enkelin der Karschin, die spätere Helmina von Chezy, 1783 getauft wurde. Als die Karschin im Herbst 1783 wieder in Halberstadt weilte, ließ Spiegel das genannte Standbild von ihr in Sandstein arbeiten und am Südwestrand der Spiegelsberge auf einer kleinen Anhöhe aufstellen. Diese Statue im antiken Gewand ist noch heute erhalten, zwar nicht in den Spiegelsbergen, sondern im Hof hinter dem Gleimhaus. Leider ist der Kopf nicht mehr original, er mußte zu Anfang unseres Jahrhunderts nach dem Bildnis der Dichterin neu gestaltet werden und paßt als realistische Darstellung wenig zur antiken Gestalt.

Die weiteren etwa 80 Skulpturen, die in den Bergen, besonders am Aufgang zum Schlößchen, aufgestellt waren, sind vom Enkel Spiegels entfernt worden. Goethe war sehr schockiert bei seinem Besuch 1805 über die teils fratzenhaften Gestalten, vor allem wohl die Zwerge, die sein klassisch geschultes Auge beleidigten. In den Tages- und Jahresheften 1805 schrieb er:

*„Die Spiegelsberge, unschuldig buschig bewachsene Anhöhen, dem nachbarlichen Harze vorliegend, jetzt durch die seltsamsten Gebilde ein Tummelplatz häßlicher Kreaturen, eben als wenn eine vermaledeite Gesellschaft vom Blocksberge wiederkehrend, durch Gottes unergründlichen Ratschluß hier wäre versteinert worden. Am Fuße des Aufstiegs dient ein ungeheures Faß abscheulichem Zwergengeschlecht zum Hochzeitssaal, und von da durch alle Gänge der Anlagen lauern Mißgeburten jeder Art ..."*

Ob Spiegels Enkel durch diese Äußerung beeinflußt wurde, bleibt unklar.

Das Verhältnis zwischen Spiegel und Gleim wurde immer enger und herzlicher, je länger sie sich kannten. Besonders nach dem Tode von Spiegels Frau 1777 fühlte Gleim sich verstärkt verpflichtet, den Freund und Gönner besonders häufig zu besuchen. Am Geburtstag 1781 wollte Gleim ihn schon am frühen Morgen überraschen, aber Spiegel war bereits nach Ballenstedt gereist.

*„Zur Vergütung unsers Verdrusses hat er uns alle bei sich gehabt diesen Mittag – Meine beiden Nichten – Schmidt – Jacobi – Fischer ... Wir, alle Musenfreunde waren bei dem braven Mann – er war sehr vergnügt – wie ein Jüngling – ich brachte die Gesundheit der deutschen Sappho aus – wäre sie doch bei uns, war der allgemeine Wunsch."* (Gleim an Karsch, 28. Februar 1781).

Der Domdechant kam häufig schon zum Morgenkaffee zu Gleim, oder Gleim ging zu ihm. Solche Zusammenkünfte dauerten oft den ganzen Vormittag, Gleim geriet in Zeitnot, aber er klagte nur verhalten. Im Mai 1783 schrieb er, daß Spiegel den ganzen Tag Anspruch auf ihn hätte, da er den Herzog von Braunschweig und den Bischof von Osnabrück erwartete. Als Spiegel im März desselben Jahres krank gewesen war, schrieb Gleim an die Karschin:

*„Unser lieber Domdechant ist noch nicht völlig hergestellt. Ich habe die Zeit her täglich etliche Stunden vor seinem Krankenbette gesessen. Morgen will er einen Versuch machen mit Ausgehen! Das Wetter aber ist so rauh, daß ich noch diesen Abend alles anwenden werde, davon abzuhalten; ich habe dem braven Mann ihr letztes Gedichtchen vorgelesen, er nahms mir aus der Hand und legt es in ein Buch, in dem er eben gelesen hatte. Diesesmahl, hoff' ich, behalten wir den braven Mann, aber ich fürchte, daß die Krankheit nicht völlig gehoben ist. Er wirft sehr aus! und glaubts nun selbst, daß es eine Lungenkrankheit ist. Wir wollen das Beste hoffen. Seines gleichen gibts, glaub ich, nicht einen mehr!"* (28.3.1783).

Ernst Ludwig Christoph Spiegel zum Desenberg verstarb am 22. Mai 1785 auf einer Reise in Wetzlar. Er hatte im April Halberstadt verlassen, war auf seine Güter gereist, Gleim wußte, daß er wenigstens vier Wochen fortbleiben würde. Auf der Reise erfuhr Spiegel, daß Gleims Bruder in

Marburg sein Haus mit der Apotheke durch einen Brand verloren hatte. Er wußte, wie wichtig für den Freund in Halberstadt beruhigende Nachrichten waren und diktierte trotz eigener Krankheit einen Tag vor seinem Tod einen Brief an Gleim und setzte eigenhändig hinzu: *„mehr kann ich nicht."* Gleim bewahrte diesen Brief wie eine Reliquie.

Von den Halberstädter Dichtern gab es zahlreiche poetische Nachrufe, sein Freund Gleim würdigte ihn als *„vielbesungenen Musen- und Menschenfreund, unsterblich durch den heiligen Ruf der Güte als einen Spiegel des Wohlwollens, der reinsten Liebe zur Menschheit, einen Edlen von Geburt und Gesinnung"* und schloß

*Unter den Toten beweint ein jeder die Seinen*
*Um dich weint, Spiegel, die Stadt und das Land,*
*aber die Freunde noch mehr."*

Die Trauerfeier des Domkapitels fand am 7. Juni 1785 ab 14 Uhr im Dom statt, nachdem von 12 bis 13 Uhr alle Halberstädter Glocken geläutet hatten. Beigesetzt wurde Spiegel in dem von ihm erbauten Mausoleum in den Spiegelsbergen, der Sarg wurde jedoch 1811 in das Familiengrab nach Seggerde überführt.

Von den vier Kindern aus Spiegels Ehe überlebte ihn nur sein Sohn Werner Adolf Heinrich (1754-1828), der seinen großen Besitz, auch die Spiegelsberge, erbte, sich aber wenig darum kümmerte. Größere Veränderungen nahm erst der Enkel Werner Friedrich Julius Stephan Spiegel zum Desenberg vor.

Gleim bemühte sich, Spiegels Andenken über den Tod hinaus lebendig zu erhalten. In einem Testamentsnachtrag vom 8. Mai 1802 legte er fest. daß die Zinsen eines Kapitals von 500 Reichstalern zu einem jährlichen Spiegelfest am Todestag, dem 22. Mai, verwendet werden sollten. Dieses Spiegelfest fand als Kinderfest bis in die vierziger Jahre unseres Jahrhunderts statt, um das beste Gedicht, das mit zehn Talern prämiert werden sollte, gab es allerdings immer wieder heftigen Streit.

Kapitel 8

# Johann Nikolaus Götz

Während seiner Studienzeit lernte Gleim den Theologiestudenten Johann Nikolaus Götz aus Worms kennen. Götz war im September 1739 nach Halle gekommen, Gleim und Uz studierten schon dort, zusammen mit dem Danziger Paul Jacob Rudnick bildeten sie den zweiten Halleschen Dichterkreis.

Johann Nikolaus Götz war am 9. Juli 1721 als Sohn des Pfarrers Philipp Peter Götz und seiner Ehefrau Anna Rosina, geb. Roos, in Worms geboren worden. Neben dem Studium der evangelischen Theologie war er Präzeptor am Waisenhaus in Halle. Im Freundeskreis beschäftigte man sich mit Dichtung, die Freude am Leben ausdrücken sollte, sich von den in Halle gepflegten pietistischen Traditionen und von höfisch galanten Formen entfernte. Es war eine typisch studentische Jugendbewegung innerhalb der vom Protestantismus geprägten literarischen Kulturtradition. Viele der akademischen Lehrer brachten den jungen Leuten die bürgerliche Aufklärungsideologie nahe, und die Ästhetiker Baumgarten und Meyer formten ihr Stilempfinden. Der kleine Kreis befaßte sich mit dem griechischen Dichter Anakreon, d.h. mit den Dichtungen, die man für sein Werk hielt, den spätantiken Anakreonteen. Sie stellten selbstbewußt Freude, Genuß aber auch Tugend in den Mittelpunkt ihrer Dichtung.

Noch in Halle begannen Götz und Uz, die Anakreon zugeschriebenen Oden zu übersetzen und möglichst nahe an Form und Lebenskreis des Originals zu kommen. Gleim wurde aufgefordert, sich am Projekt zu beteiligen, tat es aber nie ernsthaft, die korrekte Übersetzung war nicht seine Sache, dennoch blieb er eng damit verbunden. Bei dieser Übersetzung war Uz für die philologische Präzision und Goetz hauptsächlich für die poetische Stimmigkeit verantwortlich. Durch die Trennung des kleinen Kreises, Gleim hatte Halle bereits im August 1741 verlassen, Götz beendete sein Studium im September 1742, und Uz verließ im Frühjahr 1743 die Universitätsstadt, geriet das Projekt ins Stocken. Auch die Verbindung der Freunde untereinander nahm Schaden, zwischen Götz und Gleim gab es eine Lücke im Briefwechsel von 1742 bis 1747. Götz und Uz entfremdeten sich, da Götz bei seinem Fortgang wohl ein Buch, das Uz gehörte, mitgenommen hatte. Gleim bemühte sich zu vermitteln. 1746 erschien ein anonymer und recht fehlerhafter Druck der Oden des Anakreon ohne Autorisierung durch die Übersetzer in reimlosen Versen. Götz war recht unglücklich über diese Veröffentlichung und schrieb am 13. Mai 1747 an Uz:

*„Der Herr Gleim hat mir vom herausgekommenen Anakreon geschrieben. Ich fühle mehr als jemand die Unvollkommenheit dieser Ausgabe, die mir recht herzfressende Ärgernisse verursacht hat, woran ich aber geradezu keinen Anteil habe, obwohl unvollkommene Abschriften meiner Manuskripte, die von Freund zu Freund gelaufen, diese Mißgeburt mögen befördert haben. Ich bin dadurch bewogen worden, mich auf eine Ausgabe Anakreons mit Anmerkungen zu schicken, die auch diesen Winter zustandgebracht habe."*

Er bat Uz um seine Betrachtungen über Anakreons Oden, die er schon in Halle ausgearbeitet hatte, wollte ihm sein Manuskript schicken und hoffte auf seine Mithilfe, Uz antwortete aber nicht. Am 12. Juni 1747 schickte Götz das Manuskript an Gleim, der damals noch in Berlin war.

Das Ziel seiner Übersetzung drückte Götz so aus: Anakreon *„sprechen zu lassen, wie er wirklich gesprochen hat nach seinen Zeiten, nach den Personen, mit denen er umgegangen, nach der damals üblichen Art zu scherzen."* Daß Gleim anders vorging, war ihm aber durchaus bewußt.

*„Aus den zwo Oden Anakreons, davon Sie mir eine Übersetzung übersendet haben, ersehe ich, daß Ihre Absicht in Übersetzung des Poeten von der meinigen verschieden gewesen. Sie haben sich vorgenommen, den Anakreon so reden zu lassen, wie er reden würde, wenn er in Berlin lebte, Sie machen sich kein Gewissen draus, seine Gedanken anders zu ordnen, auszudehnen, zu bereichern, zu verkürzen, je nachdem Sie Ihr Geschmack leitet, Sie folgen dem Exempel der Franzosen, die ihren ungebundnen Sinn auch im Übersetzen behalten wollen ..."*

Er empfahl Gleim, seine Nachdichtung fortzuführen und drucken zu lassen und wollte der erste sein, der sie lobte. Wenige Wochen nach Erhalt des Manuskriptes zog Gleim nach Halberstadt um, viele neue berufliche Aufgaben mußten bewältigt werden, und die Beschäftigung mit Dichtung trat in den Hintergrund. Auch innerhalb Halberstadts mußte er noch einmal umziehen, das Manuskript hatte er verlegt und fand es jahrelang nicht wieder. Götz mahnte einige Male, ein Entschuldigungsschreiben, das Gleim den Schweizern Geßner und Lavater bei ihrem Besuch in Halberstadt 1750 mitgegeben hatte, erhielt er zurück, da sie Götz nicht mehr in Straßburg angetroffen hatten. Erst im August 1755 fand Gleim das Manuskript wieder und schickte es Götz über den Buchhändler Andreae in Frankfurt zu.

Götz freute sich nicht so sehr über die Auffindung des Manuskripts, sondern mehr über die Wiederaufnahme der Korrespondenz mit Gleim und bat nun eindringlich um Briefe, auch mit Neuigkeiten aus der literarischen Welt, denn nach seinen Worten lebte er halb in der Barbarei. Vor allem bat er Gleim, ihm Bücher zu empfehlen, denn er vermißte einen guten Buchladen und Zeitschriften in seiner Nähe. Zwar bestellte er regelmäßig Bücher wohl nach den Frankfurter Messekatalogen, aber da er sie vorher nicht anschauen konnte, erhielt er zu den wenigen guten auch viele schlechte. Er teilte mit, daß er die Oden des Anakreon und der Sappho vielfach umgearbeitet habe und drucken lassen wollte, ohne daß sein Name bekannt würde. Er bat Gleim um Vorschläge und um eigene Beiträge und auch darum, Uz zu überzeugen, seine Betrachtungen über einige Oden Anakreons für die Veröffentlichung zur Verfügung zu stellen. Die erneute Annäherung an Uz gelang nicht, und so erschienen 1760 in Karlsruhe wiederum nur von Götz, aber anonym *Die Gedichte Anakreons und der Sappho Oden* mit umfangreichen Anmerkungen, in denen er die Prinzipien anmutiger Dichtung erläuterte. Es waren wiederum reimlose Verse, Arbeitsgrundlage war die französische Ausgabe der Madame Dacier von 1716, und Götz Übersetzung galt lange Zeit als vorbildlich

Götz war zu dieser Zeit Inspektor der Kirchen und Schulen des Oberamtes Meisenheim und des Amtes Landsberg im Herzogtum Zweibrücken. Nach Beendigung seiner Studien war er nach Emden gegangen und dort Informator des Obristen Freiherrn Carl Friedrich von Kalkreuth, Kommandant von Emden, geworden. Zu seinen Aufgaben gehörte auch die sonntägliche Predigt vor der Preußischen Besatzung Emdens. Da er ständig krank war, rieten die Ärzte, in die Heimat zurückzukehren. Er wollte über Amsterdam reisen, verlor unterwegs durch ein Schiffsunglück alle seine Habseligkeiten, auch seine Bücher, bis auf eine Kiste, die er in Emden zurückgelassen hatte. In Amsterdam bekam er einen Blutsturz und mußte sich einige Wochen dort aufhalten. Anschließend ging er über Düsseldorf, Köln und Mainz zu seiner Mutter nach Worms zurück. 1744 wurde er Hofprediger und Hofmeister in Forbach/Lothringen bei der Gräfin von Strahlenheim, Witwe des Generalgouverneurs des Herzogtums Zweibrücken, und begleitete seine Zöglinge, die Barone de Sparre, zum Regiment nach Saarlouis, Metz und Straßburg und 1746 zur Ritterakademie nach Luneville. Er selbst unterrichtete sie in den schönen Wissenschaften. In den Briefen klagte er häufig über seine Brustkrankheit und wollte deshalb kein Predigtamt anstreben. Er sehnte sich nach einem Freund wie Gleim. 1747 wurde er Feldprediger beim französischen Regiment Royal Allemand, das in Nancy stationiert war. Mit diesem Regiment ging er nach Lothringen, in den Elsaß, nach Flandern und in die meisten Provinzen Frankreichs. 1751 wurde er Pfarrer in Hornbach bei Zweibrücken, ab 1754 war er sieben Jahre Oberpfarrer und Inspektor in Meisenheim und wurde 1761 Pfarrer und Assessor des Konsistoriums in Winterburg bei Kreuznach, wo er bis zu seinem Tode wirkte. Eine Berufung zum Konsistorialrat lehnte er 1765 ab, da ihm dann keine Stunde für die schönen Wissenschaften mehr übrigblieb, wie er Gleim gestand. 1776, nach einer Umstrukturierung des Kirchenwesens, wurde er Superintendent der Ämter Kirchberg, Winterburg, Dill und Sprendlingen und war nicht glücklich darüber. An den Buchhändler Schwan in Mannheim schrieb er am 6. März 1778:

*„Seitdem bin ich mit Arbeiten über meine Kräfte beladen: Gutachtliche Berichte, Untersuchungen der Besoldungen und Zehnten, Schul- und Kirchenvisitationen, Examinationes der Kandidaten wechseln unaufhörlich miteinander ab. Dabei ein beschwerliches Pfarramt, eine Landhaushaltung und eine schwächliche Gesundheit."*

1752 hatte er die Witwe seines Amtsvorgängers Christine Johannette Hautt, geb. Cäsar, geheiratet, im Januar 1764 berichtete er Gleim stolz von vier Kindern, genug Brot, aber einem schlechten Gesundheitszustand.

Auch nachdem Gleim das Manuskript der Oden Anakreons und der Sappho 1755 wiedergefunden und zurückgeschickt hatte und es zunächst so aussah, als ob beide glücklich über die wiedergewonnene Freundschaft wären, trat erneut eine Pause im Briefwechsel bis 1763 ein.

In seinen eigenen Gedichten entfernte sich Götz immer mehr vom Tugendbegriff, dem der studentische Freundeskreis gehuldigt hatte, etwa seit den sechziger Jahren verzichtete er auf didaktisch-moralische Ansprüche. Wohl auch deshalb hatte Götz als Geistlicher sein Leben lang Bedenken, scherzhafte Verse unter seinem Namen zu veröffentlichen. Einzelne Gedichte, die in Ramlers Anthologien gedruckt worden waren, fanden große Anerkennung.

1763 forderte Gleim ihn auf, seine kleinen Gedichte zu überarbeiten und eine „saubere Ausgabe" zu veranstalten, bot sich auch selber an, die Ausgabe in die Wege zu leiten, die auch etwa nachgelassene Werke Rudnicks enthalten könnte. Da der Briefwechsel aber wieder ins Stocken geriet und Götz wohl auch kein großes Zutrauen zu Gleims Herausgebertätigkeit hatte, schickte er seine Gedichte an Ramler nach Berlin und bat ihn ausdrücklich, auszuwählen und Verbesserungen vorzunehmen. Als Gleim davon erfuhr, bat er auch um eine Abschrift, nicht um die Gedichte zu verbessern, sondern um früher Vergnügen und Lesegenuß zu haben, wie er sich ausdrückte. Götz entsprach dem Wunsch, schickte Gleim 73 Gedichte und bat ihn, sie gemeinsam mit Ramler herauszugeben. Ramler verteidigte sich gegen die Vorwürfe, er wolle Gleim von dem Projekt fernhalten und gab schließlich die schon veränderten Gedichte als Götz´ ursprüngliche Werke aus. Gleim mußte es merken und kritisierte schroff.

Daß die Ausgabe nicht erschien, lag vor allem an Götz selbst, der Ramler am 18. Oktober 1765 bat, zunächst einzelne Gedichte in Journalen drucken zu lassen, so ließe sich der Verfasser leichter verbergen. Daraufhin erschienen 1766 in Ramlers *Lieder der Teutschen* 28 Gedichte von ihm. Götz bat Gleim eindringlich, ihn, solange er lebte, nicht als Verfasser bekanntzumachen, am 20. Oktober 1766 schrieb er ihm:

*„Ich habe es mit Vorgesetzten zu tun, die keinen Scherz verstehen und mich um die zwei unentbehrlichsten Güter des Lebens, um Brot und Frieden bringen würden, wenn ich als Autor erotischer Gedichte bekannt werden sollte."*

Trotz dieser eindringlichen Bitte hatte er Angst, daß Gleim ihn verraten könnte, wie er Ramler am 26. November 1766 mitteilte. Bei diesen Vorbehalten des Autors brachte Ramler die ursprünglich geplante Gedichtausgabe nicht zum Abschluß. Götz selbst schwankte ständig hin und her, einerseits fürchtete er um seine Stellung im geistlichen Amt, andererseits wollte er seine Gedichte schon gern einem größeren Publikum bekanntmachen, noch 1772 schlug er Ramler vor, die Gedichte, die mit geringen Änderungen gedruckt werden könnten, in Berlin zu behalten, diejenigen, die er für mißlungen halte, zurückzuschicken und diejenigen, die nur mit größeren Veränderungen gedruckt werden könnten, dem Autor zur Überarbeitung zu übersenden. Erst 1785, nach Götz' Tod, erschienen *Vermischte Gedichte in drei Bänden* beim Sohn von Götz in Mannheim. Diese Werkausgabe enthielt auch eine kurze Autobiographie mit einer Nachschrift des Sohnes.

1764, als der Briefwechsel zwischen Götz und Gleim wieder etwas intensiver geführt wurde, verbreitete sich Gleim auch über eine seiner Lieblingsideen, bedeutende Leute nach Berlin zu holen, um die preußische Hauptstadt zu einem kulturellen Mittelpunkt zu machen. In diesem Zusammenhang fragte er auch Götz nach seinen Lebensumständen und ob er in Winterburg bleiben wollte. Über die Antwort dürfte Gleim etwas erschrocken gewesen sein, so konkret hatte er es wohl doch nicht gemeint, schließlich hatte er keine Pfarrstellen zu besetzen, konnte bestenfalls empfehlen. Götz schrieb ihm, daß er gern nach Berlin ginge, auch im Interesse seiner Söhne, die gute Schulen besuchen sollten. Mit durchschnittlich 1500 Talern im Jahr war er zwar gut besoldet, aber die „Landökonomie", die er führen mußte, war ihm recht beschwerlich. Als guter Hausvater erkundigte er sich nach Witwenversorgung und Stipendien für die Söhne. Er machte aber deutlich, daß eine Übersiedlung nach Berlin nur langfristig geplant werden könnte.

Im Brief vom 4. September 1764 teilte er Gleim mit, daß er zwei seiner Söhne gern aufs Joachimsthalsche Gymnasium in Berlin schicken würde und bat Gleim um Unterstützung bei der Suche nach einem Freitisch. Der Brief schloß:

*„Es ist viele Kühnheit von mir, Ihnen in einem und eben demselbigen Briefe mit meinen poetischen und mit meinen leiblichen Kindern beschwerlich zu fallen. Aber was geht einem Vater über seine Kinder? ... Mußten Sie natürlicherweise nicht befürchten, daß mein Vertrauen zu Ihnen wachsen und ich Ihre Freundschaft einmal auf die Probe setzen würde?"*

Die Schulangelegenheiten klärte Ramler, an den sich der besorgte Vater ebenfalls gewandt hatte. Wie Götz Gleim im Juli 1765 mitteilte, würden die Söhne Unterstützung finden, aber es blieben noch 80 Taler je Kind für die Eltern zu zahlen, und das war für Götz zu viel, da er auch noch seine alte Mutter unterstützen mußte. Gleim erkundigte sich 1766 noch einmal nach dem Ausbildungsstand der Söhne und versprach, für ein Stipendium zu sorgen, falls sie studierten, oder ihnen 100 Taler jährlich aus eigener Tasche zu zahlen. Götz bat daraufhin um Unterstützung für wenigstens einen Sohn, er sah dessen Zukunft jetzt eher als Buchhändler und bat Gleim, bei der Suche nach einer Lehrstelle behilflich zu sein. Doch im gleichen Brief bat er Gleim dringlich, sich mit Ramler zu versöhnen und bot seine Vermittlung an. Auf solche Vorschläge reagierte Gleim in der Regel äußerst empfindlich, wahrscheinlich hat er nicht geantwortet. Weitere Briefe sind nicht erhalten, dennoch war der Briefwechsel nicht ganz zu Ende, denn an Ramler schrieb Götz am 2. Juni 1771, daß Gleim nachgefragt habe, ob und wie er dem preußischen Minister des geistlichen Departements von Zedlitz empfohlen sein wollte. Götz hatte noch nicht darauf geantwortet und hat es wohl auch nicht mehr getan. In den Auseinandersetzungen zwischen Gleim und Ramler, die zum endgültigen Bruch geführt hatten, hatte sich Götz auf die Seite von Ramler geschlagen, bei ihm wähnte er seine Gedichte in den besseren Händen. Nach dem veröffentlichten Briefwechsel meint man, er hätte Ramler bedingungslos vertraut, es ist aber bekannt, daß Ramler nur die Briefe auf-

Götz: Vermischte Gedichte. Titelblatt der Ausgabe 1785

hob, die seine Meinung bestätigten. Menschlich vertraute er auch mehr auf Ramler als auf Gleim. Götz war Gleim gegenüber auch nicht ganz ehrlich, er wußte schon von Ramler über dessen Auseinandersetzungen mit Gleim, tat Gleim gegenüber aber so, als wenn er es völlig überraschend von ihm erfahren hätte. Allerdings hütete er sich vor jeder Schuldzuweisung.

Der nicht einmal zweijährige Umgang zwischen Götz und Gleim während ihrer Studentenzeit in Halle und das gemeinsame Interesse an Dichtung reichten nicht aus, eine Verbindung fürs Leben zu stiften. Zwar freuten sich beide über Briefe des Jugendfreundes, aber daß die Verbindung immer wieder abriß, zeigt deutlich, daß sie einander nicht unbedingt brauchten. Auch wenn diese Beziehung nicht in den Strudel der Auseinandersetzungen zwischen Gleim und Ramler geraten wäre, wäre der Briefwechsel wohl im Sande verlaufen. Götz interessierte sich nur für Gleims Dichtungen in anakreontischer Manier, erkannte sehr früh, daß Gleim kein Übersetzer, sondern Nachahmer war. Dichtungen wie den *Preußischen Kriegsliedern* stand Götz relativ verständnislos gegenüber.

Gleim schätzte die Gedichte des Jugendfreundes, über Äußerungen wie die Herders in der *Adrastea*:

*„Götzens Gedichte sind eine Dactyliothek voll lieblicher Bilder, ebenso bedeutungsreich als zierlich gefaßt und anmutig wechselnd"*

freute er sich und bewahrte Götz ein wehmütiges Erinnern, es beunruhigte ihn, daß er nichts mehr von ihm hörte, denn es entsprach einfach nicht seiner Auffassung von Freundschaft, daß sich jemand stillschweigend zurückzog.

Nach Götz Tode sprach Gleim davon, die in Musenalmanachen verstreuten Stücke für Freunde drucken zu lassen, *„Sie würden einen unserer feinsten Griechen kennenlernen",* schrieb er an Johannes von Müller.

Johann Nikolaus Götz war am 4. November 1781 in Winterburg verstorben als ein Dichter, den kaum jemand mit Namen kannte, dessen Übersetzungen und Gedichte dennoch wichtig für die Literaturentwicklung in der Mitte des 18. Jahrhunderts waren. Als Gleim von der Veröffentlichung von Götz' Gedichten erfuhr, bestellte er am 26. Dezember 1784 beim Sohn in Mannheim fünf Exemplare. Er fragte ihn: *„Was es doch wohl war, daß in den letzten Jahren seines Lebens, Ihr Herr Vater gegen meine Freundschaft Kaltsinn merken ließ?"* Gleim vermutete den Grund in der versprochenen und nicht eingelösten Unterstützung eines Sohnes und zeigte sich auch weiterhin dazu bereit. Eine Antwort von Götz' Sohn ist nicht erhalten.

Kapitel 9
# Johann Peter Uz

Schon als Student interessierte sich Gleim lebhaft für alle Neuerscheinungen auf dem Büchermarkt und besuchte regelmäßig die Buchhandlungen. In der Rengerschen Handlung in Halle lernte er eines Tages einen jungen Mann kennen, der vergeblich nach Bodmers *Von der Natur der Beredsamkeit* fragte. Da das Buch auch nicht mehr zu beschaffen war, erbot sich Gleim, der ein kleines Antiquariat betrieb, es ihm zu überlassen. Auf diese Weise lernten sich Gleim und Uz kennen, und die Liebe zu den Musen verband sie mehr als das gemeinsame Jurastudium.

Johann Peter Uz wurde am 3. Oktober 1720 in Ansbach geboren. Sein Vater, der Goldschmied Friedrich August Uz, verstarb früh. Die Mutter, Elisabeth, geb. Reisenleiter, stammte ebenfalls aus einer Schwabacher Goldschmiedefamilie. Uz besuchte das Ansbacher Gymnasium Carolinum illustre und ging 1739 zum Jurastudium nach Halle. Er war nicht nur sehr literaturinteressiert, sondern auch äußerst tanzbegeistert und musikalisch, er spielte Flöte und Klavier und ließ sich später gelegentlich Noten von Gleim oder Kleist aus Berlin schicken.

Zu seinen Freunden zählten neben Gleim und Götz auch der früh verstorbene Paul Jacob Rudnick. Gemeinsam hörten sie Vorlesungen bei Alexander Gottlieb Baumgarten und Georg Friedrich Meier, und bei Uz war das Interesse an ästhetisch-theoretischen Fragen am stärksten ausgeprägt. Im Bereich der Dichtung interessierte diesen zweiten Hallischen Dichterkreis vor allem der griechische Lyriker Anakreon, oder vielmehr das, was man für sein Werk hielt, die spätantiken Anakreonteen, daneben die bukolische Dichtung des Horaz und die französische Schäferdichtung. Uz war zunächst an der Übersetzung der dem Anakreon zugeschriebenen Oden beteiligt, veröffentlicht wurden sie aber schließlich von Götz.

Uz war der letzte des kleinen Kreises, der Halle verließ. Anfang 1743 ging er gegen den Willen der Mutter noch für ein Semester nach Leipzig, kehrte aber noch im August auf *„gemessenen Befehl"* nach Ansbach zurück, um nicht *„so elend ... als Günther"* zu werden. (Uz an Gleim, 21. August 1743). Vor seiner Heimreise hätte ihn Gleim gern noch einmal gesehen und schlug für Ostern 1743 ein Treffen auf halbem Wege vor, doch Götz wagte es nicht, gegen die Anweisungen der Mutter zu handeln. Von kurzen auswärtigen Aufenthalten und Reisen abgesehen, blieb er bis an sein Lebensende in Ansbach. Er blieb unverheiratet, lebte mit seinen Schwestern zusammen und war lange Zeit unbesoldeter Justizratssekretär, erst 1763 wurde er Assessor des kaiserlichen Landgerichts für das Burggrafentum Nürnberg mit ansehnlichem Gehalt. Die Verbindung zu Götz war schon nach dessen Fortgang aus Halle abgerissen, die Gründe des Zerwürfnisses erfuhr auch Gleim nicht, obwohl er mehrmals danach fragte. Ein Buch von Uz, das Götz versehentlich mitgenommen hatte, kann den Gleim gegenüber so toleranten Uz kaum auf Jahre verstimmt haben. Nur über Gleim hörte man gelegentlich voneinander, die wenigen Briefe, die Götz an Uz schrieb, blieben wohl unbeantwortet. Der Briefwechsel zwischen Uz und Gleim wurde ein Leben lang aufrechterhalten, allerdings gab es auch hier Lücken, die meist durch Gleim verursacht waren, aber Uz war nicht nachtragend. Zeitweise war er Gleims engster Vertrauter vor und neben Ewald Christian von Kleist und Karl Wilhelm Ramler.

Durch Gleims Vermittlung traten auch Kleist und Uz in einen lockeren Briefwechsel miteinander. Für Uz war Gleim die Brücke zur literarischen Welt, er las das, was Gleim ihm empfahl. Ohne Gleims Briefe meinte er, in Ansbach nicht angenehm leben zu können. Er klagte häufig, in eine Wüste versetzt worden zu sein, es fehlte ihm an guten Freunden, die Kenner der Literatur waren ihm zu ernsthaft. Er schätzte Gleim als Menschen und Freund:

*„Es ist gewiß, daß ich an Ihnen mehr liebe, als Ihren Witz: Ihr edles Herz ist des höchsten Ruhmes wert, wie es die Quelle Dero liebenswürdigsten Eigenschaften ist."* (19. Januar 1747)

Im Mai 1747 gab Uz Gleims Drängen nach und stimmte einer Veröffentlichung seiner Gedichte durch Gleim zu. Michaelis 1747 setzte sich Gleim als Termin, auch Ramler und Christian Nikolaus Naumann sollten die Ausgabe kritisch begleiten. Uz hatte volles Zutrauen zu den Freunden, ging auf die meisten Änderungsvorschläge ein, er wollte alle Zweideutigkeiten vermieden sehen und keinesfalls in seinen Gedichten gegen Anstand und gute Sitten verstoßen Als Gleim seine Anstellung erhalten hatte und relativ schnell nach Halberstadt abreisen mußte, fragte Uz an, ob er auch von dort die Gedichte herausgeben könnte. Auf Gleims positive Antwort schickte er am 25. März 1748 die vollständige und verbesserte Sammlung seiner Lieder – und hörte erst einmal nichts von Gleim. Als dieser auch auf seine Mahnung vom 10. Juni 1748 nicht antwortete, gab Uz die Hoffnung, als Dichter einem breiteren Publikum bekannt zu werden, fast schon auf. Am 26. November 1749 schickte Gleim zu Uz′ Überraschung ein schmales Bändchen *Lyrische Gedichte*, Berlin 1749, ohne sich über die Ursachen der Verzögerung detailliert auszulassen. Uz suchte die Ursachen für Gleims zweijähriges Schweigen sicher zu Unrecht auch bei sich selbst, war aber glücklich über die erneute Zuwendung und den Briefwechsel, und da er auch mit der äußerlichen Gestalt seiner Gedichte einigermaßen zufrieden war, zürnte er nicht weiter. Dennoch hüllte sich Gleim wieder in Schweigen, das er auch nach Uz Mahnung nicht brach. Aufgeschreckt wurde Gleim erst, als ihm Uz am 7. Mai 1751 aus Braunschweig mitteilte, daß er einen jungen Herrn auf das dortige Carolinum begleitet hatte und am nächsten Tag zurückreisen würde, ohne Gleim gesehen zu haben.

*„Herr Gleim ist gegen mich nicht mehr, wie er ehmals gewesen, er verachtet mich. Sollte ich nach Halberstadt*

*wallen, um vielleicht mit frostigem Gesichte von ihm empfangen zu werden?"*

Gleim schickte einen Boten nach Braunschweig, um den alten Freund doch noch zu einem Besuch zu bewegen, aber Uz hatte es durchaus ernst gemeint und war bereits abgereist. Gleim war tief enttäuscht, erfuhr aber von Freunden, daß Uz nicht Herr seiner Zeit gewesen sei und tröstete sich etwas damit. Wenig später bat ihn Uz um sein Urteil über das Gedicht *Der Sieg des Liebesgottes*, das er drucken lassen wollte, aber Gleim antwortete nicht. Er brach sein Schweigen erst, als er seine Verlobung und bevorstehende Hochzeit mitteilen konnte. Uz war zu dieser Zeit berufsbedingt in Römhild in Thüringen, und Gleim lud ihn zur Hochzeit ein. Doch es kam nicht zur Heirat, und Uz wurde Gleims engster Vertrauter, ihm schrieb er am ausführlichsten über die Gründe, die zur Auflösung der Verlobung geführt hatten.

Im Oktober 1754 sandte Uz eine neue erweiterte Auflage seiner Gedichte an Gleim und erbat dessen Urteil, gleichzeitig beklagte er, daß Gleim ihm dabei seinen Beistand durch freundschaftliche Kritik versagt hatte. Er klagte auch über den Verleger Weitbrecht, der auf Angebote nicht reagierte, so daß die neue Ausgabe in Ansbach gedruckt worden war. Für Gleims Anmerkungen zu seinen Gedichten dankte er am 12. März 1756 und versprach, sie bei einer neuen Ausgabe zu berücksichtigen, war sich aber durchaus im klaren darüber, daß nicht alle Veränderungen auch Verbesserungen sein würden. In diesem Zusammenhang äußerte sich Uz auch über die von Ramler vorgeschlagenen Verbesserungen, die er nicht alle berücksichtigt hatte, *„er läßt den Personalcharakter des Dichters, den er verbessert, aus den Augen. Ich würde nicht Uz sein, wenn ich so geschrieben hätte, wie Herr Ramler zuweilen vermeint, daß ich schreiben sollte."* In diesem Punkte wußte er sich mit Gleim völlig einig, den er teilweise auch zitierte. Über die von Ramler herausgegebenen *Oden mit Melodien*, die

Gleim mitgeschickt hatte, freute sich der Musikliebhaber Uz sehr, besonders über die Melodie zu seinem eigenen Gedicht, aber er hielt Gleims Lieder für die Sangbarsten.

In den ersten Monaten des Siebenjährigen Krieges, nach der Schlacht bei Lowositz, bat Gleim den alten Freund, eine Ode auf den preußischen König nach dem Vorbild des Horaz zu schreiben, aber dieser Wunsch blieb unerfüllt. Uz machte sich jedoch große Sorgen um Gleim, als er von den wiederholten Besetzungen Halberstadts hörte. Gleim konnte ihn jedoch beruhigen und melden, daß er sich wohlbefinde, solange Friedrich lebt. Mit den *Preußischen Kriegsliedern eines Grenadiers*, die ihm Gleim schickte, ohne sich als Verfasser zu nennen, konnte er den alten Freund nicht täuschen, Uz lobte auch diese Dichtungen Gleims. Er selbst hatte zu dieser Zeit angefangen, geistliche Lieder zu schreiben, die er aber zunächst nicht veröffentlichen wollte.

In die Pränumeration auf die Gedichte der Karschin wurde auch Uz einbezogen und hatte mancherlei Ärger wegen der kriegsbedingten Geldentwertung und weil sich das Erscheinen der Gedichtausgabe immer weiter verzögerte. Er sprach seine Vorbehalte deutlich aus, machte aber nicht Gleim dafür verantwortlich.

Für den Dichter Uz war die Anakreonübertragung nur ein Durchgangsstadium gewesen, in seiner weltlichen Lyrik mit feinem poetischen Instinkt gelangte er weit über Gleim hinaus. Es erschienen noch mehrere Auflagen von seinen Gedichten, mehr oder weniger vom Verfasser veranlaßt. Er hatte viel Ärger mit den Verlegern, die sich um die Rechte stritten und dabei die Rechte des Autors völlig außer acht ließen. Zu neuen Gedichten fühlte er sich immer weniger aufgelegt:

*„Von meiner Muse kann ich Ihnen nicht viel Erfreuliches melden. Sie wird alt und mag nicht mehr singen. Ich mache allgemach Anstalt, den alten Gaul auszuspannen, ehe er mir noch mehr Schande zuzieht. Ich*

*habe alles ausgestanden, was ein Autor ausstehen kann. Meine Feinde schlummern nur, ich muß sie nicht aufwecken."* (13. März 1762).

Diese Haltung wurde verstärkt, als er 1763 Assessor am Landgericht wurde und sich viel mehr seinen juristischen Aufgaben widmen mußte. Er zog sich zurück im vollen Bewußtsein, daß er sich als Schriftsteller überlebt hatte. Gleim, dem er seine Gedanken öfter mitgeteilt hatte, begriff diese Haltung nicht und fragte immer wieder nach neuen Werken. Lebendig blieb allerdings Uz´ Interesse an der Dichtung allgemein. 1773-75 publizierte er noch eine Prosaübersetzung des Horaz in drei Bänden, an der er und zwei Freunde gearbeitet hatten, ohne zunächst an einen Druck zu denken. Am neuen *Ansbachischen Gesangbuch*, das 1781 erschien, hatte er auf landesfürstlichen Befehl mitgearbeitet.

Uz war einer der wenigen, der früh an der Echtheit der Ossiandichtung zweifelte, die großen Einfluß auf die deutsche Literatur der siebziger Jahre hatte. Die Dichtungen Gleims erkannte er sofort, auch wenn sich dieser nicht als Verfasser zu erkennen gab. Uz sah in Gleim noch immer den größeren Dichter und lobte alles, was der alte Freund ihm schickte, auch die *Briefe der Herren Gleim und Jacobi*, fragte aber nach, ob Gleim sich nicht vor der Kritik z.B. der Schweizer fürchte.

1768 schickte Uz Gleim sein Porträt für den Freundschaftstempel, um das Gleim mehrfach gebeten hatte.

*„Ohnmöglich, mein Theurer, kann es Ihnen gleichen. Die Züge Ihres Gesichts sind viel zu tief in meine Seele gegraben. Und wenn auch einige Züge dem Originale abgenommen wären, so ist doch das ganze Gemälde von der Hand eines Stümpers, die unwürdig war, unsern deutschen Horaz zu malen",*

antwortete Gleim ziemlich entsetzt. Uz bat um Rücksendung des Gemäldes, Gleim folgte wohl dieser Aufforderung, aber das Bildnis, das er später erhielt und das sich noch heute im Gleimhaus befindet, ist auch kein Meisterwerk.

1776 zog Gleim den alten Freund in einer sehr diffizielen Angelegenheit zu Rate. Er hatte die Absicht, Halberstadt zu verlassen, doch wohl nicht ganz aufgegeben, und da der Ansbacher Resident in Berlin gestorben war, tauchte der Plan aus der Jugendzeit, Korrespondenzen für verschiedene Höfe zu übernehmen, wieder auf und Gleim fragte bei Uz nach, ob er sich Hoffnung auf die Stelle machen könnte. Uz setzte diese Anfrage in große Betrübnis, hatte er doch geglaubt, daß der alte Freund in Halberstadt glücklich und zufrieden lebte, was er im Prinzip ja auch tat. Nicht nur, weil die Stelle schon vergeben war, riet er ihm dringend von einer Veränderung ab. Gleims Ankündigungen, ihn in Ansbach und Bodmer in der Schweiz zu besuchen, nahm Uz wohl nicht all zu wörtlich. Auch Uz hätte den alten Freund gerne noch einmal gesehen, fühlte sich aber nicht mehr fähig, große Reisen zu unternehmen. Beide ordneten ihren Nachlaß, und Uz schickte im März 1795 alle Briefe Gleims an diesen zurück. Er trennte sich mit Wehmut davon, aber er wollte nicht, daß sie nach seinem Tode in unrechte Hände gerieten, er hatte keine Familie, und die Schwester, die bei ihm lebte, war nur wenig jünger als er selbst. Gleim hingegen hatte ihm schon vor Jahren mitgeteilt, daß für seinen Nachlaß gesorgt sei.

Johann Peter Uz verstarb am 12. Mai 1796 in Ansbach, ohne den Jugendfreund noch einmal gesehen zu haben. Die Todesnachricht erhielt Gleim durch Johann Georg Schlosser, den Schwager Goethes, mit dem er seit 1772 in lockerem Briefwechsel stand und der seit 1794 in Ansbach lebte. Gleim nahm Kontakt zur Schwester des verstorbenen Freundes Esther Sophia Uz auf und erbat sich einige Bücher aus dem Nachlaß – vielleicht Horaz-Ausgaben – für die Familienbibliothek. Die Schwester versprach zunächst ein Verzeichnis der Bücher, hatte sich dann aber entschlossen, die Bibliothek insgesamt nach Erlangen zu verkaufen. Ob Gleim die gewünschten Erinnerungsstücke, für die er auch Geld beigelegt hatte, wirklich erhielt, bleibt unklar, da der Briefwechsel abbrach. Als Käufer der gesamten Bibliothek kam er nicht infrage, da er meinte, die meisten Bücher zu besitzen. Er vergaß auch nicht zu fragen, ob der Lebensunterhalt der Schwester gesichert sei. Sie antwortete ihm, daß sie keinen Mangel leide und die knapp 5000 Bücher für 1000 Taler verkaufen wollte. Uz hatte regelmäßig eine feste Summe für die Anschaffung verwandt und nutzte die Bücher *„zum stillen Vergnügen in Erholungsstunden"*, wie die Schwester sich ausdrückte.

Auf dem eng umgrenzten Gebiet der anakreontischen Lyrik hat es Uz zu einer gewissen Meisterschaft gebracht. Er mußte sich sein Leben lang gegen zeitgenössische Kritik verteidigen, zu den Angreifern gehörte auch Christoph Martin Wieland in seiner religiösen Epoche unter dem Einfluß Bodmers.

*„Es gibt Leute genug, die nicht leiden können, daß man von Mädgen, Busen und Küssen singt. Diese mögen es mit der lyrischen Dichtkunst ausmachen. Sie legen dem Dichter zur Last, was eine Schuld der ganzen Dichtart und aller guten Dichter dieser Art ist"*
schrieb er Gleim am 12. März 1756. Uz nahm Gleims Anregungen und Vorschläge ein Leben lang sehr ernst. Änderungsvorschlägen Ramlers setzten sie beide gewachsenes dichterisches Selbstbewußtsein entgegen. Da Uz nicht nachtragend war und an Kontakt zu Gleim interessiert blieb, konnte er die manchmal unverzeihlich langen Briefpausen vergessen. Gleim wollte den alten Freund auch nicht kränken, bei der Fülle seiner Beziehungen geriet nur manches in Vergessenheit, und zu Anfang seiner Halberstädter Tätigkeit hatte er wohl auch Mühe, die Pflichten des Berufes mit denen der Freundschaft in Einklang zu bringen. Bei der großen gegenseitigen Toleranz war es möglich, die Beziehung über Jahrzehnte zu pflegen, und da sie sich nach ihrer Studienzeit nie wiedergesehen haben, mußten sie ihre Vorstellungen nicht an der veränderten Realität überprüfen.

Kapitel 10

## Samuel Gotthold Lange

Als Gleim in den letzten Dezembertagen 1738 in Halle eintraf, um sein Jurastudium aufzunehmen, war der acht Jahre ältere Lange bereits Pfarrer in Laublingen in der Umgebung von Halle Es ist nicht sehr wahrscheinlich, daß sich Gleim und Lange schon in dieser Zeit begegnet sind, aber auch nicht ganz ausgeschlossen, denn Lange war gebürtiger Hallenser. Wohl bei den meisten literaturinteressierten Studenten war er bekannt, obwohl er noch nichts veröffentlicht hatte. Auch in Gleims Freundeskreis brauchte er nicht besonders vorgestellt zu werden.

Samuel Gotthold Lange, ein Hauptvertreter des älteren Hallischen Dichterkreises, wurde am 22. März 1711 in Halle geboren. Sein Vater, Joachim Lange, war seit 1709 Professor an der Hallenser Universität und der Wortführer des deutschen Pietismus gegen die Orthodoxie. An der Ausweisung des Philosophen Christian Wolff 1723 war er nicht unbeteiligt, er mußte aber auch den triumphalen Wiedereinzug Wolfs 1740 nach dem Regierungsantritt Friedrichs II. noch miterleben. Durch die pietistische Grundhaltung der Familie war der Lebensweg des jungen Lange vorgezeichnet, er wurde in Klosterberge bei Magdeburg und am Halleschen Waisenhaus vorgebildet und studierte an der Universität Halle Theologie, beschäftigte sich aber auch mit Naturwissenschaften. Seine literarischen Interessen waren früh geweckt worden, 1733 regte er noch als Student die Gründung einer Gesellschaft zur Förderung der deutschen Sprache, Poesie und Beredsamkeit an. Er griff damit in die kulturpolitische Debatte zwischen den Leipzigern, geführt von Gottsched, und den Zürichern, geführt von Bodmer und Breitinger, ein und näherte sich der Auffassung der Schweizer. Nach einem gescheiterten Versuch, sich in Berlin zu etablieren, nahm er 1737 eine

Pfarrstelle in Laublingen an und blieb sein Leben lang in dieser ländlichen Idylle. 1755 wurde er Inspektor des Kirchen- und Schulwesens im Saalkreis.

Lange konnte sich sein Leben lang neben seinem Beruf seinen poetischen Neigungen widmen und beschäftigte sich auch eingehend mit den Lehren des Ästhetikers Georg Friedrich Meier, den auch Gleim schätzte. 1778 veröffentlichte Lange eine Lebensbeschreibung Meiers. Am Anfang von Langes literarischem Leben stand eine enge freundschaftliche Verbindung zu Jakob Immanuel Pyra, den auch Gleim in seinen frühen Berliner Jahren kennenlernte und der ihn zur Veröffentlichung der *Scherzhaften Lieder* anregte. Pyra starb bereits 1744 in Berlin, und Bodmer gab die Gedichte der Freunde Lange und Pyra unter dem Titel *Thyrsis und Damons freundschaftliche Lieder* 1745 heraus. Es war die erste Formulierung eines empfindsamen Freundschaftsgefühls; Freundschaft, Tugend, Liebe und Religion waren die Themen dieser Gedichte, die nicht nur den frühen Kreis um Gleim, sondern auch den jungen Klopstock inspirierten. Neben Gleim, Meyer und Bodmer gehörten dem literarischen Freundeskreis um Lange auch Hagedorn und Ewald Christian von Kleist an. Eine Auswahl von Briefen aus diesem Kreis gab Gleim 1746 unter dem Titel *Freundschaftliche Briefe* heraus (Nachauflage 1760 *Sechzig freundschaftliche Briefe von dem Verfasser des Versuchs in Scherzhaften Liedern*), sie bildeten eine Vorstufe der Empfindsamkeitskultur und hatten großen Einfluß auf die weitere Entwicklung der Briefkultur des Jahrhunderts. 1769/70 folgte Langes *Sammlung gelehrter und freundschaftlicher Briefe*.

Lange heiratete Anna Dorothea Gnüge, die im Freundeskreis die blonde Doris genannt wurde und auch selbst dichtete. In einem Brief an Kleist vom 9./10. Oktober 1745 schrieb Gleim:

*„Erwähnen Sie doch, wenn Sie wieder an Herrn Lange schreiben, seine blonde Doris! Es ist ein überaus ange-*

nehmes Frauenzimmer und so witzig wie ein Engel. Sie dichtet besser als eine ihres Geschlechts getan hat. Letzt hat sie eine Horazische Ode gemacht, die ein recht Meisterstück ist, doch ist sie in Anakreontischen noch fähiger. Ihr Briefwechsel macht mir viel Vergnügen."

Als Gleim vom Mai bis Oktober 1745 Sekretär des Fürsten Leopold von Anhalt-Dessau war, hielt er sich zeitweise in der Nähe von Laublingen auf und sah Lange und seine junge Frau mehrmals. Im schon erwähnten Brief vom 9./10.Oktober 1745 hieß es weiter:

*„Diese Woche wird sie* (Langes Frau) *nach Halle kommen und mich mit ihrem Damon besuchen, so wie sie schon im Lager bei Dieskau getan hat. Ich habe wöchentlich wohl dreimal Briefe von Herrn Lange und in Gatersleben besuchte er mich 2 Meilen zu Fuß, weil er keine Pferde kriegen konnte. Er ist in der Tat ein geschickter Mann und anderer Pyra."*

Am Ende seines anhaltinischen Zwischenspiels war Gleim acht Tage in Laublingen, im Brief an Lange vom 23. November 1745 erinnerte er sich daran:

*„Ich bin in Gedanken beständig bei Ihnen und der Doris. Ich stehe mit Ihnen auf, ich übersetze mit Ihnen die Psalme, ich sehe mit Ihnen, wie Doris lächelt, ich werde lustig, ich erzähle Herrn Ramler meinen Lebenslauf in Laublingen und Magdeburg, wir lesen die freundschaftlichen Lieder, ich rühme mein Glück, daß ich Ihr Freund bin ..."*

Neben der Psalmenübersetzung schrieb Lange Oden in der Art des Horaz, die 1747 in Halle mit einer Vorrede Georg Friedrich Meiers erschienen. Sie erregten Aufsehen, vor allem durch das Vorwort, weil hier intensiv versucht wurde, die Silbenmaße der griechischen Lyrik in die deutsche Dichtung zu transponieren. Es war ein wichtiger Beitrag zur zeitgenössischen Diskussion um die Formfragen der Lyrik und ein Schritt der Abkehr von der Gottschedschen Regeldoktrin. Die Freunde hatten regen Anteil an dieser Dichtung genommen. In einem undatierten Brief an Lange schrieb Gleim:

*„Ramler ist kein guter Gesellschafter, denn er schläft oder liest immer. Nur seit einigen Tagen, da wir angefangen haben, Ihre Oden durchzusehen, tut er noch eines, er zankt. Sie sollten sehen, wie es uns um die Verschönerung Ihrer Einfälle zu tun ist. Wir holen unsern Tadel und Lob aus dem Innersten der Philosophie, wir verwerfen eine Zeile und restituieren sie in integrum, bisweilen sehen wir aus, wie die Hähne in England, wenn der eine bald unterliegen und der andere siegen will."*

An Uz schrieb Gleim am 12. August 1745:

*„Herr Lange hat einige schöne Versuche gemacht, vielleicht lasse ich einige Stücke unter dem Titel Versuch in Horazischen Oden drucken. Er hat im Silbenmaß, im Abschnitt der Strophen, im Schwung, in der Verschiedenheit der Bilder den Horaz zu erreichen gesucht. Wenn ich Zeit übrig behalte, will ich eine Probe abschreiben."*

Doch war allen klar, daß es auch negative Kritiken geben würde. Ramler schrieb am 26. Oktober 1746 an Gleim, daß sich Lange schon in eine *„rechte Fechterstellung"* begeben habe. Auch bei Gleim waren die Oden nicht unumstritten. Am 22. November 1746 schrieb er an Uz:

*„Herr Lange ist mit seinen Oden zur rechten Zeit hervorgetreten, denn ob sie gleich sehr vielem Tadel unterworfen sind und kaum der dritte Teil des Drucks würdig ist, so haben sie doch einen gewissen Wert, der ihnen einen Vorzug vor allen Werken der belles lettres, so in dieser Messe erschienen sind, gibt. Herr Meier hat sie mit einer Vorrede begleitet, die nicht elender sein könnte, ... Wie handwerksmäßig klingt der Anfang: Indem ich den Vorsatz gefaßt habe, eine Vorrede zu schreiben p – und das übrige ist nicht besser als der Anfang. Herr Meier verwirft den Reim, weil er der Freiheit des Aus-*

*drucks widersteht, und er beweist, daß man schlecht schreiben kann, wenn man ohne Reim, ohne Silbenmaß, ohne Wohlklang schreibt, ganz deutlich durch seine Vorrede. Er hat mich fast zum Verteidiger des Reims gemacht. Herr Lange hat in seinen Oden den Wohlklang fast durchgehends aus der Acht gelassen. Wenn man, ihrem Geschmack gemäß, reine Daktylen von ihm forderte, so würde er damit eben so wenig zufrieden sein, als wenn man ihm sagte, daß ein Reimer eben so gut schreiben könnte. ... Die Flüchtigkeit, mit welcher er jetzo alles zur Presse schickt, hindert ihn, auf die nötigsten Eigenschaften des horazischen Ausdrucks aufmerksam zu sein. Es ist schmeichelhaft für mich, daß die Stücke an mich noch die besten sind."*
Gleim bedauerte, daß Lange der Kritik nicht mehr so zugänglich sei wie vorher und fuhr fort:

*„Ich bedaure, daß Herr Lange in diesem Stück nicht anders beschaffen ist, er hat sonst ein fürtreffliches Genie, und er ist, ohngeachtet dieser Fehler, ein redlicher Freund, der Priester Beschämung, da er die schönen Wissenschaften, statt des Müßiggangs übt, und ein munterer Kopf, der fähig ist, einer ganzen schläfrigen Gesellschaft Leben zu geben."*

Auf Langes Verse
*Du eifersüchtiger, der du mein Herz*
*Tyrannisch, liebreich herrschend, bewahrst ...*
antwortete Gleim 1745:

*„Diese Stelle muß nicht verändert werden. Es ist mein Charakter. Ich bin vielleicht in der Freundschaft eifersüchtiger, als in der Liebe, denn ich will nicht, daß mir jemand in der Freundschaft vorgehe."*

Diesem Freund war Gleim nähergerückt, seitdem er in Halberstadt wohnte, und er plante mehrmals Besuche in Laublingen, zumal er in dieser ersten Halberstädter Zeit öfter bei seinem ältesten Bruder in Aschersleben weilte und dort auch engere Kontakte mit dem General von Stille pflegte. Im Frühjahr 1748 überlegte Gleim, ob er Lange zu Ostern besuchen sollte, doch erst von Schneidlingen aus, wohin er wenig später dienstlich reisen mußte, scheint er den Weg nach Laublingen gefunden zu haben. Gleim bedankte sich am 8. Juni 1748 und lud das Ehepaar Lange zum Gegenbesuch nach Halberstadt ein.

Doch auch die nächsten Treffen fanden in Laublingen statt, im Mai 1749 zusammen mit einem Herrn von Ribbek und im Frühjahr 1750.

Lange gab seit 1748 zusammen mit Georg Friedrich Meier die moralische Wochenschrift *Der Gesellige* heraus. Auch sie war im Freundeskreis umstritten, man traute Lange nicht recht zu, über Jahre hinaus kontinuierlich für Beiträge zu sorgen. Im März 1748 mußte Gleim allerdings eingestehen, daß die Zeitschrift besser sei, als er anfangs vermutete, fühlte sich aber ohne gute Gesellschaft und Freunde unfähig, selbst Beiträge zu liefern. Parallel zu den horazischen Oden hatte Lange neun Jahre lang an einer Übersetzung gearbeitet, die 1752 unter dem Titel *Des Quintus Horatius Flaccus Oden fünf Bücher und von der Dichtkunst ein Buch* in Halle erschien. Die Veröffentlichung war dem preußischen König Friedrich II. gewidmet, der sich am 9. April 1752 in einem Brief mit eigenhändiger Abzeichnung dafür bedankte. Diese Übersetzungen wurden auch im Freundeskreis mehr getadelt als gelobt, auf jeden Fall kritisch begleitet. Am 11. Juni 1748 schrieb Gleim an Kleist:

*„Mit H. Lange führt der H. General (von Stille) einen so ungezwungenen freundschaftlichen Briefwechsel als mein Kleist mit mir. Er nimmt sich auch die Mühe seine übersetzten Horazischen Oden Stück für Stück durchzugehen und genau zu kritisieren., welches für H. Langens flüchtige Feder und empfindlichen Autorgeist ein vorteilhafter Umstand ist. Denn ein General wird schon dreist sein dürfen, und ich habe mich gewundert, mit welcher Richtigkeit er bisher getadelt hat."*

Dennoch scheinen Stilles kritische Qualitäten nicht ausgereicht zu haben, vor allem ist er zu früh gestorben, um der Übersetzung zur nötigen Qualität zu verhelfen. Noch am 25. März 1764 schrieb Johann Nicolaus Götz an Gleim, daß Langes Odenübersetzung Rhythmus und Harmonie fehlten, und traf damit wohl auch Gleims Meinung. Trotz dieser Zweifel geriet Gleim in arge Konflikte zwischen seinen Freunden Lange und Lessing. Lange hatte sich im *Hamburgischen Korrespondenten* zu Kritiken über seine Horaz-Übersetzung geäußert, daraufhin veröffentlichte Lessing 1754 sein *Vademecum für den Herrn Sam. Gotth. Lange, Pastor in Laublingen*, in dem er Lange jegliche Kompetenz als Übersetzer absprach und damit sein Ansehen als Schriftsteller sehr in Frage stellte. Am 25. September 1754 berichtete Gleim Ramler von einer Reise, auf der er zunächst von Klopstock Abschied genommen hatte, der nach Dänemark zurückging, und fuhr dann fort:

*„Ich wollte auch Herr Langen besuchen, aber ich fürchtete mich für den Klagen über Herrn Lessing und für den Beschwerden über seine Freunde, die bei seinen Streitigkeiten so still sitzen und sich seiner nicht annehmen. Ich reiste jedoch nicht ohne viel Überwindung einem Freunde vorbei, nach dem ich vor zehn Jahren einige Meilen, und noch dazu zu Pferde, umgereist bin. Auf dem Wege hatte ich hernach viel gute Gedanken über den Unterschied des Geschmacks und wie sehr man Ursach habe, auf seiner Hut zu sein, damit man der Freundschaft nicht zu nahe trete, wenn man mit dem Autor nicht zufrieden ist – Sonst hatte ich deshalb ganz andere Gedanken."*

Ganz brach die Beziehung Gleims und seiner engeren Freunde zu Lange dennoch nicht ab. Als Gleim im Frühjahr 1758 Ewald Christian von Kleist in Bernburg besuchte, waren auch Lange und seine Frau zugegen. Lessing, der wohl auch geplant hatte, den Freund Kleist, mit dem er seit Monaten täglich in Leipzig umgegangen war, in Bern-

Samuel Gotthold Lange,
gemalt von Joseph Ignatius Span, 1758.

burg noch einmal zu sehen, schrieb am 14. März 1758 recht erleichtert an Kleist:

*„Aber ist es wirklich an dem, daß der Herr Pastor Lange mit seiner Doris zugleich bei Ihnen gewesen ist? Was würden wir einander für Gesichter gemacht haben! Und der boshafte Gleim, was für Einfälle würde er auf unser beider Rechnung haben strömen lassen! Er würde uns haben versöhnen wollen, und wir würden haben tun müssen, als ob wir niemals Feinde gewesen wären. Es ist mir bei dem allen recht lieb, daß ich dieser Verlegenheit entgangen bin."*

Im gleichen Jahr wurde, wohl angeregt durch die Begegnung, auch Langes Bildnis von Joseph Ignatius Span für Gleims Freundschaftstempel gemalt. Doch die Beziehung hatte sich überlebt, im Briefwechsel traten immer größere Pausen ein, nach Briefen von 1771 folgte das letzte kurze Schreiben 1778.

Langes weitere Arbeiten auf dem Gebiet der religiösen Lyrik blieben ohne große Resonanz. Durch den frühen Verlust von Frau und Kind 1764 wurde er auch persönlich tief erschüttert und beschäftigte sich gegen Ende seines Lebens mit kulturkritischen Betrachtungen. Eine Audienz, die Lange 1764 angeblich bei Friedrich II. hatte, galt nach Gleims Meinung nicht dem Dichter, sondern dem Ökonom Lange.

Gleims Irritation war unbegründet, eine Audienz läßt sich nicht nachweisen.

Samuel Gotthold Lange verstarb am 25. Juni 1781 wenige Monate nach dem Tod seines Widersachers Lessing.

Kapitel 11
# Ewald Christian von Kleist

1743 lebte Gleim im Hause des Obristen von Schulz, des Befehlshabers der königlichen Leibgarde in Potsdam, als Hauslehrer. An der Tafel des Obristen hörte er von einem Duell, in dem ein Offizier des Prinz-Heinrichschen Regiments verwundet worden und nun schwer krank war. Gleim merkte sich Namen und Adresse und besuchte den Verwundeten, den er in recht traurigen Umständen antraf. Es war Ewald Christian von Kleist, den er auf diese Weise kenenlernte, ein Dichter, der heute fast nur noch Literaturwissenschaftlern bekannt ist. Den Zeitgenossen bedeutete er aber sehr viel. Sein Epos *Der Frühling* war fast ein Welterfolg und wurde in viele Sprachen übersetzt. Kleist war das Urbild des Majors Tellheim in Lessings *Minna von Barnhelm* und der Adressat von Lessings Literaturbriefen. Der verwundete Kleist klagte über Langeweile, Gleim riet ihm zum Lesen, brachte auch Bücher und las ihm vor, und als er merkte, daß Kleist für Dichtung empfänglich war, las er auch aus seinen damals noch unveröffentlichten *Scherzhaften Liedern* vor. Gleims Verse
*An den Tod*
*Tod, kannst du dich auch verlieben?*
*Warum holst du denn mein Mädchen?*
*Kannst du nicht die Mutter holen,*
*denn die sieht dir doch noch ähnlich!*
*Tod, was willst du mit dem Mädchen?*
*Mit den Zähnen ohne Lippen*
*kannst du es ja doch nicht küssen!*
brachten den Kranken zum Lachen. Durch eine unvorsichtige Bewegung platzte die Wunde auf, ein Arzt wurde geholt, der erklärte, daß es ein großes Glück sei, da er Spuren von kaltem Brande (Gangrän) entdeckte und behandelte. Kleist wurde gesund und gelobte, sich nun auch der

Dichtung zu widmen, so jedenfalls beschrieb Körte die erste Begegnung. Gleim fühlte sich sein Leben lang als Entdecker von Kleists poetischem Talent und bewahrte ihm eine herzliche Freundschaft.

Ewald Christian von Kleist stammte aus einem alten pommerschen Adelsgeschlecht und wurde am 7. März 1715 in Zeblin in Pommern geboren. Der Vater, Joachim Ewald von Kleist, widmete sich der Verwaltung seiner Güter, aber die wirtschaftliche Lage der Familie war nicht günstig. Die Mutter, Maria Juliana geb. von Manteuffel, starb bereits 1719, von ihr hatte Kleist wohl die Liebe zur Wissenschaft und das dichterische Talent, aber auch die Neigung zu depressiver Stimmung geerbt. Kleist besuchte ab 1724 die Jesuitenschule in Deutsch-Krone, bezog 1729 das Gymnasium in Danzig und 1731 die Universität Königsberg. Er studierte Jura, fühlte sich aber sehr von Philosophie und Mathematik angezogen und las auch römische und griechische Schriftsteller. 1735 weilte er im Elternhaus und hoffte wohl auf eine zivile Anstellung. Die wirtschaftliche Lage des Vaters verschlechterte sich, das Gut Zeblin mußte verpfändet werden, und als jüngerer Sohn eines Adelsgeschlechts hatte er sowieso keine Aussicht, den Besitz zu übernehmen, so blieb nur der Militärdienst. 1736 wurde er Offizier in dänischen Diensten. Nach einer Werbereise nach Danzig 1738 bekam er längeren Heimaturlaub und lernte die Freifrau von Goltz und deren Tochter Wilhelmine kennen und verliebte sich in diese. Zu einer Heirat kam es jedoch nie, Kleists materielle Verhältnisse ließen es nicht zu. Von der Familie von Goltz unterstützt, hatte er sich vergeblich um Anstellungen, auch beim polnischen König August III., bemüht. Wilhelmine von Goltz heiratete schließlich 1747 einen anderen, Kleist blieb sein Leben lang Junggeselle.

Bei seinem Regierungsantritt 1740 rief Friedrich II. von Preußen alle Offiziere aus fremden Diensten zurück. Kleist folgte diesem Ruf gern, erhoffte er sich doch bessere Aufstiegschancen. Er wurde zunächst Sekondeleutnant, 1741 Premierleutnant im Infanterieregiment Nr. 35 mit Standort Potsdam. Er war mit einigen Offizieren, z.B. von Donop und von Seidlitz, befreundet und lernte 1743 Gleim kennen. Nachdem er von seiner Verwundung genesen war, eröffnete er den Briefwechsel mit Gleim am 4. Dezember 1743 mit einem französischen Schreiben und einem scherzhaften Lied. 1744 war der Kontakt besonders eng, beide nahmen am zweiten Schlesischen Krieg teil, Gleim als Sekretär des Markgrafen Wilhelm von Brandenburg-Schwedt. Im September trafen Gleim und Kleist bei der Belagerung Prags zusammen. Gleim erinnerte sich sein Leben lang gerne daran, daß er seinem Kleist eine Brotsuppe kochte und erzählte es häufig. Ihre vor den anderen Kriegern sorgfältig verborgene Neigung zur Poesie bereitete ihnen manche glückliche Stunde unter Kanonendonner. Gleims Kriegsdienst nahm ein jähes Ende, als der Markgraf gefallen war und er den Leichnam nach Berlin begleiten mußte. Kleist verbrachte fast ein Jahr in Brieg in Schlesien und kehrte erst Anfang 1746 nach Potsdam zurück. Der Kontakt zu Gleim half ihm, seine Fähigkeiten als Dichter zu üben und zu vervollkommnen, mit den Gedichten *An Wilhelmine* und *Sehnsucht nach Ruhe* fand er seine eigene Identität, die Anakreontik war nicht seine Welt. Ohne diese poetischen Mußestunden hätte er das Leben als Offizier kaum ertragen, Potsdam war eine große Kaserne und für Kleist ein Gefängnis, exerzieren und Wachdienst bestimmten seine Tage, geistige Anregungen fehlten völlig. Seine poetischen Neigungen mußte er vor seinen Kameraden geheimhalten. Viele Reisepläne scheiterten, da Kleist bei Anwesenheit des Königs keinen Urlaub bekam. Einigemale reiste er wohl heimlich nach Berlin, um seine Freunde zu sehen, neben Gleim waren das Johann Joachim Spalding und später auch Karl Wilhelm Ramler, Johann Georg Sulzer und Christian Gottfried Krause.

Seit dem Herbst 1746 hielt sich der Schweizer Arzt Johann Caspar Hirzel in Potsdam auf. Er war schon Doktor der Medizin, wollte aber seine Ausbildung noch vervollständigen. Er war literarisch interessiert, gebildet, jung und fröhlich und brachte etwas vom Bodmerschen Geist nach Deutschland. Kleist verkehrte fast täglich mit ihm, fühlte sich in der Gesellschaft dieses jungen Menschen sehr wohl und bedauerte dessen Rückkehr in die Schweiz im Oktober 1747 sehr. Fast zur gleichen Zeit, im November 1747, ging Gleim von Berlin nach Halberstadt, Kleist erlitt also einen doppelten Verlust. Gleim hatte sich im August 1747 einige Zeit in Potsdam aufgehalten, um Kleist und Donopp zu besuchen, eine Anstellung war wohl auch im Gespräch. Nun meldete Gleim seine Wahl zum Domsekretär am 22. Oktober 1747 und schrieb:

*„Ich würde über dies mittelmäßige Glück unmäßig vergnügt sein, wenn mir nicht die Entfernung von meinem teuersten Kleist bei der geringsten und größten angenehmen Vorstellung davon ins Gemüt käme ..."*

und versprach, über Potsdam zu reisen und die Einzelheiten zu erzählen, was wohl auch geschehen ist. Gleim hatte in den folgenden Jahren häufiger Gelegenheit, nach Berlin zu reisen, um Angelegenheiten des Domkapitels zu regeln. Der Besuch bei Freunden war ein angenehmer Nebeneffekt, aber er war nicht Herr seiner Zeit, besonders dann nicht, wenn er mit dem Domdechanten reiste. Am 17. Dezember 1748 schrieb Gleim Kleist aus Berlin, bedauerte, daß er sich nicht früher gemeldet hätte, denn er plante ständig einen Besuch bei Kleist in Potsdam. Nun war die Rückreise nach Halberstadt aber dringend notwendig geworden, und da er sich mit Sulzer zusammengetan hatte, wollte ihm dieser nur eine Stunde Aufenthalt in Potsdam gönnen. So kam es dann auch, und im Brief vom 22. Januar 1749 bedauerte Gleim, daß er nicht einen Tag früher nach Potsdam gereist und Sulzer dort erwartet hatte. Kleist reiste im Januar 1749 für vier Tage nach Berlin, lernte dort Ramler persönlich kennen und bedauerte, daß Gleim nicht mehr dort war. Sein Trost blieb die Dichtung, auf weiten Spaziergängen, die Kleist sehr liebte, entstand seit 1746 sein Gedicht *Landlust*, dem Gleim beim Druck des ersten und einzigen Teiles 1749 den Titel *Der Frühling* gab. Dieses Gedicht war angeregt worden durch *The seasons* des Engländers Thomsen und dessen deutsche Übersetzung von Brockes. Kleist betonte aber in der Vorrede, daß er Thomson nicht nachahmen wolle. Er ging weit über dieses Lehrgedicht hinaus, die Person des Verfassers wirkte strukturbildend, Erinnerungen an die Landschaft seiner Kindheit ließen ihn eindrucksvolle Bilder finden, die in lyrischer Folge mit Empfindungen und Reflexionen abwechselten. und einen lehrhaften Zweck in den Hintergrund treten ließen. Die von Gott erschaffene friedliche Natur wird durch von Menschen entfachte Kriege bedroht, Kleist versuchte, ganz im Sinne der Aufklärung, durch Mahnung an die Fürsten die friedliche Entwicklung zu befördern. Aus der Anschauung der Natur erwuchs ihm der utopische Traum von einer glücklichen Welt. Die verschiedenen Auflagen dieses Werkes machten Kleist auch bei interessierten Kreisen in Berlin bekannt, zu Anfang der fünfziger Jahre des 18. Jahrhunderts zählte er zu den bedeutendsten Dichtern im deutschen Sprachgebiet. Daß sein Werk auch in der ersten Hälfte des 19. Jahrhunderts populär war, ist der Ausgabe von Gleims Großneffen Wilhelm Körte 1803 zu danken, der einige Nachauflagen folgten. Ramlers Ausgabe von 1760 wies zu viele verfälschende Eingriffe auf.

Ende Mai 1749 wurde Kleist zum Hauptmann befördert, und am 5. Juni 1751 bekam er eine Kompanie und konnte nun auf bessere finanzielle Verhältnisse hoffen. 1749 hatte er auch zwei Monate in der Heimat verbracht, aber familiäre Probleme, besonders die Krankheit seines Bruders, trübten diesen Urlaub. Ende 1751 hatte Gleim wieder eine Reise nach Berlin geplant, Kleist bat ihn, nicht sonnabends nach Potsdam zu kommen, da er dann Wache hätte, trotzdem scheint die Begegnung unter einem unglücklichen Stern gestanden zu haben, Kleist bedauerte, daß er Gleim so schnell weiterreisen lassen mußte *„aus Mangel eines dienstfertigen Kameraden"* und freute sich auf die bevorstehende Werbereise, vor allen auf den Besuch bei Gleim (Kleist an Gleim, 28. Februar 1752). Vom Juni 1752 bis zum Mai 1753 unternahm er dann die Reise zur Rekrutenwerbung in die Schweiz. Kleist war glücklich, dem Potsdamer Einerlei zu entfliehen, er freute sich auf ein Wiedersehen mit Hirzel und auf die Bekanntschaft mit Bodmer, in dem er den Führer der literarischen Partei verehrte, der er sich selber zugehörig fühlte. Die Reise führte ihn über Halberstadt, aber Gleim war in Angelegenheiten des Domkapitels unterwegs, bedauerte sehr, den geliebten Freund verpaßt zu haben und malte sich die Freude einer unverhofften Begegnung aus, denn sie hatten beide im selben Ort unweit Halberstadts übernachtet. Kleist reiste unterdessen über Kassel, Frankfurt und Speyer weiter und kam in der ersten Novemberhälfte in Zürich an. Der alte Freund Hirzel machte ihn mit allen Literaten bekannt, in begeisterten Schilderungen an Gleim lobte Kleist das kleine Zürich gegenüber dem großen Berlin. Der Empfang bei Bodmer war allerdings kühl, Bodmer glaubte, nun endlich in Wieland den hoffnungsvollen jungen Dichter gefunden zu haben, den er seit der Einladung an Klopstock herbeisehnte. Kleist verbarg seine Sympathie für Klopstock nicht, und so fiel ihm eine Vermittlerrolle zu, er sollte bei den Klopstockfreunden in Deutschland Bodmers Haltung ins rechte Licht rücken und tat dies auch.

Seine eigentliche Aufgabe, die Werbung von Soldaten, verlief nicht reibungslos. Zwar hatte er eine Bewilligung vom Großen Rat in Zürich eingeholt, setzte die Werbung aber auch nach Ablauf der Genehmigung fort und mußte bei Nacht und Nebel aus Zürich fliehen. Er hielt sich dann noch ein Vierteljahr in Schaffhausen auf, das Verhältnis zu

Hirzel kühlte sich ab, aber er pflegte engere Kontakte zu Salomon Geßner, der selber durch Kleists *Frühling* angeregt worden war und Kleist nun zur Idylldichtung hinführte. Diese Dichtungsgattung kam Kleists Naturell sehr entgegen, eigentlich war schon sein *Frühling* eine große Idylle.

Die Rückreise führte Kleist über Ansbach, doch er traf Johann Peter Uz, den er besuchen wollte, nicht an. In der zweiten Aprilhälfte kam er nach Halberstadt, um an Gleims Hochzeit mit Sophie Mayer teilzunehmen, fand den Bräutigam jedoch in großer Betrübnis, nach einem Zerwürfnis zwischen Gleim und der Braut mit ihren Angehörigen war die Hochzeit sehr fraglich. Gemeinsam fuhren Gleim, Kleist und der Domherr von Berg nach Blankenburg, trafen die Braut aber nicht an, der Vater hatte sie zu ihrer Schwester geschickt. Auf der Rückreise wurde der Wagen umgeworfen und Gleim brach sich den rechten Arm. Kleist versuchte dann noch ohne Gleims Wissen, zwischen dem verlobten Paar zu vermitteln, hatte aber keinen Erfolg. So stand Kleists einziger Besuch in Halberstadt unter keinem glücklichen Stern, aus einem Hochzeitsbesuch war ein Krankenbesuch geworden. Die Freundschaft aber ging gefestigt aus dieser Begegnung hervor, der Briefwechsel wurde um so intensiver fortgesetzt.

Zu einer erneuten kurzen Begegnung kam es, als Gleim im Februar 1754 wieder in Angelegenheiten des Domkapitels nach Berlin reiste, am 15. Februar schrieb er aus Brandenburg an Ramler:

*„Gestern Abend hat der Herr von Kleist mit uns im Wirtshause gegessen. Wir waren bis um 12 Uhr beisammen und recht vergnügt."*

Kleist selbst erinnerte Gleims nächtliche Abreise an die Rückkehr aus Blankenburg vor einem knappen Jahr, und er hoffte, daß der Freund diesmal ohne Armbruch wieder in Halberstadt angekommen sei. Zum Jahreswechsel 1754/55 hielten sich der Domdechant und Gleim schon wieder in Berlin auf, ob er mit Kleist zusammentraf, geht aus dem Briefwechsel nicht hervor. Kurze Begegnungen mit Freunden waren zwar Höhepunkte im sonst tristen Garnisonsleben, aber Kleists Grundstimmung blieb in den folgenden Jahren sehr gedrückt, daran konnte auch die Teilnahme an der Tafel des Kronprinzen nichts ändern. So empfand er den Kriegsbeginn im August 1756, der Bewegung in sein Leben brachte, fast als Erleichterung.

Zu Anfang des Siebenjährigen Krieges war Kleist in Sachsen, 1756/57 im Winterquartier in Zittau. Am 20. Februar 1757 wurde er Major und bekam ein neues Regiment, das hauptsächlich aus ehemaligen sächsischen Gefangenen bestand. Vom März 1757 bis zum Mai 1758 hielt er sich in Leipzig auf, dem preußischen Offizier und Dichter waren die Türen der Schriftsteller im besetzten Sachsen keineswegs verschlossen, Kleist konnte durch den Verkehr mit Christian Fürchtegott Gellert und Christian Felix Weiße den stumpfsinnigen Militäralltag leichter ertragen. Zum wichtigsten Freund und Gesprächspartner in Leipzig wurde Gotthold Ephraim Lessing. Ihre Beziehung war von Offenheit, Geradheit und Wahrhaftigkeit geprägt. Lessing regte ihn wieder zum Dichten an und wies ihn auf die Versform des fünffüßigen Jambus hin. Kleists Idylle *Milon und Iris* wurde Lessing zugeeignet.

1758 erschienen *Neue Gedichte* von Kleist, an denen Lessing fördernden Anteil genommen hatte, Gleim war vorher mit Abschriften versorgt und um seine Meinung gebeten worden. In dieser Zeit entstand auch die *Ode an die preußische Armee,* Kleists einziges Kriegsgedicht.

1759 veröffentlichte Kleist das Heldengedicht *Cissides und Paches* über zwei Makedonier, die im aussichtslos scheinenden Kampf gegen Athen ihre Heimat zu retten suchten. Damit hatte er sogar unter seinen Offizierskameraden Erfolg, die ihr Schicksal antik verklärt sahen und sich zu patriotischer Todesverachtung aufgerufen fühlten. Lessing sah das Neue in diesem Gedicht, das auf alle Wunder verzichtete, und empfahl es in seinem 40. Literaturbrief.

In der ganzen Kriegszeit versorgte Kleist seinen Gleim mit detaillierten Nachrichten von den Kriegsschauplätzen, die Gleim in seinen Kriegsliedern verarbeitete und so den Anschein erwecken konnte, daß ein Grenadier, der selbst am Krieg teilnahm, der Verfasser sei. Die von Lessing herausgegebenen Grenadierlieder waren sehr erfolgreich. Auch Kleist würdigte sie im letzten Stück seiner moralischen Wochenschrift *Der neue Aufseher*, mit der er sich in seinen letzten Lebensmonaten beschäftigte.

Gleich zu Anfang des Leipziger Aufenthaltes besuchte Gleim den erkrankten Freund Ostern 1757. Kleist beklagte die Kürze des Aufenthaltes, meinte aber, durch die Freude einen Monat früher gesund geworden zu sein und hoffte auf Gleims erneuten Besuch zur Messezeit, der jedoch nicht stattfand. An Uz schrieb Gleim (16. Mai 1757), daß er vor seiner Rückreise schon eine Spazierfahrt mit Kleist unternehmen konnte und daß sich jeden Tag ein Schwarm von Poeten, allen voran Lessing, bei ihm aufhielt.

Der Militärdienst blieb belastend für Kleist, besonders die Zwangsmaßnahmen, die er in seinem Beruf anwenden mußte. Er hatte im September 1757 die Direktion eines Feldlazaretts in Leipzig übernommen – lieber wäre er selbst in den Kampf gezogen. Im Frühjahr 1758 hielt er sich für kurze Zeit in Bernburg auf, hier besuchte ihn Gleim, und Samuel Gotthold Lange kam aus dem nahen Laublingen dazu. Anfang Mai zog Kleists Regiment nach Sachsen, nach den unterschiedlichsten Standorten ging es im Dezember ins Winterquartier nach Zwickau. Gleim fragte bei Kleist an, wer denn seine bescheidenen Besitztümer in Verwahrung hätte. Daraufhin schickte Kleist seine Manuskripte und Briefe und auch sein weniges Geld an Gleim zur Aufbewahrung. Diesem Umstand ist es zu verdanken, daß einiges aus Kleists literarischem Nachlaß erhalten blieb. Das Geld versprach Gleim sicher beim Domstift anzulegen und es Kleist nach dem Kriege mit den Zinsen zurückzuzahlen.

Am 11. August 1759 überschritt das Regiment die Oder. Kleist wurde in der Schlacht bei Kunersdorf schwer verwundet. Die feindlichen russischen Truppen gewannen die Oberhand im Kampf, Kleist lag in ihrem Bereich. Er wurde von ihnen ausgeraubt, dann wieder versorgt und schließlich nach Frankfurt an der Oder gebracht. Hier ließ er den Professor Gottlob Samuel Nicolai, einen Bruder des Berliner Buchhändlers und Verlegers Friedrich Nicolai, benachrichtigen, der ihn in sein Haus aufnahm. Hier verstarb Ewald Christian von Kleist am 24. August 1759. Am 26. August wurde er unter ehrender Anteilnahme russischer Offiziere auf dem Friedhof in der Gubener Vorstadt beigesetzt

Gleim wurde lange Zeit durch unsichere Nachrichten und Gerüchte gequält. Auch Lessing konnte ihm keine sichere Auskunft über das Schicksal des gemeinsamen Freundes geben. Am 25. August teilte er mit, daß sich Kleist unter den Gefangenen in Frankfurt befände und verwundet sei. Den Brief vom 1. September 1759 begann er:

*„Ich setze in der größten Verwirrung die Feder an. Ich weiß, Sie werden sich alle Posttage nach einem Brief von mir umsehen; ich muß Ihnen also nur schreiben, ob ich Ihnen gleich auch itzt noch nichts ganz zuverlässiges von unserm teuersten Kleiste melden kann."*

Im weiteren Verlauf des Briefes sprach er dann von Gerüchten, daß Kleist tot und schon begraben sei. Am 6. September endlich hatte Lessing die Gewißheit

*„Ach, liebster Freund, es ist leider wahr. Er ist tot. Wir haben ihn gehabt. Er ist in dem Hause und in den Armen des Professor Nicolai gestorben. Er ist beständig, auch unter den größten Schmerzen gelassen und heiter gewesen. Er hat sehr verlangt, seine Freunde noch zu sehen. Wäre es doch möglich gewesen! Meine Traurigkeit über diesen Fall ist eine sehr wilde Traurigkeit. Ich verlange zwar nicht, daß die Kugeln einen andern Weg nehmen sollten, ... manchmal verleitet mich mein*

*Schmerz, auf den Mann selbst zu zürnen, den es angehet.*
*Er hatte drei, vier Wunden schon, warum ging er nicht?*
*... Er hat sterben wollen. ... Er wäre auch an der letzten*

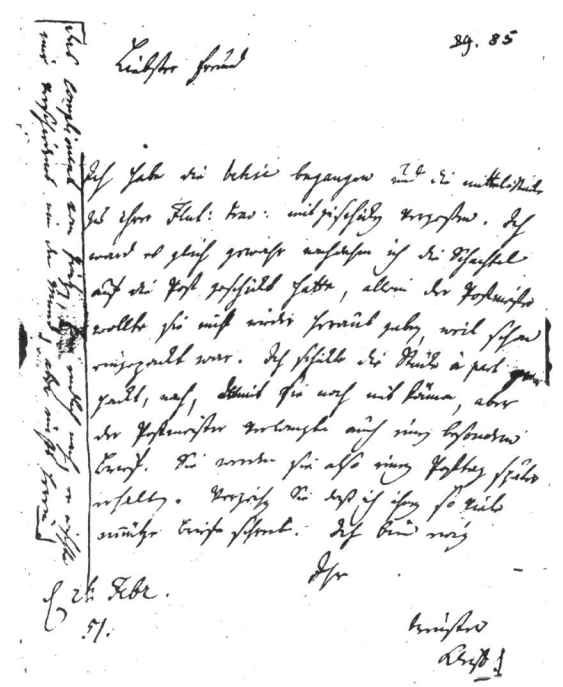

Brief Kleists an Gleim, 2. Februar 1751

*Wunde nicht gestorben, sagt man, aber er ist versäumt*
*worden. Versäumt worden! Ich weiß nicht, gegen wen*
*ich rasen soll. Die Elenden! die ihn versäumt haben.−"*
Gleim war inzwischen in Magdeburg gewesen, wo sich
der preußische Hof kriegsbedingt aufhielt und erhielt von
einer Kammerfrau der Königin die gefürchtete Gewißheit.
Er war tief erschüttert, an Ramler schrieb er:

„*Ganz unbeschreiblich, liebster Ramler ist mein*
*Schmerz, mein Jammer! Meinen Kleist soll ich verlie-*
*ren? Ich, Gleim? Ohne ihn soll ich leben? Er, an dem*
*mein Leben hängt, soll allein sterben? Ich soll ihn über-*

*leben? Waren wir nicht mehr als Freunde auf der Welt, eine Seele? Warum soll meine Hälfte übrig bleiben?"* (1. September 1759)

Diese Freundschaft zu Kleist war wohl die innigste, die Gleim in seinem Leben hatte. Aber auch alle andern Bekannten schätzten Kleist und nannten ihn ungewöhnlich gütig, geistvoll und edelmütig. Die persönlichen Begegnungen zwischen Gleim und Kleist waren selten, umso intensiver wurde der Briefwechsel geführt. Es gab in all den Jahren keine Mißhelligkeiten, wie sie in den meisten anderen Beziehungen auftauchten, denn Gleim war ein schwieriger Freund, der bei freundschaftlichen Treffen vom anderen Heiterkeit erwartete. Kleist konnte er so akzeptieren, wie er war, auch seine depressiven Stimmungen. Er regte andere an, z.B. mehrfach Ramler, Briefe an Kleist zu schreiben, um ihn aus seiner düsteren Stimmung zu reißen und freute sich, wenn Kleist auch andere anregende Freundschaften pflegte. Auch für Kleist war diese Beziehung sehr wichtig. Am 1. Oktober 1754 entschuldigte er sich wegen einer längeren Briefpause:

*„Kein Mangel der Freundschaft hat dieses verursacht, (die bei mir größer ist, als des Pylades gegen den Orest und wenn es auf Proben ankäme, größer als alle Exempel, die man auf der Welt von Freundschaft hat)".*

Am 9. Februar 1755 betonte er mit Blick auf Uz, daß Interesse am literarischen Schaffen allein keine Freundschaft ausmache, sondern das persönliche Vertrautsein hinzukommen müßte.

*„Mein Gleim wird mein Freund bleiben, wenn er mich gleich aus allen seinen Liedern auslöscht; denn den kenne* [ich] *von mehr Seiten als von der Seite der Autorschaft."*

In dichterischer Hinsicht waren ihre Wege sehr früh auseinandergegangen, scherzhafte Lieder zu dichten, lag dem schwermütigen Kleist wenig. Bei Gleim klafften persönliches Leben und Dichtung weit auseinander, hingegen schimmerten bei allen Versen Kleists persönliche Erlebnisse und Haltungen hindurch. Diese Einheit von Leben und Poesie war etwas Neues in der Literatur der Mitte des 18. Jahrhunderts, ihr und seinem tragischen Tod, den er im Drama *Cissides und Paches* vorweggenommen hatte, verdankte er einen Teil seines Nachruhms. Aber Kleist fand zunächst wenig Nachahmer, ihm gelang es noch nicht, der Erlebnisdichtung allgemein zum Durchbruch zu verhelfen. Die deutsche Dichtung bereicherte er durch Vers und Sprache, er hat bewiesen, daß das Deutsche als poetische Sprache anderen Kultursprachen ebenbürtig war.

Gleims Erinnerung an Kleist verblaßte nie. Durch die Verwahrung des Nachlasses war ihm die schwierige Aufgabe zugefallen, die bescheidene Hinterlassenschaft des Freundes unter den Verwandten zu teilen. Den Lieblingsneffen Anton David von Kleist unterstützte er auch aus eigenen Mitteln. Die Veröffentlichung von Kleists Werken, die er zusammen mit Ramler geplant hatte, überließ er diesem. Auch die Überführung von Kleists Sarg in die Frankfurter Oberkirche blieb einer der vielen unausgeführten Pläne. Für Gleim war es höchstes Lob, wenn er einen Freund als zweiten Kleist bezeichnete. Am 22. August 1760 schrieb Gleim an Ramler, daß ein Jahr nicht ausreiche, vergessen zu machen, daß er nicht mehr mit Kleist lebt, und am 17. November 1763 schrieb Gleim ebenfalls an Ramler, daß er Kleists Tod ständig fühle und schloß: *„keiner ist wie er"*. Noch etwa 20 Jahre nach dem Tod erzählte Gleim seiner Großnichte Louise Ahrends von dem Engel Kleist, der auf sie herabschaute, und als Heinrich von Kleist 1801 einen Besuch in Halberstadt machte, glaubte Gleim zunächst, einen Neffen des geliebten Freundes vor sich zu haben und nahm ihn besonders herzlich auf. Er hatte im Augenblick der Freude einfach nicht nachgerechnet, daß der geliebte Freund schon über 40 Jahre tot war und seine Neffen auch ein gesetztes Alter erreicht haben mußten.

Kapitel 12
## Karl Wilhelm Ramler

*„Leben Sie tausendmal wohl, mein liebster Gleim, den keiner so liebt als Kleist und ich; der keinen so liebt als Kleisten und mich"*, hatte Karl Wilhelm Ramler dem Freund im Brief vom Anfang Januar 1757 zugerufen. Am 24. August 1759 geschah das längst Befürchtete: Ewald von Kleist starb an der Folge seiner in der Schlacht bei Kunersdorf erhaltenen Wunden. Die Reaktionen der beiden Überlebenden auf den Tod des geliebten und verehrten Majors waren allerdings sehr unterschiedlich, und dies wiederum führte nach fast fünfzehnjähriger Freundschaft zu der ersten schweren Auseinandersetzung zwischen Ramler und Gleim.

Der Verlust Kleists hat Gleim zutiefst getroffen, und man kann die Todesnachricht an Ramler vom 17. September 1759 kaum lesen, ohne Gleims Schmerz nachzuempfinden. In seinem folgenden Brief an Ramler äußert Gleim den Verdacht, daß der Buchhändler Friedrich Nicolai vorhabe, schon sehr bald eine Biographie Kleists in Druck zu geben. Er befürchtete, daß dieses übereilte Projekt dem Andenken des Verstorbenen abträglich sein könnte. Sein Vorschlag, Kleist gebührend zu würdigen, war daher, daß Lessing, Ramler und er das Leben Kleists gemeinsam aufsetzen und *„vor einer neuen prächtigen Ausgabe seiner Gedichte erscheinen lassen"* sollten.

Als dieser Brief eintraf, arbeitete Ramler aber bereits seit einem dreiviertel Jahr an einer Ausgabe von Kleists Werken. In seinem Antwortschreiben vom 6. November 1759, in dem Ramler Gleim mitteilt, daß Nicolais Kleist-Biographie bereits *„unter der Presse"* sei, geht er daher nicht auf diesen Vorschlag ein. Er läßt den Freund statt dessen wissen, daß seine redaktorischen Bemühungen um Kleists Werke weiterliefen, und in einem Satz, den Gleim wohl nur mit Schaudern gelesen haben kann, berichtet Ramler weiter:

> *„Einen Brief hebe ich noch immer auf, worinn er [Kleist] es mir gleichsam als in einem Testamente vermachte, daß ich nach seinem Tode nach meinem Gefallen Lesearten darin machen könne, und daß er sie schon im voraus als die seinigen adoptiere."*

Ramler ist in der Geschichte der deutschen Literatur dafür bekannt, daß er oft in einer fast zwanghaften Manier die Werke anderer nach eigenem Gutdünken abänderte. Gleim hatte diese Seite Ramlers schon früh kennengelernt, als er selbst im Februar 1749 von Halberstadt aus Ramler dazu aufgefordert hatte, Kleists *Frühling* zu korrigieren und zum Druck zu befördern. Nach dieser „Bearbeitung" mußte Kleist – unter freundschaftlicher Zusicherung seiner Hochachtung vor dem neuentstandenen Ramlerschen *Frühling* – die erste Fassung selber schleunigst in Druck geben, um sein Gedicht zu retten.

Aus Ramlers *Oden mit Melodien* von 1753 und 1755 waren Gleim ebenfalls mehrere Beispiele von wesentlichen Umänderungen an fremden Texten bekannt. Und noch kurz vor dem endgültigen Bruch mit Ramler im Jahre 1765 warf Gleim Ramler vor, daß dieser seine früheren Einwände gegen editorische Eingriffe in sein eigenes Gedicht *Der Bettler* einfach ignoriert habe und eigenmächtig mit dem Text umgegangen sei.

Hinsichtlich Ramlers Anspruch auf eine editorische Vollmacht für die Werke Kleists hat Gleim zunächst geschwiegen. Erst vier Monate später äußerte er die Hoffnung, Ramler würde in seiner Ausgabe den *„wahren Kleist"* bringen und wies auch darauf hin, daß er seinerseits einen Brief Kleists besitze, worin dieser betone, daß er keine weitreichenden Umarbeitungen seiner Werke billige. Die von Ramler ersuchte Mitarbeit an einer Kleist-Biographie lehnt Gleim im selben Brief müde ab.

Ende Mai/Anfang Juni 1760 hielt sich Ramler zum zweiten und letzten Mal in Halberstadt auf. Gleims erster Brief nach diesem Besuch läßt nichts von den Spannungen durchschimmern, die bei dem Besuch unterdrückt worden waren, aber im nächsten Brief treten sie dann umso stärker in den Vordergrund. Ramler hatte Gleim inzwischen nachdrücklich darum gebeten, *L'art de la guerre*, ein Lehrgedicht Friedrichs des Großen, zu übersetzen, und in einem Postscriptum hatte er ihn aufgefordert, doch eine Lebensbeschreibung Kleists für die gerade bevorstehende Ausgabe zu liefern. Der Sarkasmus und die Vorwürfe, mit denen Gleim am 22. August 1760 auf diese Bitten antwortete, zeigen, wie tief er durch das Betragen der Berliner, d.h. Lessings und vornehmlich Ramlers, gekränkt worden war. Allem voran betont er sein Befremden darüber, daß Ramler sich während der ganzen drei Wochen in Halberstadt nie mit ihm über die Kleist-Ausgabe und Biographie beraten habe und dem Gespräch immer eine andere Richtung zu geben gewußt hätte, wenn es sich diesem Thema genähert habe.

Mehrere Faktoren haben Gleim dazu bewogen, sich nach dreieinhalb Monaten wieder mit dem Berliner Freund auszusöhnen. Gleim war nach der im Oktober 1760 erfolgten Besetzung Berlins durch russische und österreichische Truppen um Ramlers sowie um das Wohl des Kleist-Neffen Anton David von Kleist, eines Zöglings am Kadettenhof, wo Ramler unterrichtete, äußerst besorgt. Dann wirkte die Kleist-Ausgabe von 1760 eindrucksvoll und täuschte eine Zeitlang über ihre Mängel hinweg. Außerdem war Ramler damals für Gleim immer noch das Hauptbindeglied zum literarischen Berlin, und es zeigt sich hier auch Gleims Hochachtung vor dem Dichter Ramler, der nach sovielen Jahren vorwiegend editorischer Arbeit endlich die eigene Stimme gefunden hatte.

Der Dichter Ramler, der jetzt mit seinen Oden auf Friedrich den Großen den seit Kriegsbeginn gehegten Wunsch preußischer Literaturkreise nach einem würdigen Nationalpoeten zu erfüllen schien, wurde am 25. Februar 1725 in Kolberg geboren. Sein Vater, Wilhelm Nikolaus Ramler, stammte aus Franken. Der wohlhabende Akziseinspektor hatte 1723 die Witwe Elisabeth Fiddechow geheiratet und Karl Wilhelm war das erste der fünf Kinder, das aus dieser Ehe hervorgegangen war. Nach vier Jahren Stadtschule ging er 1736 auf eine Schule zu Stettin und 1738 auf die lateinische Schule des Waisenhauses zu Halle. Im Jahre 1742 bat er den Vater – in Alexandrinern – um Erlaubnis, von der Schule an die Universität überwechseln zu dürfen, und am 31. März schrieb er sich als Student der Theologie ein. Gleims 1802 geäußerte Behauptung, Ramler habe eigentlich nicht an der Universität studiert, stimmt nicht; richtig ist vielmehr, daß der enttäuschte Vater ihn nach zwei Jahren wieder zu sich nach Hause rief. Zu dem kurzlebigen Bund der Hallischen Anakreontiker – Gleim, Rudnick, Götz und Uz – hatte Ramler keinen Kontakt, und für das Studium der Theologie scheint er ebenfalls kein Interesse entwickelt zu haben.

Es galt also, in Kolberg den strengen und enttäuschten Vater zu beschwichtigen. Nach einigen Monaten zu Hause wurde beschlossen, daß Ramler nach Halle zurückkehren sollte, um sich dort in einem neuen Fach, diesmal der Medizin, zu erproben. Die Reise ging Anfang 1745 über Berlin, wo er Gleim durch Zufall kennenlernte.

Der sechs Jahre ältere Gleim war zu jener Zeit schon ein erfolgreicher Dichter, der im zweiten Schlesischen Kriege als Sekretär des Markgrafen Friedrich Wilhelm von Brandenburg-Schwedt gedient hatte und nach dessen Tode im September 1744 bei der Belagerung von Prag ein neues Amt suchte. Er stellte sicher eine anziehende Erscheinung für den ziellosen Neunzehnjährigen dar. Gleim lenkte Ramlers Interesse nun noch stärker auf die Werke des Horaz, und er ermutigte ihn, vorerst in Berlin zu bleiben.

Im Mai 1745 verließ Gleim Berlin, um eine Sekretärenstelle bei Fürst Leopold von Anhalt-Dessau anzunehmen; er blieb allerdings nur bis Ende Oktober 1745 in dessen Diensten. Durch Gleim hat Ramler wahrscheinlich die Bekanntschaft des Barons von Bielfeld gemacht, mit dem Ramler dann gemeinsam Gleims *Versuch in scherzhaften*

*Liedern* ins Lateinische zu übersetzen versuchte. Ramler hat sich zu jener Zeit seinen Lebensunterhalt vermutlich mit Verlagsarbeiten verdient, und Gleims Bemühungen um eine Lehrerstelle für ihn am Kadettenhof, einer von Friedrich dem Großen reformierten Schule für junge preußische Offiziere, schlugen fehl. Da Ramler keine besseren Angebote hatte, machte ihn Gleim fast zum Teil der Familie, indem er ihm eine Stellung als Hofmeister bei Gleims älterer Schwester Anna Catharina Fromme und ihrem Mann Johann Friedrich Fromme vermittelte. Fromme war königlicher Amtsverwalter auf der Domäne Löhme, die etwa 25 km nordöstlich von Berlin lag.

Ramler konnte die ländliche Idylle nur von Juli 1746 bis September 1747 ertragen, bevor es ihn wieder nach Berlin zog. Er hatte dort schon einige Bekanntschaften aus Gleims Freundeskreis gemacht: den Maler Gottfried Hempel, den weltgewandten Schweizer Gelehrten Johann Georg Sulzer, einen Studienfreund Gleims aus Halle Siegmund Benedikt Naumann, und dazu den Polizeisekretär Lucas Friedrich Langemack, der von 1751 bis zu seinem Tode 1761 Ramlers Hausgenosse werden sollte. Der Umgang mit solchen Männern, das Theater, die Oper und die Welt des Buchhandels hatten ihn zurück in die Stadt gelockt.

Nach einem dreiviertel Jahr in einer leidigen Hofmeisterstelle gelang es Ramler schließlich im August 1748, ein Lehramt als „maître de philosophie" bei dem Kadettencorps zu bekommen, und er verwaltete dieses Amt bis 1790, wenn auch nicht immer mit großer Begeisterung. Bei 144 Talern Jahresgehalt war die Besoldung äußerst dürftig, und auch die spätere Erhöhung im Jahre 1763 auf 400 Taler ließ ihn in materieller Hinsicht immer noch weit hinter den erfolgreicheren Kollegen Gleim, Krause oder Sulzer zurückstehen. Aber diese Stellung hatte auch ihre Vorteile, denn sie ließ ihm Zeit, am regen kulturellen Leben Berlins teilzunehmen. Ein Sammelpunkt für deutschsprachige Künstler und Intellektuelle war der

Donnerstagsklub, später Montagsklub, der auf Anregung eines Schweizer Besuchers Johann Georg Schuldheis zum ersten Mal im Herbst 1749 zusammenkam und der noch über hundert Jahre weiterbestehen sollte. Ramler war unter den Gründern gewesen und vom Jahre 1763 bis zu seinem Tode Senior der Gesellschaft. Im Laufe der Jahre gehörten neben Hempel, Langemack, Sulzer, dem Juristen und Komponisten Christian Gottfried Krause und dem Geistlichen Johann Georg Sucro auch die Verleger Christian Friedrich Voss und Friedrich Nicolai, die Musiker Johann Friedrich Agricola und Johann Joachim Quantz, der Maler Johann Wilhelm Meil u.a. diesem Klub an.

Daß Ramler so viele Jahre hindurch Senior der Gesellschaft war, zeugt von seiner Geselligkeit, ihm fehlte aber – wenigstens in seinen jüngeren Jahren – die Rührigkeit und Offenheit, die den Halberstädter Domsekretär beseelten. Wiederholte Male während der 50er Jahre sagte er Gleim, er verdanke diesem all seine Kontakte in Berlin. Bezeichnend für Ramlers Zurückhaltung war z.B. auch der Anfang seiner schöpferischen Freundschaft mit Lessing. Dieser wurde ab 1754 auch Mitglied des Montagsklubs, er gab mit Ramler gemeinsam 1759 die Epigramme Friedrich von Logaus heraus und legte auch Ramler die Texte von *Minna von Barnhelm* und *Nathan der Weise* zur kritischen Überprüfung vor. Die ersten drei Jahre in Berlin scheint Lessing fast niemand aus der literarischen Welt kennengelernt zu haben, aber nach seiner Rückkehr aus Wittenberg im November 1752, nach elfmonatiger Abwesenheit, nahm er schließlich voll am öffentlichen Leben teil. Da Ramler sich aber offensichtlich als den Ranghöheren in geistigen Fragen einschätzte, wartete er noch Anfang 1754 darauf, daß Lessing ihn aufsuchen sollte. Auf Anraten Gleims, daß Ramler Lessings Bekanntschaft machen sollte, antwortete Ramler am 14. Januar 1754, daß er Lessing noch nicht kenne, und er bedauerte, daß er „*keinen Gleim hier habe, der mir Umgang und Freunde schafft.*" Gleim erkundigte sich nochmals am 18. Juni und am 8. Juli 1754 nach Lessing, ohne daß Ramler darauf reagierte. Erst Ende des Jahres 1754 scheint der Kontakt zwischen den beiden Berlinern zustandegekommen zu sein, und die Vermutung liegt nahe, daß Gleims mehrwöchiger Aufenthalt in Berlin um die Jahreswende 1754/55 zur Förderung und Verfestigung der neuen Freundschaft bedeutend beigetragen hat.

Obwohl Gleim 1745, zu einem Zeitpunkt also, an dem Ramler noch kaum ein fertiges Gedicht vorlegen konnte, den Zwanzigjährigen schon mit Horaz verglich, war Ramler bis zur Mitte des Siebenjährigen Krieges den Zeitgenossen eher als „Criticus" bekannt. Voller Begeisterung ging er 1749 auf das Angebot ein, zusammen mit Sulzer die *Critischen Nachrichten aus dem Reiche der Gelehrsamkeit*, eine Wochenschrift, die Neues auf gelehrtem und belletristischem Gebiet aus ganz Europa referieren sollte, herauszugeben. Da Sulzer im Juli auf Brautwerbung nach Magdeburg ging und von dort aus im August weiter in die Schweiz reiste, fiel die ganze Last der Redaktion auf Ramlers und Langemacks unerfahrene Schultern. Trotz Hilferufen aus Berlin konnte der überarbeitete Sekretär aus Halberstadt keine Beiträge liefern; andere im Freundes- und Bekanntenkreis versagten gleichfalls, und die Redaktion ging daher Ende 1750 in die Hände von Lessings Vetter Christlob Mylius über.

Einflußreicher als die *Critischen Nachrichten* war die Übersetzung von Charles Batteux' *Cours de belles lettres*, an der Ramler dreieinhalb Jahre lang (1754-1758) arbeitete. Das vierbändige Werk, mit dem deutschen Titel *Einleitung in die Schönen Wissenschaften*, erlebte zwischen 1756/58 und 1774 vier Auflagen. Wo Ramler die deutsche Literatur für reif genug hielt, z.B. auf dem Gebiet der Lyrik, des Epigramms und der Satire, ersetzte er Batteux' französische Beispiele durch Proben aus der neueren deutschen Dichtung. Dabei ließ er, sehr zum Leidwesen Gleims, der ihre Aufnahme sowohl aus poetischen wie aus politischen

Gründen gewünscht hätte, sowohl Klopstocks als auch Bodmers epische Gedichte völlig unberücksichtigt.

Aus der Zusammenarbeit mit dem Advokaten und Musiker Krause gingen 1753 und 1755 wichtige Beiträge zur Entwicklung des geselligen Liedes hervor, nämlich der erste und zweite Teil der *Oden mit Melodien*. Kompositionen von Krause, Quantz, Agricola, Carl Philipp Emanuel Bach, Karl Heinrich Graun und Georg Philipp Telemann u.a. begleiteten hier die Gedichte, die Ramler aus den *Bremer Beiträgen* und aus den Werken von Dichtern wie Gleim, Hagedorn und Kleist ausgewählt hatte. Dieser Ausgabe folgten während der 60er Jahre die vier Bände der *Lieder der Deutschen* und in den 70er Jahren die umfangreiche zweibändige Sammlung der *Lyrischen Blumenlese*. Weil Ramler oft so stark in die Texte eingriff, daß sie kaum mehr als Produkte des ursprünglichen Schriftstellers zu erkennen waren, ließ er in allen seinen Sammlungen deutscher Lieder die Namen der Verfasser weg.

Mit einem Aufsatz in den *Critischen Nachrichten* über den römischen Kaiser Julian den Abtrünnigen erregte Ramler in orthodoxen Kreisen Ärger. Von nun an ging er behutsamer mit religiösen Fragen um. Dennoch war es eine Karfreitagskantate, *Der Tod Jesu*, die ihm 1755 den ersten großen dichterischen Erfolg brachte. Der renommierte Graun schrieb die Musik zu diesem Stück, das noch viele Jahre danach beliebt war und zu den bedeutendsten Oratorien des achtzehnten Jahrhunderts gehört..

Gleim feierte Ramlers Erfolg als Kantatendichter und als Übersetzer Batteux', er schalt ihn trotzdem faul und sah solche Projekte als eine Ablenkung von der eigentlichen Aufgabe, klassisch orientierte Oden zu dichten. Es waren aber nicht Gleims Ermahnungen, sondern Preußens sinkendes Kriegsglück und die patriotische Begeisterung für Friedrich den Großen, die Ramler endlich dazu bewogen, den Inhalt seines „großen Magazins", in dem er seine Gedichtentwürfe aufbewahrte, zu veröffentlichen.

Der Siebenjährige Krieg war für Ramler eine schwere Zeit. Zwischen dem Anfang des Krieges im August 1756 und September 1758 verlor er einen Bruder und zwei Schwestern sowie eine der wenigen Frauen, die ihm nahegestanden hatten, seine Seelenfreundin Fanny Denstedt, die mit ihrem Mann und Langemack ein Haus mit Ramler geteilt hatte. Die Angst um Vaterstadt, Wahlheimat und Freunde verband sich mit andauernden körperlichen Leiden und zum Teil schweren Erkrankungen.

Die Anknüpfung an ein höheres Ideal half Ramler sicher, über die vielen persönlichen Schicksalsschläge aus dieser Zeit hinwegzukommen. Ab 1759 verfaßte er eine Reihe von Oden, die Friedrich II. verherrlichen und die zahlreichen Feinde Preußens verhöhnen. Ein junger Bewunderer, Johann George Scheffner, sammelte Ramlers Dichtung und gab sie 1766 unautorisiert heraus, so daß Ramler sich schon im nächsten Jahr gezwungen sah, selber eine Ausgabe vorzubereiten; sie enthielt 23 Oden, die musikalische Idylle *Der Mai* und eine Kantate. Darauf folgten zwei Jahre später die *Oden aus dem Horaz*, eine metrisch getreue Übersetzung von fünfzehn Oden des Horaz, welche die bis dahin gelungenste Übertragung Horazischer Gedichte ins Deutsche darstellte und zusammen mit Klopstocks Oden einen neuen Beweis für die Fähigkeit der deutschen Sprache darbot, komplexe Gebilde antiker Metrik scheinbar mühelos in sich aufzunehmen. Die *Lyrischen Gedichte* von 1772 versammelten alle bisher erschienenen Oden, Horaz-Übersetzungen und Kantaten in einem Band und fügten siebzehn neue Oden hinzu.

Ramlers Wirkung als Dichter erreichte um 1772 einen Höhepunkt. Symptomatisch dafür war die Haltung der jungen Verbündeten des Göttinger Hains, die 1772-73 ihre wöchentlichen Zusammenkünfte mit einem Gedicht von Klopstock oder Ramler eröffneten. Die wenigen früher entworfenen Oden Ramlers, wie *Sehnsucht nach dem Winter*, *An den Apoll* oder *An Lalagen,* umfassen ein reicheres Themenfeld als die Kriegsgedichte. Die zuerst 1750 in den *Berlinischen Nachrichten* abgedruckte *Ode auf einen Granatapfel* stellt das kulturelle und materielle Aufblühen Berlins in Zusammenhang mit der geistigen Entwicklung der Aufklärung, die ihrerseits durch das Bild Proserpinas und der Unterwelt, Dädals und des Labyrinths mitunter bedrohliche Züge annimmt. Metrisches Können, Knappheit der Darstellung, ein durchgehaltener hoher Ton und, um mit Goethe in seinem Aufsatz über Winckelmann zu reden, ein „*heidnischer Sinn*" sind Hauptmerkmale von Ramlers besten Oden. Der neue Antrieb, den Ramlers Dichtung um 1759 durch seine patriotische Begeisterung gewonnen hatte und der von Gleim und den Zeitgenossen begrüßt wurde, hat es Ramler ermöglicht, seine Hemmungen zu überwinden und seine Gedichte einzeln zu veröffentlichen. Dieser Impuls führte jedoch gleichzeitig zu einer Verarmung des lyrischen Stoffes, und Ramler fand zeitlebens nicht mehr zur thematischen Breite seiner ersten Schaffensphase zurück.

Ramlers beißende Kritik vom Anfang Oktober 1764 an Gleims Fabeln führte schließlich zum Bruch der Freundschaft. Der Anlaß zu dieser Kritik war eines jener literarischen Versteckspiele gewesen, die der Zeit eigen waren. Als Gleims alter Hallischer Freund Johann Nikolaus Götz sich 1763 zur Herausgabe seiner Gedichte entschied, wandte er sich nicht an Gleim, sondern an Ramler. Gleim, der Götz' Bekanntschaft mit Ramler vermittelt hatte, erfuhr durch Zufall davon und versuchte, sich in das Projekt einzuschalten. Dabei bat er Götz, die Gedichte nochmals für ihn abzuschreiben, die schon an Ramler übersandt worden waren, und Götz schickte 66 Gedichte, etwa ein Viertel des Gesamtumfangs. Daß Ramler von dieser Abschrift der 66 Gedichte erfuhr, ist nirgendwo bezeugt. Er verteidigte sich gegen Gleims Vorwürfe, er wolle diesen aus diesem Projekt fernhalten und sagte nur, er wollte die Korrekturen fertig haben, bevor er sie an Gleim weiterreichte. Nun sah hier Ramler aber eine Möglichkeit, die Vorwürfe gegen seine editorischen Eingriffe zu entkräften, indem er in einer neuen Abschrift die schon veränderten Gedichte als Götz' ursprüngliche Produkte und die ausgeschiedenen Götzischen Varianten als die eigentlichen Korrekturen präsentierte. In zwei Briefen behauptet er, die Täuschung sei ihm gelungen, Gleim habe unversehens Ramlers Verbesserungen gebilligt. Uns fehlen Ramlers Abschriften und Gleims Randglossen, so daß wir die Richtigkeit von Ramlers Behauptungen nicht mehr überprüfen können, aber spätere Äußerungen im Briefwechsel sowohl von seiten Gleims als auch von Ramler selber zeigen, daß Gleim die Änderungen keineswegs wohlwollend aufnahm. Gleim besaß mindestens einen Teil der Gedichte in ursprünglicher Form und war deshalb kaum zu täuschen; er durchschaute den Trick und nutzte die Gelegenheit aus, sich in seiner Bewertung der falschen Varianten einer sehr schroffen Sprache zu bedienen. Das war im August 1764, und im Oktober desselben Jahres zahlte Ramler dies in seiner Kritik von Gleims Fabeln mit einem ebenso rüden Ton heim: *„Hier guckt der Schmeichler allzusehr hervor"*; *„erbettelter Reim"* *„abgenutzte Erfindung"* und *„Miene der Frömmigkeit"* waren nur einige der Wendungen, die Gleim entrüsteten.

Warum dieser Bruch ein endgültiger war, erklärt sich zum Teil mit einem Blick in den Briefwechsel aus den Jahren nach Kleists Tod. Im Jahre 1760, in Anschluß an Ramlers Besuch in Halberstadt, beginnt eine Auseinandersetzung über Ramlers *„Kälte"*. Die Diskussion dreht sich um Ramlers Verhalten Gleim gegenüber, sie betrifft aber auch Ramlers Benehmen gegen Anna Louisa Karsch, die 1761 beide Dichter kennenlernte und mit ihnen gesellschaftlich verkehrte. Außerdem hegte Gleim den Verdacht, daß Ramler, der Schöpfer erhabener Oden und der Verfechter der künstlerischen Vollkommenheit, Gleims leichtere Dichtart nicht mehr schätzte. Zu diesem subjektiven Eindruck einer zunehmenden Distanzierung kam objektiv Ramlers Zögern bei der Herausgabe von Gleims Werken. Gleim wünschte jetzt, daß Ramler eine Gesamtausgabe seiner Werke in die Wege leiten sollte, und er forderte ihn 1761 nachdrücklich dazu auf, die Herausgabe zu übernehmen. Ramler sagte zu,

Brief Ramlers an Gleim, 6. Juni 1750

aber seine Vergeßlichkeit in Hinblick auf Abmachungen zur Anlage der Ausgabe sowie Verzögerungen bei der Korrektur des ihm übersandten Materials überzeugten Gleim, daß Ramler nur widerwillig mitmachte.

Diese Interpretation Gleims war wahrscheinlich richtig. Ramler, der einem ahistorischen Vollkommenheitsideal dichterischer Schönheit verpflichtet war, hätte es als Herausgeber unmöglich über sich gebracht, die Werke des Freundes der literarischen Öffentlichkeit unangetastet vorzustellen. Und im Gegensatz zu allen bisher von Ramler herausgegebenen Autoren hätte Gleim die Änderungen nie stillschweigend geduldet. Zu einer eigentlichen Auseinandersetzung darüber kam es nicht, weil sie sich schon über die symptomatischen Nebenerscheinungen des Konflikts getrennt haben.

Ramler, der es überdrüssig war, Gleim gegenüber immer den Untergebenen, Jüngeren spielen zu müssen, versuchte, sich dennoch mit diesem zu versöhnen, aber der Ausgleich wäre nur möglich gewesen, wenn Gleim gewillt gewesen wäre, weniger von Ramler als Freund zu verlangen. Weil Gleim glaubte, die heiligen Rechte der Freundschaft seien durch Ramler verraten worden, hat er jedes Friedensgesuch von Ramler und dessen Vermittlern abgewiesen.

Der Bruch mit Gleim erfolgte 1765. Die Grundlage für Ramlers lyrische Veröffentlichungen bis zur Gesamtausgabe von 1772 waren im wesentlichen bereits vor dem Streit mit Gleim angelegt worden, gelegentliche neue Oden gehen den wohlbetretenen Pfad der allegorisierenden enkomiastischen Dichtung. Mit dem Aufkommen der neuen Dichtergeneration der 70er Jahre verloren Ramlers Werke rasch ihre Ausstrahlungskraft auf die deutsche Literatur als ganzes, dafür aber ging sein Stern in der literarisch konservativeren Atmosphäre der Berliner Spätaufklärung desto heller auf. Er blieb bis in sein hohes Alter ein eifriger Publizist. Von seiner redaktorischen Tätigkeit verdienen die Bände der *Lyrischen Blumenlese* 1774 und 1778 besondere Aufmerksamkeit, aber aus dieser Zeit liegen auch eine Sammlung deutscher Epigramme von Wernicke bis Olearius (1780), eine Fabellese (1783), Götz' Gedichte (1785) und manches andere vor. Er übersetzte sämtliche Oden des Horaz (1787) und in acht Bänden den englischen *Zuschauer* (1782).

Ramlers produktive Zusammenarbeit mit den Vertretern anderer Künste setzte sich unentwegt fort. Sein Freund, der Maler Bernhard Rode, schuf die Bilder zu Ramlers *Allegorischen Personen zum Gebrauch des bildenden Künstlers* (1788). Als Teilnehmer am regen musikalischen Leben Berlins lieferte Ramler die Texte zu zwei Melodramen (1778, 1784), zu einer Trauerkantate auf den Tod eines hochgeschätzten Vertrauten, des Philosophen Moses Mendelssohn (1786), und zu zwei weiteren Kantaten zur Ehre des neuen Königs (beide 1787). Nicolai erzählt, Lessing habe Ramler *Minna von Barnhelm* (1767) Aufzug für Aufzug vorgelesen und dessen Vorschläge zum Dialog angenommen. Die *Antrittsrede bei der Eröffnung des Kochschen Theaters in Berlin*, verfaßt von Ramler und gesprochen von der Prinzipalin Madame Koch am 10. Juni 1771, sowie die Rezension von Lessings *Emilia Galotti* im folgenden Jahr sind Zeugnisse einer fortwährenden Beschäftigung mit dem Berliner Theater. Mit dem Tode Friedrichs II. im Jahre 1786 kam eine endgültige Erlösung aus den engen finanziellen Verhältnissen, in denen Ramler seit der ersten Bekanntschaft mit Gleim vor mehr als vierzig Jahren hatte leben müssen. Der Thronfolger Friedrich Wilhelm II. garantierte dem altgedienten Professor der Kadettenschule und dem Lobredner seiner Familie eine jährliche Besoldung von 800 Talern und ernannte ihn zusammen mit dem sechzehn Jahre jüngeren Johann Jakob Engel zum Oberdirektor des neu eröffneten Nationaltheaters. Als Ramler 1790 sein Lehramt niederlegte, ging diese Besoldung dann auch unvermindert in eine Rente über. Seinen Posten als Direktor des Theaters behielt er, bis Altersschwäche ihn im Jahre 1796 zwang, diese Stellung an Iffland zu übergeben. Er starb 1798 als wohlversorgter und geachteter Vertreter des preußischen Kulturlebens.

Kapitel 13
# Johann Joachim Spalding

Dem Namen nach waren sich Gleim und Spalding bereits bekannt, als sie in einer Berliner Buchhandlung zusammentrafen. Beide waren sich sofort sympathisch und pflegten intensive Beziehungen zueinander, Ramler fragte Gleim im ersten Brief aus Löhme vom Juli 1746, ob er Herrn Spalding noch alle Tage sehen und sich von ihm einige Abende rauben lassen würde. Auch Ramler war sehr angetan von dieser Bekanntschaft: *„Ist mir Herr Spalding halb so gut, wie ich ihm bin, so besitzt er den höchsten Grad der Freundschaft."* Der Theologe Johann Joachim Spalding war damals Legationssekretär des schwedischen Gesandten Rudenskiöld und hatte bereits Schriften des englischen Philosophen und Ästhetikers Shaftesbury übersetzt.

Er war am 1. November 1714 in Triebsees im damals schwedischen Pommern geboren worden. Sein Vater Johann Georg Spalding war zunächst Rektor, später Prediger in Triebsees, die Mutter war eine Tochter des Predigers Joachim Lehments. Der Nachfolger des Vaters, Rektor Ritter, wurde Spaldings erster Lehrer. In seinem 15. Lebensjahr ging er zusammen mit seinem Bruder auf die höhere Schule nach Stralsund. Ostern 1731 bezogen beide die Universität in Rostock. Die theologische Ausbildung war stark vom Geist der Orthodoxie geprägt, die Professoren waren gegen die aufklärerischen Lehren Christian Wolffs, aber auch gegen den Pietismus eingestellt. Nach kurzem Studium war der junge Spalding Hauslehrer bei verschiedenen Landedelleuten, 1734 auch bei einem Professor Schwarz in Greifswald. Anschließend blieb er noch ein halbes Jahr in der Stadt, um sich eigenen Studien zu widmen. Zwischen den einzelnen Anstellungen verlebte er immer wieder Zeiten bei der Familie in der pommerschen Heimat, zeitweise predigte er an Stelle des Vaters.

Während eines längeren Aufenthaltes in Triebsees 1740-1742 las er den englischen Moralphilosophen Shaftesbury, vor allem dessen Sittenlehre, und begann, sie zu übersetzen. Anfang 1745 begleitete er einen seiner Schützlinge, einen jungen Herrn von Wolfradt, auf die Universität nach Halle, traf dort mit dem Philosophen Christian Wolff zusammen und lernte bei der Durchreise durch Berlin den Prediger August Friedrich Wilhelm Sack und auch den schwedischen Gesandten von Rudenskiöld kennen. Das Angebot, Rudenskiölds erkrankten Legationssekretär zu vertreten, nahm er gern an, lernte schwedisch und hielt sich von Ende 1745 bis 1747 in Berlin auf. Neben Gleim und Karl Wilhelm Ramler lernte er auch Ewald Christian von Kleist kennen. Auch bei den späteren Bekanntschaften mit Johann Georg Sulzer und von Arnim dürfte Gleim Pate gestanden haben. Über die neue, sehr beglückende Beziehung schrieb Gleim an Uz am 30. Juni 1746:

*„Er ist mir jetzo hier, was mir Herr v. Kleist sonst in Potsdam war. Ich bin fast täglich mit ihm zusammen, entweder zu philosophieren oder die hiesigen Mädchen witziger zu machen. Wir möchten gern ein Arkadien stiften, aber es fehlt uns an einer Tonne Goldes. Letztens habe ich mit ihm Herrn von Kleist besucht, und ich bin willens, es bald wieder zu tun."*

Am 9. August 1746 schrieben Gleim und Spalding einen Gemeinschaftsbrief an Kleist. Gleim begann:

*„Ich schreibe Ihnen auf Herrn Spaldings Zimmer, indem er Staatssachen nach Schweden schreibt. Ich habe heute Mittag an seiner Tafel gespeist, ich habe mit ihm Ihre Gesundheit getrunken und nun will ich bald mit ihm in die Komödie gehen. Sehn Sie, so vergnügt lebe ich, wie bedaure ich, daß Sie nicht so frei sind!"*

Der intensive Umgang mit Gleim dauerte nur etwa ein Jahr, denn schon Anfang April 1747 war Spalding aus Berlin abgereist. An Uz schrieb Gleim am 25. April 1747: *„Ich habe über den Abschied eines Freundes, ohne den ich fast* *ein Jahr lang nicht einen Tag lang zugebracht habe, getrauert ..."*

Spalding hielt sich in der pommerschen Heimat auf, denn er strebte dort eine Pfarrstelle an. Er weilte bei seinem kranken Vater und schrieb während der Nachtwachen die Abhandlung, die ihn berühmt machen sollte *Von der Bestimmung des Menschen*. Dieses Werk kursierte zunächst in Abschriften, Ramler und Gleim hatten es im Februar 1748 gelesen, und Spalding war sehr an Gleims Meinung interessiert. Ostern 1748 wurde die Schrift gedruckt. Die Berliner Freunde und auch Gleim waren sehr stolz, daß jemand aus ihrer Mitte sie verfaßt hatte. Die Schrift erlebte bis 1794 dreizehn Auflagen. Spalding ging es noch um die Einordnung des Menschen in ein vorgegebenes Ordnungsgebilde, um die Aussöhnung zwischen Vernunft und dem Geist des Christentums. Gleim hatte die Abhandlung auch dem General von Stille in Aschersleben zugänglich gemacht, und Spalding freute sich über dessen zustimmende Gedanken.

Den Winter 1747/48 verlebte Spalding teilweise in Stralsund. Gleim nutzte schon damals die Bekanntschaft mit einflußreichen Leuten, die ihm sein Amt und seine Freundschaften brachten, um junge Freunde zu versorgen. So ergab sich die Möglichkeit, daß Spalding Feldprediger beim General von Stille werden sollte. Am 20. Mai 1748 schrieb Gleim an Ramler:

*"Unsern Spalding habe ich zum Feldprediger machen wollen, er hat aber zu meinem größten Leidwesen keine Lust dazu gehabt. Er meint, die Strenge des preußischen Diensts erstrecke sich auch auf die Feldprediger."*

Auch die sicher von Gleim beförderte Möglichkeit, als Prediger nach Schönfeld in die Uckermark zu Herrn von Berg zu gehen, zerschlug sich. Im Frühjahr 1750 war Spalding als zweiter Domprediger in Halberstadt im Gespräch. Zunächst hatte er wohl nicht erkannt, daß es sich um ein ernsthaftes Angebot handelte. Als er sah, wie weit die Angelegenheit fortgeschritten war, begründete er seine Ablehnung sowohl Gleim als auch dem Herrn von Berg gegenüber, der Domherr in Halberstadt war. Spalding hatte z.B. Bedenken, vor einer großen Gemeinde und vor Domherren zu predigen. Er war 1749 Pfarrer in Lassahn in Pommern geworden und hatte damit eine Stellung erreicht, die seinen Wünschen entsprach. 1751 heiratete er Wilhelmine Sophie Gebhardi, eine erst sechzehnjährige Pfarrerstochter aus Stralsund. An Uz schrieb Gleim am 29. August 1751:

*„Herr Spalding ist Bräutigam und schreibt mir, seitdem er es ist, sehr verliebte Briefe. Diesen fürtrefflichen Mann müßten Sie kennen! Aber er lebt noch von mir an die 50 Meilen. Dennoch wollen wir übers Jahr uns sprechen."*

Aus der geplanten Begegnung wurde allerdings nichts. Der Briefwechsel wurde immer sporadischer geführt. Schon vor der Heirat klagte Spalding, daß er ohne Gleims Briefe keine literarischen Neuigkeiten erführe und später, daß er seiner Braut keine Briefe von Gleim vorweisen könnte, nach denen sie häufig fragte. Gleim gestand Ramler 1754, daß er seit Jahr und Tag nicht an Spalding geschrieben hätte, als er aber von dessen Erkrankung hörte, machte er sich ernsthafte Sorgen. Spalding war etwas enttäuscht, daß Gleim so wenig Anteil an seinem Familienleben nahm. Gleim versuchte aber noch immer, seine Freunde zusammenzuführen und bot 1755 eine Pfarrstelle in Ströbeck in der Nähe Halberstadts an. Spalding erkannte zwar Gleims freundschaftliche Bemühungen an, wollte aber seiner Familie nicht zumuten, 50 Meilen von der Verwandtschaft entfernt zu wohnen. Die Freundschaft, auch zu Gleim, war ihm immer noch sehr wichtig, am 18. Januar 1753 hatte er geschrieben:

*„Lassen Sie uns von Freundschaft sprechen, mein liebster Gleim, von dem Edelsten, was der Himmel zum Trost des menschlichen Lebens auf die Erde gesandt hat"*

Spalding wurde 1757 als Propst und Oberprediger nach Barth in Pommern berufen. 1762 verlor er seine Frau nach der Geburt eines Sohnes. Von der tiefen Trauer lenkte ihn der neunmonatige Besuch dreier Schweizer, Lavater, Füßli und Heß, etwas ab. 1763 konnte sich Gleim über das Bildnis Spaldings freuen, das Bernhard Rode gemalt hatte. 1764 verlobte sich Spalding mit Marie Dorothea von Sodenstern und heiratete sie bald darauf.

Im gleichen Jahr wurde Spalding zum Oberkonsistorialrat, Propst und Prediger an St. Nicolai und St. Marien in Berlin berufen und war damit auch Inspektor der Gymnasien. Auch an dieser Berufung meinte Gleim, einigen Anteil zu haben, denn am 6. Februar 1764 schrieb er an Götz: *„Mit meinem alten Freunde Herrn Spalding ist es uns gelungen. Er verläßt sein schwedisches Pommern und wird Propst und erster lutherischer Konsistorialrath zu Berlin."* Doch scheint Gleim hier etwas übertrieben zu haben, denn Spalding gegenüber beklagte er sich am 18. Juli 1764, daß er von der Berufung durch die Zeitungen und nicht durch Spalding selbst erfahren habe.

Spaldings Anfang in Berlin war schwierig, die Propstei, in der er wohnen sollte, wurde umgebaut, er hatte viele gesellschaftliche Verpflichtungen und ungewohnte Arbeiten zu leisten. Schon am 9. August 1764 schrieb er an Gleim: *„Freilich bin ich itzo in Berlin, aber in Berlin sind itzo die goldenen Tage nicht mehr, die wir vormals darin lebten."* Er war ernster und reifer geworden und hatte viel mehr Verantwortung. Noch war Gleim dem alten Freunde wohlgesonnen, wie das Gedicht *An Herrn Spalding* in *Sieben kleine Gedichte nach Anakreons Manier* bezeugte, aber Gleims Bruch mit Ramler kündigte sich an, und der Berliner Freundeskreis polarisierte sich, die meisten hielten weiterhin zu Ramler, so wohl auch Spalding. Am 13. Februar 1766 schrieb Gleim an Uz: *„.. Spalding ist, seitdem er Propst ist, ganz umgekehrt, widergeboren, wie Sie wollen ..."*.

Gleim war durch die Affäre mit Ramler noch empfindlicher als vorher, und er hatte wohl auch mit anderen Theologen, die in einflußreiche Stellungen aufgestiegen waren, schlechte Erfahrungen gemacht. Als er nun 1770 während eines Berliner Aufenthaltes im Stahlschen Hause nicht eingelassen wurde, machte er Spalding dafür verantwortlich. Nach Augenzeugenberichten war es aber Stahls Entscheidung, Gleims Besuch nicht anzunehmen, da er sich von dem gerade veröffentlichten Briefwechsel zwischen Gleim und Jacobi abgestoßen fühlte, Spalding wollte eigentlich eine vermittelnde Position einnehmen. 1771 erschienen dann die *Briefe von Herrn Spalding an Herrn Gleim* in Frankfurt und Leipzig und erregten nicht nur Spalding, sondern weite Teile der literarischen Öffentlichkeit. Gleim schrieb, daß seine große Reise über Göttingen und Darmstadt nach Marburg davon beeinträchtigt gewesen sei. Er hat nie zugegeben, hinter dieser Veröffentlichung zu stehen, sondern machte andere, z.B. einen Bruder Klopstocks, dafür verantwortlich. Aber da Gleim im Besitz der Originale war, und sie auch nicht gestohlen wurden, wie er gelegentlich andeutete, sondern sich noch heute im Archiv des Gleimhauses befinden, kann die Veröffentlichung nicht ohne sein Wissen geschehen sein. Außerdem standen die *Briefe* 1771 im Messekatalog des Halberstädter Verlagsbuchhändlers Groß, bei dem Gleim in dieser Zeit meist drucken ließ. Ein Brief der Karschin an Gleims Verwandten Johann Friedrich Ludwig Borchmann zeigte deutlich, daß Gleim eine Veröffentlichung beabsichtigte.

Was ihn zu dieser Indiskretion bewog, ist schwer zu ergründen. Vielleicht spielte ein gewisser Neid auf Spaldings angesehene Stellung eine Rolle, wichtiger scheint mir aber zu sein, daß Gleim nicht begreifen konnte, warum die Freunde anders reagierten als in der Jugendzeit und sich ihrer gefühlvollen und schwärmerischen oder auch läppischen Äußerungen schämten und wollte sie nachdrücklich mit ihrem jugendlichen Freundschaftsenthusiasmus konfrontieren, denn er selbst hatte sich am wenigsten verändert. Spalding jedenfalls fühlte sich kompromittiert und reagierte öffentlich in *Staats- und gelehrte Zeitung des Hamburgischen unparteiischen Korrespondenten* und im

*Wandsbecker Boten* und distanzierte sich vom *„Ton der läppischen Tändelei"* in seinen frühen Briefen.

Gleim wurde immer verärgerter und weniger bereit, sich mit dem früheren Freund zu versöhnen. Verschlimmert wurde die Angelegenheit noch durch das Eingreifen von Johann Benjamin Michaelis, der als Gleims Gast in Halberstadt weilte und kleine Schriften veröffentlichte, in denen auch Theologen lächerlich gemacht wurden, so 1771 *An den Herrn Kanonikus Jacobi in Düsseldorf, aus seiner Studierstube in Halberstadt, An den Herrn Canonicus Gleim, inliegend einige satyrische Versuche von unsers Jacobi Amorn* und *Zween Briefe von Jacobi und Michaelis, Pastor Amors Absolution betreffend*. Einige Leute glaubten, darin Anspielungen auf Spalding zu finden. Nicht nur die Karschin fand diese Veröffentlichungen albern und geschmacklos, auch Wieland distanzierte sich entschieden davon, und sein Verhältnis zu Gleim wurde auf eine harte Probe gestellt. An eine Versöhnung zwischen Gleim und Spalding war nicht mehr zu denken, für Gleim blieb Spalding sein Leben lang das Beispiel eines abtrünnigen Freundes und eines kalten und herzlosen Menschen. Am 20. Januar 1782 schrieb er an Herders Gattin mit Bezug auf Christoph Heinrich Müller *„solche Menschen machen die Spaldinge vergessen"* und am 14. September 1783 zeigte er sich Herder gegenüber unzufrieden mit seinen Episteln und wünschte sie frei *„von allen den schwarzen Gedanken an einen Spalding."* Noch am 14. Februar 1787 nannte er Ramler und Spalding herzlos, billigte ihnen aber viel Verstand zu.

Spalding hatte 1772 *Die Nutzbarkeit des Predigtamtes und deren Beförderung* veröffentlicht. Er legte den Pfarrern die Verkündung eines praktisch moralischen Christentums nahe und betonte die Pflicht zu tätiger Nächstenliebe. In der Neuauflage von 1791 sah er in der Predigt zwar kein Mittel zur Propagierung nützlicher Kenntnisse, sprach aber vom Bedarf des Staates an öffentlichen Lehrern der Moral.

Im Dezember 1786, Spalding war immerhin 72 Jahre alt, ging das Gerücht, der König wolle ihm einen Adjunkten zu Seite stellen und hätte dabei Herders Namen genannt. Spalding hätte sich dagegen verwahrt und zu bedenken gegeben, daß das Einkommen die übliche Teilung der Bezüge nicht zuließe. Herder schrieb darüber an Gleim und wollte unter diesen Bedingungen natürlich nicht nach Berlin gehen. Schon Spaldings Schrift *Über die Nutzbarkeit des Predigtamtes* hatte seine Kritik herausgefordert. Das Christentum als Moral- und Vernunftreligion stellten auch Spaldings *Vertrauten Briefe, die Religion betreffend* 1784 heraus und er näherte sich der Kantischen Moralphilosophie.

Nach dem Wöllnerschen Religionsedikt von 1788 legte Spalding seine Ämter nieder, er blieb aber im Oberkonsistorium. In seiner Selbstbiographie erwähnte er auch seine erste Begegnung mit Gleim:

*„Sein Witz und Geist hat sich in seinen scherzhaften Liedern und andern kleinen Stücken, obgleich nicht allemahl mit gleicher Stärke gezeigt. Er zeigete sich auch in seinem Umgange, aber wegen der gar zu großen Lebhaftigkeit seiner Einbildungskraft weniger angenehm als in seinen Schriften. Sein Herz war großmütig und redlich, seine Gesinnungen frei, allein, da er sich auf den Wert der Wahrheit und des Gewissens aufmerksam machen ließ, so behauptete die Religion ihr Recht in einem Gemüte, welches nicht zur Ruchlosigkeit aufgelegt war."*

Johann Joachim Spalding verstarb im 90. Lebensjahr am 22. Mai 1804 in Berlin. Er hatte versucht, eine Synthese orthodoxer und aufklärerischer Gedanken herzustellen und war einer der bedeutendsten Kanzelredner und moralphilosophischen Schriftsteller des 18. Jahrhunderts. Goethe lobte in *Dichtung und Wahrheit* seinen guten Stil in Predigten und Abhandlungen und betonte, daß sowohl die Kenner als auch das breite Publikum seine Schriften mit Genuß lesen könnten.

Kapitel 14

## Johann Georg Sulzer

Ende 1743 siedelte der junge Sulzer aus der Schweiz nach Magdeburg über und wurde dort Erzieher der Söhne des wohlhabenden Kaufmanns Heinrich Wilhelm Bachmann. Sulzer war reiselustig und wollte etwas von der Welt außerhalb der Schweiz kennenlernen, und seinem Lehrer Bodmer schien er geeignet, die literarischen Anschauungen der Schweizer in Deutschland zu vertreten. Im Sommer des Jahres 1744 reiste Sulzer nach Berlin und lernte neben Euler und Maupertius auch den jungen Gleim kennen. Beide waren sich auf Anhieb sympathisch und begannen einen recht intensiven Briefwechsel miteinander. Sulzer bewahrte sich aber immer seine Unabhängigkeit und geriet nie in die etwas untertänige Abhängigkeit von Gleim wie manch anderer Jugendfreund. Im Juli 1744 benutzte er die neu gewonnene Bekanntschaft und schickte einen Brief Bodmers an Pyra über Gleim an den Adressaten, den er nicht persönlich kannte. Er wußte auch nicht, daß Pyra kurz vorher plötzlich verstorben war. Am 16. Juli 1745 schrieb er mit Bezug auf Gleims *Scherzhafte Lieder*:

*„Sie haben meinen Beifall, aber ich glaube, daß Sie sich noch viel würden bessern können. Lassen Sie das Tändeln fahren, hingegen bringen Sie mehr Verschiedenheit in Ihre Lieder. Gibt es denn keine angenehme Sachen mehr, außer Liebe und Wein?"*

1745 besuchte Sulzer Gleim im Feldlager des alten Dessauers, und Gleim erhielt das erste Bildnis des neugewonnenen Freundes. Als Gleim das anhaltinische Zwischenspiel beendete und nach Berlin zurückkehrte, besuchte er Sulzer in Magdeburg. Nach dem Abschied schrieb dieser am 18. November 1745 an Gleim und bedauerte, daß Menschen, die sich so liebten, nicht immer beisammen sein konnten.

1746 war Sulzer wieder in Berlin und mußte einen Tag früher als geplant nach Magdeburg zurückreisen, ohne Abschied von Gleim nehmen zu können. Auf Gleims heftige Vorwürfe hin antwortete er am 27. Januar 1746:

*„Sie nennen mich einen Undankbaren und Falschen, weil ich gezwungen worden, wider meinen Willen einen Tag früher aus Berlin zu reisen, als ich mir vorgesetzt hatte. – Entweder sind Sie in dem Falle der sich verstellenden jungen Frauen – oder Sie sind ein ungestümer Freund, dem die Freunde sklavisch dienen müssen, wenn sie nicht Ihre Gunst verlieren wollen."*

Gleim konnte auch mit diesem Selbstbewußtsein des jungen Schweizers leben und wenige Wochen, bevor er seine Anstellung in Halberstadt erhielt, hatte er noch einigen Anteil daran, daß Sulzer Professor am Joachimstalschen Gymnasium in Berlin wurde. An Kleist schrieb er am 8. August 1747:

*„Ich mußte nämlich plötzlich nach Charlottenburg reisen, um für Herrn Sulzer hier eine Professor-Stelle zu erbetteln. Ich habe auch das Vergnügen, numehr soweit reussiert zu sein, daß ich mich schmeicheln kann, es werde in kurzem völlig zu Stande sein. Ich empfinde darüber, daß ich einem Freunde habe dienen können, so viel Freude, als wenn ich selbst glücklich geworden wäre. Es betrifft eine Professionem Matheseos in hiesigem Joachimstal-Gymnasio, die sehr einträglich ist, und die H. Sulzer in Zeit vollkommen glücklich machen kann."*

Auch Sulzer war überzeugt, daß Gleims Intervention nützlich war und schrieb ihm im August 1747:

*„... und wenn ich die Stelle erlange, so weiß ich, wieviel ich Ihnen zu danken habe, denn ohne Sie würd' ich gewiß jetzt ohne alle Hoffnung sein."*

Daß Gleim, nachdem er einem Freunde behilflich gewesen war, nach Berlin zu kommen, selber die Stadt verlassen mußte, war nicht geplant, aber aus wirtschaftlichen Gründen unumgänglich.

Johann Georg Sulzer wurde am 16. Oktober 1720 in Winterthur als 25. Kind des Ratsherrn Heinrich Sulzer geboren. Die Mutter, Anna Elisabeth, geb. Künzli, war die zweite Frau des Vaters. Die Eltern hatten ihren jüngsten Sohn zum Theologen bestimmt, starben aber bereits 1734. Sein Vormund gab ihn bei einem Prediger in Zürich in Pension, dort studierte er am akademischen Gymnasium. Neben Theologie beschäftigte er sich mit Mathematik, Botanik und Philosophie, und seine Lehrer Bodmer und Breitinger führten ihn in Literatur und Ästhetik ein. 1741 wurde er Vikar in Maschwanden und unterstützte den amtierenden Pfarrer. In dieser Zeit schrieb er *Versuch einiger moralischer Betrachtungen über die Werke der Natur*. Bevor er eine eigene Pfarrstelle anstrebte, ging er als Erzieher nach Magdeburg und gab seinem Leben damit eine ganz andere Wendung. Ende 1747 traf er in Berlin ein und trat seine Stellung als Mathematikprofessor an, 1750 wurde er Mitglied der königlichen Akademie der Wissenschaften.

Der Kontakt zu Gleim war trotz der räumlichen Trennung anfangs recht eng, zumal sich Sulzer häufiger in Magdeburg aufhielt, wohl auch um seine Braut zu sehen. Im August 1748 sahen sich die Freunde in Magdeburg wieder, Sulzer schrieb darauf am 28. August 1748 an Gleim:

*„Ich weiß nicht recht, ob es ein Traum ist, daß ich Sie gesehen habe, oder ob wir wirklich beisammen gewesen. Ich freue mich, daß Sie seit meiner Reise sich meiner Einbildungskraft immer vergnügter, munterer und selbst glücklicher vorstellen, als vorher. Sie hatten sich die letzte Zeit Ihres Aufenthaltes in Berlin etwas verdrießliches in Ihrer Miene angewöhnt, und so sah Sie mein Geist seit derselben Zeit immer, bis ich Sie leibhaftig gesehen."*

Einen gemeinsam geplanten Sonntagsausflug zu Samuel Gotthold Lange nach Laublingen mußte Gleim allerdings wegen seiner Amtsgeschäfte absagen. Im Dezember 1748 reiste Gleim nach einem Aufenthalt in Berlin mit

Sulzer über Potsdam nach Magdeburg bzw. Halberstadt, und Sulzer hatte ihm nur eine Stunde Aufenthalt bei Kleist zugebilligt.

*„Herr Sulzer ist so barbarisch, daß er mir nur eine Stunde verstatten will, er ist in der Lesestunde und hat ein Billet zurückgelassen, in welchem er mir höchstens 1 1/2 Stunden verstattet, das ist grausam, aber ich werde ihn nicht bewegen, mir mehr Zeit zu lassen, denn er ist ein Philosoph und diese sind, wie das Schicksal unerbittlich."* (Gleim an Kleist, 17. Dezember 1748)

Im Frühjahr 1749 schickte Gleim Kleists *Frühling* an Sulzer, der für einen sauberen Druck sorgen sollte. Zur gleichen Zeit mußte er sich Sorgen um Sulzers Gesundheit machen, *„... ich bin doch noch besorgt, ob er sich gleich bessern soll, denn er hat seine gute Natur schon all zu sehr geschwächt, und mich dünkt, sie könne nicht viel mehr aushalten"*. (Gleim an Kleist, 15. März 1749)

Im August 1749 hatte Gleim die Freude, Sulzer bei sich in Halberstadt zu sehen, und auch Kleist wurde erwartet, kam aber nicht. Sulzer schrieb an Kleist am 8. August 1749 aus Halberstadt:

*„Ich bin heute vor acht Tagen hier angekommen, fand aber unsern Freund nicht, der abwesend war, Händel zu schlichten. Ich reiste gleich wieder fort, um mittlerweile den Harz zu besehen. Wir waren am Harze in einem Hause, ohne voneinander was zu wissen, weil er mich und ich ihn an einem so entlegenen Orte nicht suchte. Erst vorgestern frühe ließ das Schicksal zu, daß wir uns hier zu sehen bekamen. Nun ist er heute frühe schon wieder verreist und hat mich Herr von seinem Hause gelassen. Er wird aber auch heute wiederkommen. Kommen Sie, wo es immer möglich ist, her! Sie werden in dieser finstern Stadt von der Freude, der Freundschaft, dem Scherz und dem Lachen mit offenen Armen empfangen werden. Gesellschaft hat man hier nicht, aber das Kloster, das unser Freund bewohnt, ist der Sitz des Vergnügens."*

Im Sommer 1750 begleiteten Sulzer und der Schweizer Schultheß Klopstock nach Zürich zu Bodmer. Die Reise begann am 13. Juli und endete am 21. abends in Zürich, unterwegs hatten sich Sulzer und Schultheß mit den notwendigen Vorbereitungen der nächsten Tagesreise abzugeben, die Stimmung war heiter, manchmal sogar ausgelassen. Auch die ersten Tage bei Bodmer verliefen harmonisch. Sulzer und Schultheß reisten bald nach Winterthur, die übrige Gesellschaft folgte ihnen etwa eine Woche später nach. Sulzer mußte bald nach Deutschland zurückkehren und reiste über Halberstadt.

*„Unser schwarzbärtichter Freund Sulzer ist eine Nacht bei mir gewesen, und die haben wir mit Erzählungen aus der Schweiz zugebracht. Er eilte, sein Mädchen in Magdeburg zu sehen, und ich durfte ihn nicht aufhalten, weil ich wußte, daß sie krank war. Er wird Ihnen vielleicht bei seiner Durchreise schon selbst gesagt haben, daß sie wieder besser ist, und daß er nun bald ein Mann werden wird."* schrieb Gleim an Kleist am 19. September 1750.

Selbstverständlich erfuhr Sulzer aus erster Hand, d.h. von Bodmer, über dessen Zerwürfnis mit Klopstock und fühlte sich dem alten Lehrer so verbunden, daß er sich auf dessen Seite stellte und den Messiasdichter einen Phantasten nannte. Sulzer sorgte auch für die Verbreitung des Züricher Skandals in Deutschland, etwa in Magdeburg, bei Ramler in Berlin, auch bei Gleim, der aber ließ sich nicht von seiner Freundschaft zu Klopstock abbringen. Sulzers absolute Treue zu Bodmer brachte ihm später auch Differenzen zu Lessing, Mendelssohn und Nicolai in Berlin ein.

Im Dezember 1750 heiratete Sulzer in Magdeburg Catherine Wilhelmine Keusenhof, eine Kaufmannstochter und Nichte seines alten Gönners Bachmann. Sie lebte im Hause ihres Onkels, da ihre Eltern bereits verstorben waren. Sulzer nahm auch Anteil, als Gleim heiraten wollte, er lud das junge Paar nach der Hochzeit nach Berlin in sein neues Haus ein (Gleim an Ramler, 28. März 1753).

Nach der Auflösung der Verlobung riet er Gleim, den Musen und der Freundschaft zu dienen und auf die richtige Frau zu warten.

Im Mai 1756 hatte Sulzer Gleims Fabeln erhalten und in eine Abendgesellschaft des Markgrafen Heinrich mitgenommen. Als dieser fragte, ob Gleim ein besserer Dichter als Ramler sei, antwortete Sulzer:

*„Ich halte Gleim für das schönste Genie der jetzt lebenden Deutschen."* (Sulzer an Gleim, 21. Mai 1756)

Doch merkte Sulzer im weiteren Verlauf des Briefes auch an, daß Gleims Fabeln nicht immer konsequent zum eindeutigen Ende geführt würden. Am 28. Mai 1757 schrieb er Gleim, daß dessen Fabeln den französischen des Lafontaine nicht immer ebenbürtig seien, schob es aber auf die deutsche Sprache, die mehr für Ode und Epos als für Fabeln geeignet sei.

In Berlin entwickelte sich der Schweizer Sulzer immer mehr zum preußischen Patrioten. Zu Anfang des Siebenjährigen Krieges bat er Kleist, Kriegsnachrichten zu sammeln, um eine gerechte Darstellung des Geschehens zu gewährleisten, und Gleim schrieb er mancherlei Einzelheiten vom Kriegsgeschehen, die ihm in der Hauptstadt eher zugänglich waren, als Gleim in Halberstadt. Den preußischen Patriotismus hielt Sulzer selbst für eine typisch schweizerische Haltung, am 22. September 1762 schrieb er Gleim aus Winterthur:

*„Die ganze protestantische Schweiz ist mehr preußisch, als Preußen und Brandenburg selbst."*

Gleim befürchtete allerdings, daß seine patriotischen Kriegslieder bei Sulzer keinen großen Anklang fänden:

*„Herrn Sulzern und H. Ramlern müssen die Lieder des Grenadiers nicht so gut gefallen haben, als Ihnen, Herrn Lessing und mir, sie reden in ihren Briefen ziemlich kaltsinnig davon. Wie mag das zugehen? fehlt es ihnen an Geschmack oder sind sie keine Patrioten? Sulzer aber ist gewiß ein Patriot."* (Gleim an Kleist, 20. Januar 1758).

Im Brief vom 18. Mai 1758 fand Sulzer tatsächlich *„viel auszusetzen"* an den Kriegsliedern, z.B. die vielen Vergleiche und historischen Bemerkungen, die seiner Meinung nach wenig in ein Lied paßten. Als sich Gleim im Sommer 1758 während einer längeren Reise auch im *„schönen Berlin"* aufhielt, zählte er zu den Freunden, die ihm Freude machten, aber auch den kritischen Sulzer. (Gleim an Uz, 16. August 1758).

Sulzer erlebte einen schweren persönlichen Verlust, als am 16. März 1761 seine Frau an einem Lungenleiden verstarb. Er verließ sein Berliner Haus für eine gewisse Zeit, reiste nach Magdeburg und wohnte im Bachmannschen Haus auf dem Werder, wo er die ersten glücklichen Stunden mit seiner späteren Frau verlebt hatte. Während einer Harzreise besuchte er auch Gleim in Halberstadt. Für die freundliche Aufnahme der gesamten Reisegesellschaft bedankte er sich bei Gleim am 25. April 1761, eine von Gleim vorgeschlagene gemeinsame Reise nach Bad Pyrmont mußte er allerdings ablehnen, da er nach dem Tode der Frau allein für die Erziehung seiner Kinder verantwortlich war.

1761, als die Dichterin Anna Louisa Karsch in Berlin für Aufsehen sorgte und auch Gleim sie persönlich kennengelernt hatte, beschlossen die Freunde Sulzer, Bachmann und Gleim, eine Ausgabe ihrer Gedichte auf Pränumeration herauszugeben, Sulzer war u.a. für die Vorrede und bestimmte Absprachen mit dem Drucker verantwortlich.

Noch 1761 reiste Sulzer in die Schweiz und arbeitete dort an seinem Hauptwerk, der *Allgemeinen Theorie der schönen Künste*. Auch im nächsten Sommer, den er teilweise in Magdeburg verbrachte, arbeitete er daran. Gleim besuchte ihn dort drei Tage lang, sie sprachen auch über die Karschinschen Gedichte, konnten sich aber nicht in allen Punkten einigen. Den Winter verbrachte Sulzer wieder teilweise in der Schweiz., Gleim machte ihn deshalb dafür verantwortlich, daß sich die Karschinsche Gedichtausgabe immer mehr verzögerte. Auf die Nachricht von einer

Erkrankung Sulzers im Sommer 1762 hatte Gleim dennoch bestürzt reagiert, an Ramler schrieb er am 4. Juli 1762, daß er nur noch wenige Freunde zu verlieren habe und fuhr fort: *„Was ist die Welt ohne Freunde? Eine Wüste Sinai".*

1763 legte Sulzer seine Professur am Joachimsthalschen Gymnasium nieder, aber den anfänglichen Plan, ganz in der Schweiz zu leben, führte er nicht aus. Der König bot ihm eine Professur an der neugegründeten Ritterakademie an und schenkte ihm ein Grundstück zum Hausbau. Gleim, der im Sommer 1763 in Berlin war, fand den alten Freund verändert, er klagte, daß Sulzer nur noch für Excellenzen lebe und nicht mehr der alte Freund sondern wie tot für Gleim sei. (Gleim an Ramler, 22. Juli und 29. Juli 1763; 17. August 1764) Auch Uz gegenüber klagte Gleim am 22. Mai 1764, daß der König zwar einigen Gelehrten ansehnliche Gehälter zahle, aber wieder nichts für die deutschen Musen tue.

*„Zwar hat der König auch Sulzern mit einem Gehalt vom 1500 Talern begnadigt, aber er soll dafür das Haupt einer neuen Kriegsschule sein, die der König stiften will und in dieser Schule wird man wohl wenig deutsch zu lernen haben ..."*

Von den Auseinandersetzungen zwischen Gleim und Ramler blieb das Verhältnis zu Sulzer relativ unberührt, Gleim hatte immer damit leben müssen, daß Sulzer auf manchen Gebieten eine andere Meinung vertrat. Schon am 16. August 1757 hatte Gleim an Uz geschrieben: *„Herr Sulzer ist nicht ganz unparteiisch, er ist ein gar zu blinder Verehrer von allem, was aus Zürich kommt"*, und am 9. August 1763 äußerte er ebenfalls gegenüber Uz, daß Sulzer viel Gutes beim König stiften könnte, wenn er nicht so sehr für die Schweizer eingenommen wäre.

Ende 1764 hatte Gleim Sulzer wohl heftige Vorwürfe gemacht, weil er nicht über Halberstadt gereist war. Sulzer antwortete am 8. Dezember 1764 sehr offen:

*„Was den allgemeinen Vorwurf betrifft, in den Sie sich hernach einlassen, daß meine Freundschaft nicht mehr so warm sei, wie ehedem, so muß ich gestehen, daß ich es selber fühle. Zu einem natürlicherweise etwas kalten Temperamente kommt ein bei mir sich vor der Zeit einstellendes Alter, welches mich immer kälter macht. Ich finde wirklich rings um mich her nichts, das mich in Hitze setzt, nichts, daran mein Herz sich hängen könnte und lebe seit einigen Jahren in einer zufriedenen Gleichgültigkeit, über welche ich mich bisweilen selbst wundere ...Wollen Sie mich also als einen kalten, aber darum doch recht gut gesinnten Freund länger behalten und mir meine Art zu sein, zu handeln und zu denken lassen, so soll es mir sehr angenehm sein, und Sie sollen über mich nicht zu klagen haben."*

Dieser entwaffnenden Offenheit konnte auch Gleim nichts entgegensetzen, was ihn aber nicht hinderte, Sulzer 1766 einen Misanthropen zu nenen.

Sulzer veröffentlichte 1771-1774 sein Hauptwerk, die *Allgemeine Theorie der schönen Künste*, und definierte darin die einzelnen Dichtungsgattungen mit vielen Beispielen. Die Aufnahme des Werkes war recht unterschiedlich, die jüngeren Dichter waren meist enttäuscht, z.B. Herder. Sulzer kritisierte auch den ironischen Ton in Gleims Romanzen, vor allen in der *Marianne*. Goethe sprach von einer Strafpredigt gegen Wieland, Gleim und Jacobi.

Seit 1775 war Sulzer Direktor der philosophischen Klasse der Akademie der Wissenschaften und wurde mit ihrer Neuordnung betraut, auch mit der Revision der Schulen in Klosterberge (bei Magdeburg), Stettin und Stargard und des Joachimsthalschen Gymnasiums in Berlin. Ein fortschreitendes Lungenleiden machte ihm die Arbeit immer schwerer. Im Juni 1775 dankte er Gleim für seinen *Halladat* und tadelte nicht das Werk, wohl aber Gleims melancholische Stimmung und riet ihm, die alten Freunde, die ihn verließen, durch junge zu ersetzen, wie er es auch selbst tat.

*„Noch lebe ich in dem ungewissen Zustand, gleichsam in der Mitte zwischen Leben und Tod. Den Wurm, der an meinem Leben nagt, fühle ich täglich, und ich muß mich also unaufhörlich zu der großen Reise nach einer andern Welt bereit halten. Der Wagen steht aufgepackt vor der Tür, und ich warte nur auf das letzte Zeichen zum Einsteigen. Also hab' ich alles, was man Entwürfe, Aussichten und Anschläge nennt, aufgegeben und erwarte ganz ruhig die Stunde der Abreise. Doch aber bin ich nicht nachlässig, jede Annehmlichkeit, die sich mir bei diesem Warten darbietet, noch anzunehmen, und ich habe mich sogar entschlossen, in meinen letzten Tagen, wo ich nicht daran gehindert werde, die größte Reise zu tun, die ich noch je getan habe".*

Diese Reise führte ihn nach Frankreich und Italien, brachte aber nur kurzzeitige Linderung. Einen der letzten Briefe erhielt Gleim im Dezember 1775 aus Nizza, Sulzer hoffte sogar, Gleim im Mai gesund zu besuchen. Gleim erfuhr auch danach regelmäßig durch die Karschin vom Befinden des alten Freundes. Im November 1777 äußerte er den Wunsch, Sulzer noch einmal zu sehen, doch dazu kam es nicht. Am 28. Juli 1778 schrieb ihm die Karschin, daß sie auf dem Wege zu Sulzer umkehren mußte, da sie von der Tochter erfuhr, daß er zur letzten akademischen Versammlung in die Stadt gefahren war.

*„Er keucht seine Tage so durch, und wirds vielleicht aushalten bis zum Schlusse des siebenten Krankenjahres, nun sinds sechs Jahr, seitdem er anfing, elend zu werden."*

Johann Georg Sulzer wurde am 27. Februar 1779 von seinen Leiden erlöst. Gleim beklagte den Verlust in Briefen an Uz, Herder und natürlich an die Karschin, doch zu dem *„würdigen Denkmal"*, daß er stiften wollte, kam es nicht. Der gemeinsame Freund Hirzel schrieb *Hirzel an Gleim über Sulzer den Weltweisen*, aber Gleim war nicht recht einverstanden damit. Die Karschin teilte Gleim mit, daß sie an seinem Geburtstag (2. April) Sulzers Grab besuchen wollte:

*"... können Sie sichs einbilden, daß seine Tochter noch nicht dagewesen ist, daß sie nicht weiß, wo er liegt, ach auf dem Domkirchhofe draußen vorm Königstore in der Baumgasse, wo vielleicht künftighin gebauet wird und die Gräber zerstört werden, mein freundschaftlicher Gärtner, der eben vor dem Tore wohnt, soll mit mir gehn, soll mir Rosmarin und Myrten darauf pflanzen helfen, und ich wills mit Lorbeern bestreuen das ehrwürdige Grab."*

Brief Sulzers an Gleim, 8. Mai 1762

Das noch heute im Gleimhaus vorhandene Bildnis Sulzers erhielt Gleim erst nach dem Tode des Freundes vom Maler und Schwiegersohn Anton Graff. In einem Brief an Johannes von Müller vom 6. Januar 1782 drückte er seine Begeisterung aus und hätte Graff am liebsten alle Bilder in seinem Freundschaftstempel malen lassen.

Kapitel 15

## Johann Jakob Bodmer

Für junge Literaten in Deutschland war um 1740 der Name Bodmer ein fester Begriff. Der Schweizer Kritiker, Schriftsteller und Übersetzer brauchte nicht vorgestellt zu werden, seine Schriften waren allen bekannt und wurden aufmerksam verfolgt, auch von denen, die nicht zu seinen Anhängern zählten. In allen Briefwechseln, die Gleim führte, spielte der Name Bodmer eine große Rolle, meist wurde er mit großer Achtung genannt. Gleim und Uz lernten sich in einer Buchhandlung in Halle kennen, da sie sich beide für Bodmers *Von der Natur der Beredsamkeit* interessierten. Als sich wenige Jahre später Sulzer und Gleim in Berlin begegneten, spielte sicher auch eine Rolle, daß Sulzer Bodmer persönlich kannte und mit ihm im Briefwechsel stand. Sulzer wiederum nutzte die neue Bekanntschaft mit Gleim, um einen Brief Bodmers an Pyra zu befördern. Gleim konnte den Auftrag nicht mehr ausführen, Pyra war plötzlich verstorben, aber sicher hat er mit Stolz zur Kenntnis genommen, daß Bodmer seine *Scherzhaften Lieder* in jenem Briefe erwähnte.

Am 4. Mai 1745 schrieb Gleim den ersten Brief an Bodmer nach Zürich und bekannte, daß ihm und seinen Freunden die Verdienste Bodmers und Breitingers um Poesie und Beredsamkeit seit langem bekannt wären. Die Korrespondenz hatte aber wohl Bodmer eröffnet, denn Gleim schrieb am 1. Mai 1745 an Uz, daß er Briefe von Bodmer erhalten hätte. Bodmers Wunsch, eine Monatsschrift in Berlin zu veröffentlichen, die die Interessen der Schweizer vertrat, konnte Gleim zu diesem Zeitpunkt nicht befördern, da er in die Dienste des alten Dessauers treten sollte und im Begriff stand, Berlin vorübergehend zu verlassen.

Johann Jakob Bodmer wurde am 19. Juli 1698 in Greifensee bei Zürich geboren und wuchs in einem ländlichen

Pfarrhaus auf. Der Vater, Hans Jacob Bodmer, und die Mutter stammten aus angesehenen Familien. Nach dem Besuch einer Lateinschule ging Bodmer an das Collegium Carolinum in Zürich. 1728 verließ er diese Gelehrtenschule, um in Lugano und Lyon kaufmännische Kenntnisse zu erwerben, daneben beschäftigte er sich intensiv mit der Dichtung seiner Gastländer. Seit 1719 war er in der Zürcher Staatskanzlei tätig und wurde 1731 gewählter Professor für Helvetische Geschichte am Carolinum Zürich. Diese Stellung behielt er bis 1775. 1727 heiratete er Esther Orell. In seinem Hause verkehrten die bedeutendsten Literaten und Künstler seiner Zeit, neben Klopstock und Wieland auch Ewald Christian von Kleist, Goethe, Heinse, Lavater und Tischbein.

1737 wurde Bodmer Mitglied des großen Rates, ohne im öffentlichen politischen Leben seiner Heimatstadt eine große Rolle zu spielen. Seine Schweizer Geschichte fand nicht den Beifall des Rates und wurde nicht fortgesetzt. Erfolgreicher war er mit verschiedenen Schulschriften, außerdem unterstützte er die Reorganisation des Erziehungswesens. Zusammen mit anderen gründete er die Verlagsbuchhandlung Orell & Comp.

Er war mit Johann Jakob Breitinger befreundet, und seit 1721 gaben beide die moralische Wochenschrift *Discourse der Maler* heraus. Sie entwickelten sich zu Autoritäten auf dem Gebiet der Ästhetik und gerieten allmählich in einen heftigen Streit mit der Leipziger Schule, die von Johann Christoph Gottsched angeführt wurde. Die Schweizer traten gegenüber dem sehr rationalen Gottsched für eine höhere Bewertung des Emotionalen und der dichterischen Phantasie ein. Nicht nur durch theoretische Abhandlungen, wie etwa *Critische Abhandlungen von dem Wunderbaren in der Poesie und dessen Verbindung mit dem Wahrscheinlichen* 1740, sondern auch durch literarische Übersetzungen hoffte Bodmer, die Anerkennung seiner ästhetisch-poetischen Vorstellungen zu befördern. Besonders die Übersetzung von Alexander Popes *Duncias* griff in die literarische Fehde mit Gottsched ein.

Gleim und manche seiner Freunde versuchten zunächst, in diesem Literaturstreit neutral zu bleiben, neigten sich dann aber immer mehr der Position Bodmers zu. Bodmer nahm zielgerichtet Kontakt zu jungen deutschen Schriftstellern auf, ließ sich über literarische Neuerscheinungen unterrichten und warb Bundesgenossen. Unterstützt wurde er dabei von seinem Schüler Johann Georg Sulzer, der ständig in Deutschland lebte, und von den jungen Schweizern Johann Caspar Hirzel und Salomon Geßner, die sich zeitweise hier aufhielten. Gleim sprach Bodmer schon am 11. Juli 1745 sehr bewußt als Bundesgenossen an, doch Gleim scheint nicht geantwortet zu haben, aber Bodmer gab nicht auf. Am 6. März 1746 schrieb Gleim an Uz:

*„Herr Bodmer hat mir geschrieben, daß er von mir die Verteidigung der Wahrheit und des guten Geschmacks erwarte, aber ich werde sie nicht anders auf mich nehmen, als was durch meine geringen Ausarbeitungen per indirectum geschehen kann."*

Vorher hatte er bemerkt, daß er mit dem Streit der Schweizer und Leipziger nichts zu tun haben wollte, *„was hat man für Vergnügen von so groben Zänkereien und welchen Nutzen? Ein Gedicht von gutem Geschmack stiftet mehr Gutes, als hundert bittere kritische Streitschriften."* Also erhielt Bodmer wohl wieder nicht die erwünschte Antwort und warb weiter um Gleim. Dieser schrieb am 22. November 1746 an Uz: „*Er* (Bodmer) *sähe gern, wenn ich wie Rost Partei nähme, aber ich habe nicht die geringste Lust, ein Ipponax zu sein."* Am 23. Januar 1747 schließlich schickte Sulzer Bodmers Gedichte an Gleim und versicherte ihm, daß Bodmer trotz seines langen Stillschweigens noch sein Freund sei. Dem Jugendfreunde Uz teilte Gleim den Vers mit, mit dem Bodmer ihn charakterisiert hatte:

*Mit ihm dringt einer durch, der die bewohnte Welt für nichts als einen Raum voll schöner Mädchen hält.*

Johann Jakob Bodmer,
Kopie nach Wilhelm Tischbein, 1781/82

Dieser intensiven Werbung um seine Person konnte der junge Gleim auf Dauer dann doch nicht widerstehen und schrieb Bodmer am 29. April 1747 einen sehr langen Brief, in dem er auch einige seiner Freunde und ihre Arbeiten nannte, sich aber nicht förmlich zur Unterstützung der Bodmerschen Position bereitfand. Im Dezember 1747 drückte Bodmer seine Freude über Gleims Anstellung in Halberstadt aus, mußte aber einige Monate später feststellen, daß die Musen dadurch nicht gewonnen hatten. Bodmer selbst beschäftigte sich in dieser Zeit intensiv mit den Minnesängern und später auch mit dem Nibelungenlied und erwarb sich damit bleibende Verdienste auf dem Gebiet der germanistischen Wissenschaftsgeschichte. Gleim erhielt Proben des Minnegesangs und begann, sich ebenfalls dafür zu interessieren, 1773 veröffentlichte er *Lieder nach den Minnesingern*. Wie aus dem Briefwechsel zwischen Gleim und Uz hervorgeht, hatte Bodmer Gleim auch den ersten Hinweis auf Klopstock und seinen *Messias* gegeben, ohne den Namen zu nennen. Bodmer lud Klopstock nicht nur zu sich ein, sondern kümmerte sich sogar um die Seelenlage des jungen Dichters und schrieb seiner Cousine und Geliebten Fanny einen Brief, in dem er sie aufforderte, Klopstocks irdische Muse beim großen Werk der Erlösung zu sein. Auch der Hinweis, daß die nachfolgenden Generationen es ihr danken würden, scheint die junge Dame eher verschreckt zu haben, solchen Forderungen konnte sie sich nicht gewachsen fühlen.

Klopstock reiste, begleitet von Sulzer und Schultheß, Mitte Juli 1750 in die Schweiz ab und traf am Abend des 21. Juli in Zürich ein. Nach anfänglicher Begeisterung machte sich bald eine Entfremdung zwischen Bodmer und Klopstock bemerkbar. Sicher hat auch Klopstock nicht alles gehalten, was er versprochen hatte, aber vor allem hatte sich Bodmer den jungen Dichter wohl doch zu abgeklärt vorgestellt. Daß er unerfüllbare moralische Ansprüche an die junge Generation stellte, drückte ja schon sein Brief an

Fanny aus. Es kam schließlich zum offenen Bruch zwischen Bodmer und Klopstock. Gleim, der Klopstock seit Ende Mai 1750 persönlich kannte und sehr von ihm angetan war, nahm regen Anteil an den Auseinandersetzungen und stellte sich voll auf die Seite Klopstocks. Die direkte Beziehung zu Bodmer brach zunächst ab. Daß das 1750 erschienene Heldengedicht *Noah*, das in Gleims Briefwechsel häufig erwähnt wurde, von Bodmer war, wußte Gleim zunächst nicht, bis ihn Sulzer aufklärte. Dieses Heldengedicht wie auch Bodmers Dramen fanden wenig Anerkennung. Bodmer nahm den Briefwechsel mit Gleim am 25. März 1752 wieder auf. Er nannte seinen ersten Brief nach dreijährigem Schweigen die sicherste Probe seines Vertrauens auf Gleims unveränderliches Herz, sein Verhältnis zu Klopstock drückte er recht diplomatisch so aus: „*Seitdem der dänische König den lieben Freund, der die teure Messiade singt, von mir hingenommen hat, so hat mir das gütige Schicksal den jüngeren zweiten Klopstock gegeben, den Verfasser des Lobgesangs auf die Liebe, des Lehrgedichts von der Natur der Dinge und der zwölf moralischen Briefe.*" Es war der damals neunzehnjährige Wieland, der Klopstocks Stelle eingenommen hatte und sich zunächst besser in Bodmers Ansprüche fügte. Doch Gleim hatte auch andere Möglichkeiten der Information und sah Bodmer nicht ganz so uneigennützig und tolerant. Er hatte mit Klopstock selbst nach dessen Rückkehr aus der Schweiz gesprochen, und Ende 1752 reiste Ewald Christian von Kleist in die Schweiz und besuchte Gleim auf der Rückreise in Halberstadt. Auch hier wird die Bekanntschaft mit Bodmer ein wichtiges Gesprächsthema gewesen sein. Kleist war von Bodmer zwar etwas kühl empfangen worden, aber man schätzte sich, und Kleist schrieb am 25. Februar 1753 an Gleim „*... Bodmer will sich gerne mit Klopstock versöhnen, er gesteht von selber (ohne daß ich getan habe, als wenn ich was wüßte), daß ihn der Zorn zu Sachen verleitet, die er bereue. Machen Sie doch, daß diese Versöhnung zu Stande kommt.*"

Bodmer setzte auch Kleist ganz präzise ein, um sein Ansehen bei den deutschen Literaten und Klopstockfreunden zu verbessern, schon am 7. Dezember 1752 hatte er an Zellweger geschrieben: *„Ich hoffe doch, er lerne hier von meinem Charakter so viel, daß er den deutschen Freunden Klopstocks ein Wort zu meiner Rettung sagen könne."* Kleist entsprach Bodmers Wünschen, ohne seine Zuneigung zu Klopstock zu verbergen.

Gleim bekannte sich erst in seinem Brief an Wieland Anfang 1755 deutlich zur Schweizer Partei. Bodmer konnte Zellweger am 6. April 1755 mitteilen, daß Gleim tatsächlich für die Schweizer drucken ließ und fuhr fort: *„Wir haben eine ansehnliche Partei in Deutschland, zwar nicht die mehreren, aber die klügeren."*

Obwohl Gleim nie über längere Zeit einen intensiven Briefwechsel mit Bodmer geführt hat, ist er in den Besitz mehrerer Bildnisse gekommen. Für ein von Hempel gemaltes Porträt wird Sulzer die Vorlage geliefert haben. Ob ein von Johann Caspar Füßli d.Ä. gemaltes Porträt mit der Inschrift *„Bodmer, Verfasser des Noah, gemalt für Gleim"* jemals in dessen Besitz gekommen ist, bleibt fraglich. Das heute im Gleimhaus vorhandene Bildnis ist eine Kopie nach Wilhelm Tischbein, etwa 1781/82 entstanden. Gleims Wunsch, ein Porträt von Graff, oder wenigstens eine Kopie davon zu erhalten, blieb unerfüllt.

1757 griff Wieland als Parteigänger Bodmers in der Vorrede zu den *Empfindungen eines Christen* vehement die anakreontische Dichtung an, er nannte Uz, aber auch Gleim mußte sich getroffen fühlen. Am 16. August 1757 schrieb Gleim an Uz:

*„Herr Bodmer hat mir über die scherzhaften Lieder soviel Komplimente gemacht, daß ich beinah geglaubt hätte, sie wären das, wofür er sie hielt, und nun auf einmal ist er so sehr wider alles Scherzhafte. Sie haben recht, daß mich der Streit mit angeht ... Es scheint, Herr Bodmer sei eben nicht friedfertig. Mit Herrn Klopstock,*

*dem friedfertigsten besten Menschen von der Welt, hat er sich nicht acht Tage vertragen."*

Ein gutes Jahr später, am 8. September 1758 schrieb Gleim wiederum an Uz sogar *„Ich traue ihm alles zu, seitdem er Herrn Klopstock, den er bis in den Himmel erhob, übel begegnet hat."* Trotz dieser Vorbehalte blieb bei Uz und Gleim die Achtung vor dem Kritiker Bodmer erhalten. 1759 ermunterte Bodmer Gleim, weitere Kriegslieder zu dichten, 1767 dankte er für den *Tod Adams* und die *Lieder nach dem Anakreon* und 1775 für Gleims *Halladat*. Im Juli 1776 äußerste er sich über den Zustand der deutschen Literatur und nannte die Zeit Hagedorns, Klopstocks und Gleims die silberne, der aber leider keine goldene folgte.

1767 war das Gerücht bis nach Zürich gedrungen, daß Gleim eine Reise in die Schweiz plane, und Bodmer wünschte sich noch immer, ihn persönlich kennenzulernen, doch Gleim reiste nicht. Auch 1779 äußerte Gleim noch einmal den Wunsch, über Ansbach nach Zürich zu reisen, um Uz und Bodmer zu besuchen, doch wieder blieb es nur Plan. Mit dem Abstand der Jahre konnte er auf sein Verhältnis zu Bodmer zurückblicken und schrieb am 4. Dezember 1779 an Uz:

*„Vater Bodmer blieb mein Freund, er schrieb an mich von Zeit zu Zeit, ich konnte mich nicht überwinden, oder besser, das große Recht auf Klopstocks Seite machte gegen Vater Bodmer mich kalt, Hochachtung hatt ich für ihn, aber ich liebte den Mann nicht mehr, der in meinen Augen an Klopstock gröblich sich versündigt hatte ... Auf alle die treuherzigen Briefe des guten Vater Bodmers blieb ich die Antwort schuldig. – Endlich ists mir Last geworden auf dem Herzen, ich mache mir Vorwürfe, halte für Unrecht, daß ich nicht gleich dem Beklagten offenherzig meine Gedanken bekanntmachte, Verteidigung von ihm verlangte. – Nun kann ich alles nicht anders wieder gut machen, als damit, daß ich zu ihm reise p p---"*

Johann Wilhelm Ludwig Gleim,
gemalt von Gottfried Hempel, 1750.

Johann Laurentius Gleim,
Maler unbekannt, um 1710

Daniel Conrad Vollrath Gleim,
gemalt von Jacob Adolf Fischer, 1782

Matthias Leberecht Caspar Gleim,
Maler unbekannt, 1778.

Sophie Dorothea Gleim,
gemalt von Benjamin Calau, um 1770.

Ernst Ludwig Spiegel Freiherr zum Desenberge,
gemalt von E. Bekly, 1756.

Friedrich Heinrich Wilhelm Körte,
gemalt von Georg Adolf Friedrich Schöner, 1800.

Johann Peter Uz,
gemalt von Johann Michael Schwabede
nach Georg Oswald May, 1780.

Ewald Christian von Kleist,
gemalt von Gottfried Hempel, 1751

Karl Wilhelm Ramler,
gemalt von Gottfried Hempel, 1749.

Johann Joachim Spalding,
gemalt von Bernhard Rode, Replik 1762

Friedrich Gottlieb Klopstock,
gemalt von Jens Juel, 1779.

Johann Georg Sulzer,
gemalt von Anton Graff, Replik um 1780.

Gotthold Ephraim Lessing,
gemalt von Georg Oswald May, um 1768.

Anna Louisa Karsch,
gemalt von Karl Christian Kehrer, 1791.

Christoph Martin Wieland,
Kopie von Anna Gerhard 1941 nach Ferdinand Jagemann.

Dieser Einschätzung Gleims ist nichts hinzuzufügen, aber er machte seine Ankündigung nicht wahr. Die Äußerung wurde auch dadurch hervorgerufen, daß Bodmer nach dem Tod des gemeinsamen Freundes Sulzer im April 1779 mit dem Hinweis auf viele vorangegangene Freunde auf seinen

Brief Bodmers an Gleim, 25. März 1752

eigenen baldigen Tod hinwies. Diesmal schrieb Gleim an Bodmer, legte wohl auch Gedichte bei und schickte alles an Uz mit der Bitte um Weiterleitung. Auch Uz begleitete die Sendung mit einem Brief und erhielt freundschaftliche Antwort. Diesen Brief schickte er an Gleim, der nach Bodmers Tod die Briefe Bodmers an Uz und Gleim veröffentlichen wollte. Nachdem Uz mitgeteilt hatte, daß er in seinem Leben nur diesen einzigen Brief von Bodmer erhalten hatte, verfolgte Gleim den Plan nicht weiter.

Johann Jakob Bodmer war am 2. Januar 1783 auf seinem Gut Schönenberg bei Zürich verstorben. Bodmers letzter Brief an Gleim vom 18. August 1782 schloß mit den Worten „Ich bin und bleibe ihr ältester Freund, der Sie segnet."

Kapitel 16

## Anna Louisa Karsch

Im März 1761 wurde Gleim durch Ramler auf eine Dichterin aufmerksam gemacht, die zu dieser Zeit in Berlin in aller Munde war, Anna Louisa Karsch. Ramler schrieb am 15. März 1761:

*„Wir haben hier die Poetin aus Glogau, die M. Karschin, deren Ode auf die Schlacht bei Torgau in den Briefen über die Literatur sehr gerühmt wird, und wovon Herr Sulzer sagt, daß ein Gleichnis darin vorkäme, das des Homer völlig würdig sei, und daß die Ode neben Horazens Oden stehen könnte ... Mad. Karschin fällt mir wieder ein, die beste unter allen deutschen Poetinnen, die bloße Tochter der Natur. Ohne die geringste gelehrte Erziehung zu haben, hat sie es weiter gebracht als die andern. Sie läßt Sie grüßen und hat bei Herrn Bach Ihre Gesundheit mehr als einmal poetisch ausgebracht."*

Am 28. April schrieb die Karschin dann den ersten Brief mit der Anrede „mein Bruder in Apoll" an Gleim. Auch von Ramler erfuhr er noch manche Einzelheiten, so daß er sich schon vor der ersten persönlichen Begegnung ein Bild von der Dichterin gemacht haben wird. Im Mai und Juni 1761 hielt sich Gleim in Berlin auf. Von der Karschin als Dichterin war er begeistert und zu freundschaftlichem Verkehr wie immer sofort bereit. Ihre persönliche Zuneigung aber begriff er wohl zunächst gar nicht und später unternahm er alles, um das Verhältnis in freundschaftlichen Bahnen zu belassen.

Anfang September reiste die Karschin nach Magdeburg, wo sich der preußische Hof während des Siebenjährigen Krieges zeitweise aufhielt. Gleim hatte sie an verschiedene Häuser empfohlen, aber für sie war Magdeburg nur eine Zwischenstation vor Halberstadt. Gleim kam ihr allerdings nicht dorthin entgegen, wie sie gehofft hatte. Der Besuchstermin war nicht besonders günstig gewählt, an Ramler hatte Gleim im August geschrieben, *„da meine Generalkapitelsarbeit angeht, so würde ihr Besuch mir allerdings mehr beschwerlich als angenehm sein."* Als die Karschin dann etwa am 23. September in Halberstadt eintraf, war Gleim glücklich, sie in viele Gesellschaften einführen zu können. Sie wurde auch hier allgemein bewunderter Mittelpunkt, wie schon vorher in Berlin. Sie lernte neben anderen Halberstädter Persönlichkeiten auch den Domdechanten Spiegel und den regierenden Grafen des Hauses Stolberg-Wernigerode kennen und gewann in beiden Förderer für ihr zukünftiges Leben. Man hörte in den Gesellschaften andächtig zu, wenn sie in Versen sprach oder aus dem Stegreif Gedichte nach vorgegebenen Endreimen verfaßte. Mancher notierte ihre Verse, und dreimal wurde sie als Dichterin bekränzt.

Sie blieb vier Wochen in Halberstadt, die letzte Zeit verlief nicht so heiter wie die ersten Tage. Beim täglichen Zusammensein mit Gleim mußte sie immer deutlicher erkennen, daß Gleims Gefühle für sie den ihrigen in keiner Weise entsprachen. Am 21. Oktober 1761 reiste sie zurück nach Magdeburg und wohnte im Hause des Kommandanten Johann Nikolaus von Reichmann und seiner Frau. Sicher spielte die Nähe zu Halberstadt eine Rolle, sie blieb bis zum September 1762 in Magdeburg und schrieb fast täglich an Gleim. Er ist auch einige Male dort gewesen. Anfang Februar 1762 kam die Karschin noch einmal nach Halberstadt. Vorher hatte es eine heftige briefliche Auseinandersetzung gegeben, Gleim war sogar soweit gegangen, ihr sein Haus zu verbieten. Die entsprechenden Briefe sind von beiden Seiten vernichtet worden, so daß sich die genauen Zusammenhänge nicht ermitteln lassen. Die Karschin kam dennoch nach Halberstadt, Gleims Brief war zu spät eingetroffen. Sie wollte, wenn nötig, sofort nach Wernigerode weiterreisen. Da sie nun aber einmal da war, nahm Gleim sie auf, sicher fürchtete er sich auch vor dem

Gerede der Leute. Sie blieb etwa drei Wochen, und Gleim begleitete sie dann zurück nach Magdeburg.

Am 9. Juni 1762 wurde in Halberstadt der Friede mit Rußland und mit Schweden gefeiert, aus diesem Anlaß ließ Gleim die Karschin noch einmal aus Magdeburg kommen, sie blieb bis zum 20. Juni. Gleim hatte auch für Abwechslung gesorgt, bei einer Spazierfahrt aufs Land lernte sie eine dichtende Bäuerin namens Dippe kennen, und während eines Spazierganges außerhalb der Stadt in den damals noch kahlen Bergen soll sie die Anregung zur Gestaltung der Spiegelsberge gegeben haben. Nachdem die Karschin im September 1762 nach Berlin zurückgekehrt war, kam ihre Beziehung zu Gleim in ein ruhigeres Gleis, blieb aber immer voller Spannung.

Die Karschin wurde als Anna Louisa Dürbach am 1. Dezember 1722 auf dem Hammer, einem Vorwerk an der Grenze von Niederschlesien zwischen Züllichau und Crossen, geboren. Der Vater, Christian Dürbach, war Brauer und Gastwirt, die Mutter war eine geborene Kuchel. Der Großonkel Martin Fetke hatte sie in ihrem sechsten Lebensjahr mit nach Tirschtiegel genommen und lehrte sie Lesen, Schreiben, Rechnen und sogar etwas Latein. Der Vater starb um 1730, die Mutter heiratete wieder und holte sich die Tochter zurück, die nun die Stiefgeschwister betreuen und nach dem Umzug der Familie nach Schwiebus Rinder hüten mußte. Die Freundschaft mit einem Hirtenjungen, der sie mit Büchern versorgte, prägte sie fürs Leben, ihm widmete sie einige ihrer ersten Gedichte. Kurzzeitig war sie auch Magd bei einer Müllersfrau.

Die Mutter wurde zum zweiten Male Witwe, war kränklich, und um ihre Tochter versorgt zu wissen, verheiratete sie sie vor der Vollendung des sechzehnten Lebensjahres mit dem Tuchweber Hirsekorn. Dieser Mann warf ihre Bücher ins Feuer, sie sortierte, kämmte und spulte Wolle für ihn auf, und bei diesen Arbeiten entstanden ihre Gedichte, doch Anerkennung ihres Mannes konnte sie damit nicht erringen. Während dieser ersten Ehe wurde sie nach eigenen Angaben viermal Mutter.

Ihr Mann ließ sich gegen ihren Willen von ihr scheiden. Sie kehrte mittellos und schwanger zu ihrer Mutter zurück, die Söhne blieben beim Vater. Die Mutter überredete sie bald darauf zur Heirat mit dem Schneider Karsch. Diese Ehe mit einem Trinker war die Hölle für die junge Frau. Sie mußte die wachsende Familie durch Gelegenheitsarbeiten und Gelegenheitsgedichte ernähren. Gedichte zu verfassen war ihre einzige Freude in diesem schweren Leben, Stoff lieferte neben Geburt, Hochzeit und Tod nun auch der Siebenjährige Krieg. Ein Triumphlied nach der Schlacht bei Leuthen erregte Aufsehen, durch erste Gedichtdrucke in Zeitungen wurde sie der ländlichen Intelligenz bekannt.

Ihr Mann wurde in die preußische Armee eingezogen. Seine Bitte, sich für seine Entlassung einzusetzen, wies sie zurück, seit dieser Zeit betrachtete sie ihre Ehe als getrennt. Baron von Kottwitz ermöglichte ihr Anfang 1761 den Umzug nach Berlin, ein Sohn war in Schlesien untergebracht worden, die Tochter kam mit nach Berlin und besuchte dort eine Internatsschule. Die Karschin hatte nur für sich zu sorgen und kam in Gesellschaften, von denen sie vorher nicht einmal zu träumen wagte. Überall wurde sie als Dichterin gefeiert, ihre Fähigkeit und Schnelligkeit, Gedichte aus dem Stegreif zu verfassen, wurde besonders bewundert. Ihr Leben hatte sich grundlegend gewandelt, aber früh wurde ihr klar, daß sie oftmals nur zur Unterhaltung und Belustigung der vornehmen Gesellschaft mißbraucht wurde. Trotzdem war sie dankbar, ihrem Elend entronnen zu sein und akzeptierte die Rolle des Naturtalentes, die ihr die Gesellschaft zuwies. Natürlich gab es, besonders unter den Berliner Literaten , auch ernsthafte Bemühungen, ihr ein menschenwürdiges Leben zu ermöglichen.

In den ersten Monaten des Berliner Aufenthaltes lernte sie Gleim kennen, zuerst durch die Freunde, die über ihn sprachen und durch sein Bildnis, dann kam er selbst. Daß sich Gleim weniger für die Frau, sondern in erster Linie für die Dichterin interessierte, mußte sie erst langsam und schmerzhaft erfahren. Sie hatte sich in Gleim verliebt, die tändelnde rokokohafte Form des freundschaftlichen Umgangs kannte sie nicht, so mußte sie sich anfangs über Gleims Gefühle täuschen.

Gleim hatte sich, nachdem die Verlobung 1753 nicht zur Ehe geführt hatte, sein Leben eingerichtet, für eine Frau war darin kaum noch Platz. Die knapp vierzigjährige Karschin strebte sicher keine bürgerliche Ehe an, aber sie wünschte sich eine engere menschliche Bindung als Gleim. Sie faszinierte und ängstigte Gleim gleichzeitig. Sie kam aus dem vierten Stand und war mit den Konventionen der bürgerlichen Gesellschaft nicht von Anfang an vertraut, ignorierte sie später wohl auch absichtlich und gönnte sich eine Art Narrenfreiheit. Begierig nahm sie das Bildungsgut ihrer Zeit auf, beschäftigte sich auch mit den Werken der griechischen Dichterin Sappho und wurde fortan als die deutsche Sappho bezeichnet. Gleim stellte regelrechte Versuche mit ihr an, um die unterschiedlichsten Stimmungen in der Dichtung hervorzurufen. An Uz schrieb er am 16. Januar 1762, daß sie auf seine Anregung einige sapphische Oden übertrug,

*"sie kam dadurch so sehr in den sapphischen Schwung, daß sie hernach bei dem mindesten Anlaß dazu ein sapphisches Lied sang, ohne einen Phaon zu haben, wäre es nicht angegangen, sie tat mir die Ehre und erwählte mich dazu, lächelte Phaon, so sang sie das süßeste Lied, hatte er eine kaum merkbare Wolke auf der Stirn, so hörte man den traurigsten Gesang, wir machten in unsern Gesellschaften uns alle kleine Umstände zu Nutze, alle Arten von Affekten der Liebe bekamen ihren Gesang, sie dürfen aber nicht glauben, daß Thyrsis (Gleim) der einzige Liebhaber dieser außerordentlichen Frau sei. Nein, an einem fände ihr Herz, das ganz Zärtlichkeit, ganz Freundschaft ist, nicht genug*

*zu lieben* ... (Gleim zählt Sulzer, Bachmann, Ramler, Beyer, Spiegel und den Grafen von Wernigerode auf) ... *alle Männer ihrer Bekanntschaft, an denen sie mehr oder weniger Vollkommenheit nach ihrer Idee wahrnimmt, sind ihre Liebhaber, und jedem singt sie in dem Charakter, der ihm nach ihrer Meinung zukommt, Thyrsis hört zärtliche, Sulzimen moralische, Wernigus andächtige Lieder, ... O mir entwischt nichts, was die Menschen fühlen, sagt sie in einem Gedicht an Sulzer, und schon mehr als einmal habe ich wahrgenommen, daß sie verräterische Blicke in die Herzen der Menschen getan und sich nicht geirrt hat  Wäre meine Zeit nicht so kurz, so wollte ich Herrn Sulzer vorgreifen, der uns versprochen hat, in das Genie dieser Wunderfrau, wie man sie hier nennet, solche tiefgehende Blicke zu tun und uns Anmerkungen darüber zu geben."*

Trotz ihrer „*verräterischen Blicke in die Herzen der Menschen*" hat sie Gleims Gefühle nicht richtig eingeschätzt, und Gleim – wußte er eigentlich, was er ihr antat mit den Versuchen, die er anstellte?

Gleim, Sulzer und Bachmann entwarfen gemeinsam den Plan, eine Ausgabe ihrer besten Gedichte auf Pränumeration herauszubringen und ihr damit ein kleines Kapital zu erwerben. Gleim war in erster Linie für die Auswahl der Gedichte verantwortlich, Sulzer verfaßte die einleitende Lebensbeschreibung nach Briefen, die die Dichterin ihm schrieb, und Bachmann sorgte für Druck und Absatz. Das Projekt zog sich außerordentlich in die Länge, erst Anfang 1764 lag die gedruckte Gedichtausgabe vor, alle Beteiligten hatten ihren Anteil daran, auch die Druckerei Winter in Berlin und, nicht zu vergessen, die Kriegsereignisse und die dadurch bedingte Geldentwertung und Papierknappheit. Die mit viel Aufwand geworbenen Pränumeranten waren schon ungeduldig geworden, man hatte nicht nur für ein interessantes Buch geworben, sondern die Unterstützung der mittellosen Dichterin mit in das Programm aufgenommen. Trotz aller widrigen Umstände kam ein Kapital von mehr als 2000 Talern für die Dichterin zusammen, für die damalige Zeit eine außergewöhnlich hohe Summe. Dennoch konnte sie ihre Existenz nicht darauf aufbauen. Die Freunde sorgten dafür, daß das Geld im Geschäft des Magdeburger Kaufmanns Bachmann angelegt wurde und ihr jährlich 100 Taler Zinsen ausgezahlt wurden. Diese Summe war ein bescheidener Beitrag zu ihrem Lebensunterhalt, den Rest erwarb sie durch Gelegenheitsgedichte, oder Gönner unterstützten sie, manchmal auch Gleim. Sie glaubte einige Male, Möglichkeiten zu sehen, das Geld zinsgünstiger anzulegen, aber die Freunde verhinderten es. Da sie als allein lebende Frau unter die Pupillenordnung fiel, waren die Freunde wohl auch rechtlich für ihr kleines Vermögen verantwortlich. Besonders Sulzer befürchtete, daß sie bei ihrer Anteilnahme und Freigebigkeit leicht ihr kleines Kapital verlieren könnte. Als der Kaufmann Bachmann in große wirtschaftliche Schwierigkeiten geriet und das Kapital der Karschin wirklich in Gefahr war, war es dann aber auch Sulzer, der die Schuld übernahm und ihr weiter regelmäßig die Zinsen zahlte.

Als die Karschin im September 1762 aus Magdeburg nach Berlin zurückkehrte, war das Interesse an ihr schon wesentlich geringer geworden, auch die Berliner Literaten standen ihr kritischer gegenüber – sicher war auch mancher etwas neidisch auf ihre früheren Erfolge. Sie hatte Schwierigkeiten, eine Wohnung zu finden, und da zwei Stiefbrüder bei ihr aufgetaucht waren, fühlte sie sich verpflichtet, für sie zu sorgen.

Am 11. August 1763 hatte sie eine Audienz bei Friedrich II. und erlebte dies als einen Höhepunkt ihres Lebens. Die Zusage des Königs, für sie zu sorgen, versetzte sie in einen Freudentaumel, doch der König vergaß sein Versprechen, schickte auf ihre meist poetischen Mahnungen nur jeweils wenige Taler. Das ersehnte Haus erhielt sie erst von seinem Nachfolger.

Sie hatte seit ihrer ersten Berliner Zeit enge Beziehungen vor allem zu den Damen des preußischen Hofes und überreichte ihnen zu passenden Anlässen Gedichte, die meist auch belohnt wurden. Für die sehr musikalische Prinzessin Amalia, Schwester Friedrichs II., schrieb die Karschin den Text zu einer Kantate, die zum Geburtstag des Königs 1762 im Dom zu Magdeburg aufgeführt wurde. Die Prinzessin hielt sich bei ihrer Komposition sehr genau an den Text der Karschin und änderte nur mit ihrem Einverständnis. Die Karschin verkehrte aber nicht nur in adligen Häusern, sondern z.B. regelmäßig im Hause des Hofrates Stahl, den auch Gleim kannte. Ihre Herkunft machte sie sensibel für die Nöte der einfachen Leute, und sie scheute sich nicht, in ihrem großen Bekanntenkreis auch um Hilfe für andere zu bitten.

Der Briefwechsel mit Gleim war bis zu ihrer Rückkehr nach Berlin im Herbst 1762 am intensivsten, danach gab es gelegentlich Pausen, auch Differenzen, z.B. durch die intensive Freundschaft mit Phillis, bei der die Karschin nach ihrer Rückkehr aus Magdeburg wohnte. Auch Gleims Streit mit Ramler und seine Auseinandersetzungen mit Spalding nach der Veröffentlichung der Jugendbriefe belasteten den Briefwechsel zwischen Gleim und der Karschin. Ihre mühsam gezügelte Eifersucht brach hervor, als sie die *Briefe von den Herren Gleim und Jacobi* 1768 gelesen hatte. In späteren Jahren verlor der Briefwechsel auch an Intensität, wenn Gleims Beziehungen zur Tochter Caroline von Klencke intensiver wurden, aber die Karschin bemühte sich immer wieder, den Briefwechsel aufrecht zu erhalten, und letzlich war auch Gleim daran interessiert.

Gleim hatte immer wieder Anlaß, dienstlich nach Berlin zu reisen und sah die Karschin und ihre Familie. Sie hatte auch Gleims Verwandte kennengelernt und verkehrte mit ihnen, besonders mit der Nichte Borchmann. Auch Gleims Bruder Leberecht, der Oberamtmann in der Nähe Berlins war, kannte sie persönlich.

Gleim war mit allen Familienereignissen vertraut. Als die Tochter Caroline Karsch ihren Stiefonkel heiratete, übernahm Gleim die Patenschaft über den Sohn, um dessentwillen die Ehe geschlossen wurde. Auch das Kind aus der zweiten Ehe der Tochter Caroline, die spätere Helmina von Chezy, war Gleims Patenkind. Die Karschin und ihre Tochter wohnten ein Leben lang zusammen, obwohl sie kaum jemals ein harmonisches Verhältnis zueinander hatten. Gleim fiel häufiger die Aufgabe zu, zwischen den beiden Frauen zu vermitteln, aber sein durchaus logischer Vorschlag, sich zu trennen, wurde nie befolgt, war vielleicht aus materiellen Gründen auch nicht durchführbar.

Im Herbst 1783 weilte die Karschin noch einmal auf Gleims Einladung in Halberstadt. Wieder brachten zahlreiche Gesellschaften und kleine Ausflüge erfreuliche Abwechslung, fast wie beim ersten Besuch 1761. Diesmal hatte sie auch die Freude, die Spiegelsberge, die sie selbst mit angeregt hatte, fast fertig zu sehen, so wurde es ein fröhlicher Monat für sie. Der Domdechant Spiegel ehrte sie dadurch, daß er eine Büste von ihr im antiken Stil beim Bildhauer Stubnitzki in Auftrag gab, nach der später das Standbild für die Spiegelsberge geschaffen wurde. Die Vollendung des Werkes konnte sie allerdings nicht abwarten, das Standbild wurde an gut sichtbarer Stelle in den Spiegelsbergen aufgestellt und während eines großen Festes Ende August 1784 von vielen Besuchern bewundert. Heute hat die Statue mit einem erneuerten Kopf ihren Platz im Hof hinter dem Gleimhaus gefunden.

In ihren letzten Lebensjahren hatte die Karschin dann noch die Freude, das von ihr ersehnte Haus entstehen zu sehen. Friedrich Wilhelm II. löste das Versprechen seines Vorgängers ein und ließ es ihr in der Nähe des Hackeschen Marktes bauen. Im Frühjahr 1789 konnten sie und die Tochter das neue Haus beziehen. So hatte sie nach vielen Wohnungswechseln die bleibende Stätte gefunden, die sie auch Kindern und Enkeln vererben konnte.

Brief der Karschin an Gleim, 26. November 1764. Schluß mit der Unterschrift „Sapho"

Das heute im Gleimhaus vorhandene Porträt der Karschin wurde 1791 vom späteren Ballenstedter Hofmaler Kehrer gemalt und Gleim nach dem Tode der Dichterin 1792 zum Kauf angeboten. Gleim ließ auf die Rückseite schreiben „*... wegen ihrer Tugenden mehr als wegen ihres Genies gemalt für Gleim.*" Er besaß vorher ein von Rode gemaltes Profilbild von 1762 und ein 1770 von Maria Winkelmann gemaltes Aquarell in antikem Geschmack. Beide Bildnisse sind heute nicht mehr vorhanden.

In ihren letzten Lebensmonaten besuchte die Karschin noch ihren geliebten Enkel Wilhelm Hempel an seinem Studienort Frankfurt an der Oder. Auch Gleim nahm regen Anteil an der Entwicklung des jungen Mannes und unterstützte ihn vor und nach dem Tode der Großmutter. Anna Louisa Karsch starb am 12. Oktober 1791 in Berlin, sie wurde auf dem Friedhof der Sophienkirche beigesetzt. Gleim sorgte für eine Erinnerungstafel, die sich noch heute an der Kirche befindet. Die Inschrift lautet:

*Hier ruht Anna Louisa Karschin*
*Kennst du, Wanderer, sie nicht,*
*so lerne sie kennen.*

Für eine Frau aus dem vierten Stand hatte die Karschin ein außergewöhnliches Leben. Sie war keine Frauenrechtlerin, aber eine Frau, die selbstbewußt ihre Ansprüche an das Leben durchzusetzen versuchte und ihre dichterischen Fähigkeiten einsetzte, um den Unterhalt ihrer Familie zu sichern. Als Dichterin begriff sie sich teils als Originalgenie, teils als Gelegenheitsdichterin und paßte damit in kein Schema. Diese Sonderstellung sicherte ihr aber einen großen Teil der Aufmerksamkeit des Publikums. Auch Dichter der jüngeren Generation interessierten sich für ihre Verse, z.B. Herder und Goethe, der sie auch in Berlin besuchte.

Ihre Beziehungen zu und ihr Briefwechsel mit Gleim unterschieden sich von den meisten literarischen Beziehungen des 18. Jahrhunderts. Beide brachten unterschiedliche Voraussetzungen vom Stand und von der Bildung her mit, hinzu kam der Unterschied des Geschlechts. Aber auf der Ebene der Dichtung legte die Karschin Wert darauf, als gleichberechtigte Partnerin akzeptiert zu werden. Unter Gleims Briefwechseln ist der mit der Karschin mit 30 Jahren einer der langfristigsten und bei weitem der intensivste, von ihr sind über 1000 Briefe, von ihm 227 überliefert. Sie war eine brilliante Briefschreiberin, ihr Humor, ihre Freude an Inzenierungen ist hier deutlicher ausgeprägt, als in den Gedichten. Gedicht und Brief stehen in ihrem literarischen Werk gleichberechtigt nebeneinander, zumal viele Gedichte an bestimmte Personen gerichtet sind, also öffentliche Briefe. Daß der Briefwechsel mit Gleim nie endgültig abgebrochen wurde, war der Hartnäckigkeit der Karschin zu verdanken, sie lenkte ein, wenn Gleim zürnte, und Gleim ließ sich beschwichtigen, wenn sie den ersten Schritt tat. Trotzdem behauptete sie ihren Standpunkt als gleichberechtigte Dichterin, die eine eigene Meinung hatte. Der Briefwechsel ist keiner bestimmten Gattung zuzuordnen, er enthielt Elemente von Liebesbriefen, von Gelehrten- und Dichterbriefen und des von Gleim propagierten freundschaftlichen Briefwechsels.

Einen wichtigen Stellenwert in der Beziehung hatten weitere geplante Gedichtausgaben, z.B. der *sapphischen Gesänge* oder der *Episteln*, die nie realisiert wurden. Die Karschin wünschte, daß Gleim ihre literarischen Produkte in die Öffentlichkeit einführte, sich ganz selbständig dem Publikum zu präsentieren, konnte sie sich offensichtlich nicht vorstellen. Gleims Zusage war wohl immer sehr halbherzig, als „*Betroffener*" hatte er gewisse Hemmungen, vor allem aber fürchtete er sich vor der Arbeit, die er ja auch nie für seine eigenen Gedichte auf sich genommen hat. Selbstverständlich wußte er, daß die Karschin, die ungemein schnell im Erfinden und wenig geneigt zum Überarbeiten war, eine sehr schwierige Partnerin sein würde. Wenn sie all zu hartnäckig eine neue Ausgabe ihrer

Gedichte forderte, zog sich Gleim verstimmt zurück und mußte wieder versöhnt werden.

Trotz aller Schwierigkeiten lag ihr an dieser Beziehung, am 18. September 1771 schrieb sie an Laurens von Santen, nachdem Gleim sich wieder einmal sehr beleidigt gezeigt hatte:

Titelblatt der Gedichtausgabe von Anna Louisa Karsch, 1764

> *„... ich bin dem Manne viel Verbindlichkeit schuldig. Er tat viel für mich und die Quelle seiner Handlungen mag nun Großmut, Menschenliebe, herzliches Wohlwollen oder Eitelkeit und Ruhmsucht gewesen sein, so wird mir doch dadurch geholfen, und er hat es nicht verdient, daß ihn diejenige kränken soll, die nimmer vergessen kann, wie lieb er ihr war."*

Kapitel 17

## Friedrich Gottlieb Klopstock

1748 horchte die deutsche literarisch interessierte Welt auf, als in den *Neuen Beiträgen zum Vergnügen des Verstandes und Witzes,* nach dem angeblichen Erscheinungsort kurz *Bremer Beiträge,* genannt, die ersten drei Gesänge von Klopstocks *Messias* erschienen. Literaten und Publikum diskutierten darüber und Klopstock war praktisch über Nacht ein gefeierter Dichter geworden und hatte bereits hier einen Gipfelpunkt seiner Entwicklung erreicht. 1749 erschienen diese drei Gesänge in Buchform. Auch Gleim und sein Freundeskreis nahmen regen Anteil an dieser literarischen Sensation. Gleims wahrscheinlich erste Erwähnung erfolgte im Brief an Uz vom 24. Oktober 1747 noch aus Berlin:

*„In Leipzig ist ein Milton, der das 2te Buch eines epischen Gedichts vom Messias an Herrn Bodmer geschickt hat, welches Herr Bodmer mit vollem Beifall lobt."*

Auch Ramler wollte Gleim auf die Neuerscheinung aufmerksam machen, nannte den Verfasser jedoch Claproth. Gleim konnte den Namen am 21. September 1748 korrigieren und teilte mit, daß er den ersten Gesang gelesen habe. Er verglich den Dichter auch hier mit dem Engländer Milton. Gleim war brennend daran interessiert, den Verfasser kennenzulernen und reiste im April 1750 nach Leipzig. Er wußte nicht, daß Klopstock zu dieser Zeit Hauslehrer bei Verwandten in Langensalza war. Gleim verkehrte mit literarischen Größen wie Gellert und Rabener, lernte auch Klopstocks geliebte Fanny, die mit bürgerlichem Namen Marie Sophie Schmidt hieß, und deren Bruder kennen, aber Klopstock selbst eben nicht.

Klopstock erfuhr natürlich von den Freunden, besonders von seinem Vetter Johann Christoph Schmidt, von Gleims

Besuch. Er fügte einem Brief Schmidts an Gleim vom 9. Mai 1750 einige Zeilen hinzu, und am 17. Mai schrieb er den ersten Brief nach Halberstadt. In den letzten Maitagen lernte man sich dann persönlich kennen, Klopstock besuchte seine Eltern in Quedlinburg, Schmidt hatte ihn begleitet, und am 31. Mai waren beide in Halberstadt. An dieser Begegnung und aufkeimenden Freundschaft wollte Gleim auch seine älteren Freunde teilhaben lassen, man schrieb Gemeinschaftsbriefe an Ramler und Kleist (nicht erhalten).

Friedrich Gottlieb Klopstock wurde am 2. Juli 1724 in Quedlinburg als ältester Sohn des fürstlich-mansfeldischen Kommissionsrates Gottlieb Heinrich Klopstock und seiner Frau Anna Maria, geb. Schmidt, geboren. Seine Eltern gehörten zu den angesehensten Bürgern der Stadt, die Mutter war Tochter eines Ratskämmerers und Großhandelskaufmanns aus Langensalza. Der damals noch vermögende Vater kaufte 1732 das Gut Friedeburg in der Nähe von Eisleben, die Familie zog dorthin, und die Kinder wuchsen in familiärer Geborgenheit und in freier Natur auf. Doch wirtschaftliche Schwierigkeiten zwangen zur Aufgabe, und 1736 kehrte man nach Quedlinburg zurück. Der junge Klopstock besuchte zunächst das Gymnasium seiner Heimatstadt und erhielt 1739 eine Freistelle in Schulpforta. In dieser berühmten Schule nahmen die religiöse Unterweisung und die Ausbildung in griechischer und lateinischer Sprache und Literatur einen breiten Raum ein. In seiner lateinischen Abschiedsrede vom 21. September 1745 analysierte Klopstock den Stand der Literatur seiner Zeit und kündigte selbstbewußt, wenn auch sehr verschlüsselt, an, daß er der Dichter sein könnte, der das deutsche nationale Epos schaffen würde. Er ging zunächst auf die Universität Jena, um Theologie zu studieren, wechselte aber schon nach einem Jahr, wohl veranlaßt durch seinen Vetter Schmidt, auf die Universität Leipzig. Neben der Theologie beschäftigte er sich mit Philosophie, Poetologie und Morallehre. Er besuchte auch die Vorlesungen des Leipziger Literaturpapstes Johann Christoph Gottsched und lernte einen Kreis junger Literaten kennen, der sich in Gottscheds Schatten gebildet hatte und die *Bremer Beiträge* herausgab. Die jungen Leute versuchten vorsichtig, sich dem all zu starken Einfluß zu entziehen, und Klopstock veröffentlichte nach anfänglichem Zögern die ersten Gesänge des *Messias* in ihrer Zeitschrift.

Das Publikum merkte sofort, daß diese Dichtung nicht nur vom Thema her groß und bedeutend war, sondern auf Herz und Verstand zielte, Ernst und Würde ausstrahlte und nicht nur geistreiche Unterhaltung sein wollte. Klopstock verkörperte sehr früh einen völlig neuen Dichtertypus, der sich zum Mahner und Erzieher berufen fühlte und auch den Anspruch erhob, frei von Berufspflichten nur seiner Dichtung leben zu können. 1751 erschienen die ersten fünf Gesänge des *Messias*, Gleim erhielt eine Abschrift des 4. und 5. Gesanges, beide sind noch heute im Gleimhaus vorhanden. Die Gesänge 1-10 wurden 1755 in Kopenhagen veröffentlicht mit Klopstocks Vorrede *Von der heiligen Poesie*, das Gesamtwerk lag erst 1773 vor. Die zehn Gesänge 1755 hatten die größte Wirkung, die Vollendung war kein literarisches Ereignis mehr, aber das Epos als literarische Gattung erlebte hier noch einmal einen Höhepunkt, bevor Tragödie und Roman für die Literaturentwicklung bestimmend wurden.

Vor allem die ersten Gesänge begeisterten sowohl das gebildete bürgerliche Lesepublikum als auch die Fachwelt und faszinierten auch unabhängig vom Glaubensgehalt durch die neuartige, die Phantasie beflügelnde Sprache. Goethe berichtete in *Dichtung und Wahrheit*, daß er und seine Schwester ganze Passagen auswendig lernten. Auch die Züricher Literaturtheoretiker Johann Jakob Bodmer und Johann Jakob Breitinger waren begeistert, sie sahen im *Messias* das literarische Werk, das voll ihren Theorien entsprach. Bodmer lud den jungen Dichter nach Zürich ein, damit er in seinem Hause am großen Werk arbeiten könnte. Klopstock nahm die Einladung an und reiste Mitte Juli 1750 in die Schweiz. In den Tagen davor, die er bei den Eltern in Quedlinburg verbrachte, entwickelte sich ein lebhafter Verkehr mit Gleim, sie besuchten sich mehrmals gegenseitig, eine durchfeierte Nacht in einer Rosenlaube und eine übermütige Wasserschlacht in Aspenstedt am Huy, die Körte in seiner Gleimbiographie beschrieb, müssen in diesem Sommer stattgefunden haben. Gemeinsam reisten Klopstock und Gleim nach Magdeburg zu dem sehr kunstinteressierten Kaufmann Bachmann, der ein Haus auf dem Werder, einer Insel zwischen zwei Elbarmen hatte, und genossen ihre Jugend und ihre Freundschaft zueinander.

An Ramler schrieb Gleim am 15. Juli 1750:

*„Wenn Sie alle Freuden denken, so müssen Sie sie hauptsächlich in mir und Klopstocken und in ein paar Mädchen und jungen Frauen denken. Den 5. Juli reiste ich um drei Uhr von hier ab nach Magdeburg. Wir hatten Sonnenpferde, deswegen waren wir um 9 Uhr da. Was für ein Vergnügen, mit einem Klopstock zu reisen! Wir sahen die schönste Aurora, und wir dichteten uns Auroren, die noch viel schöner sein sollten."*

Im Hause Bachmanns hatte Klopstock Gelegenheit, sich einem sehr interessierten Publikum als Dichter vorzustellen. Am 13. Juli 1750 reiste er, begleitet von den Schweizern Johann Georg Sulzer und Johann Georg Schultheß, nach Zürich ab. Doch die Begegnung zwischen Bodmer und Klopstock verlief für beide Seiten enttäuschend. Bodmer trat dem jungen Dichter allzu patriarchalisch entgegen, sicher hatte er einen abgeklärten Jüngling erwartet, der sich von den Freuden des Lebens fernhielt – und das war Klopstock keinesfalls. Er verkehrte mit vielen jungen Leuten, auch Mädchen und Frauen, und machte mit ihnen gemeinsam eine Bootsfahrt auf dem Zürichsee, die er in einer Ode besang. Als die Spannungen immer größer wurden, verließ er schließlich Bodmers Haus. Über seine Schwierigkeiten schrieb er auch dem Vater in Quedlinburg, dieser beriet mit Gleim darüber und erwog sogar juristische Schritte gegen Bodmer, zu denen es aber nicht kam.

Noch während seines Schweizer Aufenthaltes erreichte Klopstock durch den dänischen Minister Johann Hartwig Ernst von Bernstorff die Nachricht, daß ihm der dänische König Frederik V. eine Pension zur Vollendung des *Messias* ausgesetzt hatte. Klopstock, der keine Alternative sah, nahm an, zumal keine Bedingungen daran geknüpft waren und kehrte am 6. März 1751 nach Quedlinburg zurück. Während des kurzen Heimataufenthaltes verkehrte er wieder mit Gleim, der allerdings wenig Zeit hatte, da er dienstlich sehr in Anspruch genommen war. Beide verabredeten eine gemeinsame Reise nach Langensalza, um Klopstocks geliebte Fanny für den Dichter zu gewinnen. Doch die Zeit war zu knapp, und Gleim reiste Pfingsten 1751 allein, um für den Dichter zu werben. Seine Bemühungen blieben erfolglos, und es fiel ihm sehr schwer, dem Freund die Wahrheit zu schreiben.

Klopstock war bereits am 23. März nach Dänemark abgereist, hatte vorher noch einen Tag in Halberstadt verbracht, und Gleim hatte ihn bis Braunschweig begleitet. Während eines kurzen Aufenthaltes in Hamburg lernte Klopstock seine spätere Frau Margarethe (Meta) Moller kennen, ohne ihr zunächst näherzutreten. Die briefliche Verbindung zu Gleim blieb in den nächsten Jahren recht eng. In der Ferne schrieb Klopstock die Ode *An Gleim* und schickte dem Freund die Handschrift. Die Verse:

*Seinen brennenden Durst, Freunden ein Freund zu sein*
*Wie er auf das Verdienst des', den er liebet, stolz*
*Edel stolz ist, vom kalten*
*Halben Beifall beleidiget!*

werden Gleim sehr gefreut haben. Die Ode wurde in dieser Form nicht gedruckt, sondern ging in die Freundschaftsode *Wingolf* ein.

Im Sommer 1752 besuchte Klopstock die Eltern und selbstverständlich Gleim. Da auch Karl Wilhelm Ramler in Halberstadt zu Besuch war, unternahmen sie gemeinsam einen Ausflug ins Bodetal und zur Roßtrappe. Gleim erinnerte sich noch im späten Alter gern daran und erzählte, daß Klopstock auf den großen Steinen in der Bode umherhüpfte. Eine Flasche Rotwein, die man zur Kühlung ins Wasser gestellt hatte, zerschellte an den Felsen. Die Freunde beobachteten, wie sich der rote Wein mit dem kristallklaren Wasser mischte und Ramler gab sich der Betrachtung und der Klage um den Wein so intensiv hin, daß er selber ins Wasser fiel. – Eine Episode am Rande, die zeigt, daß die Freundschaft nicht nur sentimentale Schwärmerei war.

1753 erhielt Gleim das von Johann Caspar Füßli 1750 in der Schweiz gemalte Klopstockbildnis. Ewald Christian von Kleist hatte es während seines Zürichaufenthaltes erworben und Gleim geschenkt. Klopstock war inzwischen verlobt, und seine Braut Meta in Hamburg wünschte sich sehnlichst ein Bild ihres Bräutigams. Gleim, der mit ihr im Briefwechsel stand, schickte ihr dieses Schweizer Bild und erhielt eine künstlerisch wenig befriedigende Kopie dafür zurück. Das Originalbildnis befindet sich heute im Klopstockhaus in Quedlinburg.

Am 10. Juni 1754 heirateten Klopstock und Meta Moller nach Überwindung von mancherlei Schwierigkeiten in Hamburg. Wenig später reiste das junge Paar nach Quedlinburg ab. Am 3. Juli abends trafen sie in Halberstadt ein. Gleim hatte auch Klopstocks Eltern eingeladen, und so lernten sie hier bei Gleim ihre Schwiegertochter kennen. An Ramler schrieb Gleim am 8. Juli 1754:

*„Seine Eltern waren ihm hieher entgegen gekommen. Sie hätten den alten Klopstock sehen sollen, wie er sich freute, als er seine neue Tochter zum ersten Mal sahe. Sie war ganz schachmatt von der Reise und konnte sich kaum erholen. Um sie noch besser kennen zu lernen,*

*muß ich sie in Quedlinburg besuchen. Sie werden einige Wochen bei uns bleiben. Klopstock wies seinem Clärchen sogleich Ihr Porträt, neben dem seinigen hängend und sagte: Wenn er doch nebst Kleisten hier wäre! Da solltest Du ein paar Menschen sehen, die so sind, wie Du die Menschen haben willst. Das beste ist, daß Klopstock nicht viel Mann zu sein scheint, aber viel ist. Er ist um sein Clärchen, wie die Biene um den Honigtau. – Ob die Freundschaft nicht dabei verliehren wird, das werde ich sehen."*

Noch Jahre später erinnerte sich Klopstock in einem Brief an Boie vom 24. November 1767 an diese Begegnung:

*„Gleim ist mein alter Freund, und ich kenne den Saal sehr gut, worin er seine abwesenden Freunde versammelt hat. Dicht vor diesem Saale war es, wo mein seel. Vater und meine Mutter meine Meta zuerst sahen. Gleim hatte uns einen Kerl zu Pferde entgegengeschickt, um zu sehen, ob wir wirklich kämen. Der Kerl sollte sich nicht zu erkennen geben, ich erkannte aber ihn und das Pferd. Unterdeß ließ ich ihm das Vergnügen, zu glauben, daß er ein glücklicher Spion wäre."*

Der Begegnung in Halberstadt folgten gegenseitige Besuche, aber Klopstock war zunächst ernsthaft krank, und auch Gleim hatte nicht so viel freie Zeit, wie er wünschte. Am 16. September mußte das junge Ehepaar die Rückreise nach Dänemark antreten, Gleim hatte sich in Quedlinburg von ihnen verabschiedet, er war auf einer Dienstreise, besuchte aber auch andere Freunde.

Klopstocks Eheglück war nur von kurzer Dauer, seine Frau starb bereits 1758 bei der Geburt eines Kindes. Klopstock hielt sich danach für einige Monate in Deutschland auf. Ende Januar 1759 löste sein plötzlicher Besuch bei Gleim große Freude aus. Klopstock ließ am Tage nach seiner Ankunft in Halberstadt seine Mutter aus Quedlinburg herüberkommen, und das Wiedersehen nach über vierjähriger Trennung fand abermals bei Gleim statt. Klopstock reiste bald darauf nach Hamburg, hielt sich dann aber noch einmal von April bis Mitte Juni in Quedlinburg und Umgebung auf. Gegenseitige Besuche und Ausflüge in den Harz belebten den freundschaftlichen Verkehr mit Gleim. Als Klopstock am 11. Juni nach Hamburg aufbrach, begleitete ihn Gleim eine Meile zu Pferde.

Im Sommer 1762 kam Klopstock wieder in die Heimat und blieb diesmal zwei Jahre in Deutschland. Meist war er bei der Mutter und den Geschwistern in Quedlinburg und im Januar und August 1763 in Meisdorf am Ostharz beim Freiherrn Achatz Ferdinand von der Asseburg, der Kammerherr in dänischen Diensten war. Besonders häufig zog es ihn nach Blankenburg, dort hatte er im August 1762 die junge Luise Sidonie Wilhelmine Elisabeth Dietrich kennengelernt und sich in sie verliebt. Klopstocks stürmische Werbung erregte bei dem jungen Mädchen wenigstens freundschaftliche Gefühle, aber sie war bereits verlobt und der Vater nicht zu bewegen, sie so weit in die Ferne ziehen zu lassen. Auch die Intervention des Halberstädter Domdechanten von Spiegel, den Gleim mobilisiert hatte, konnte den Entschluß des Vaters nicht ändern.

Gleim und Klopstock sahen sich in dieser Zeit recht häufig, am 24. September 1762 schrieb Gleim an Uz:

*„wir besuchen uns zuweilen auf zwei Meilen Weges zu Fuß! Das Fuhrwerk ist zu teuer, die Poeten müssen, wie die Apostel ihre zwei Beine gebrauchen. Doch hat er nun ein Pferd und ich auch, und da werden wir uns öfterer sehen ..."*

Den Plan, den halben Winter 1762/63 in Halberstadt zu verbringen, führte Klopstock allerdings nicht aus, aber Ende August war er zehn Tage bei Gleim:

*„Wir haben tausend Schritt von der Stadt in einem sehr angenehmen Garten gewohnt und viel Vergnügen gehabt, ein jüngerer Bruder von ihm, zwei Schwestern von ihm und eine Nichte von mir waren unsere ganze Gesellschaft."* (Gleim an Uz, 4. September 1763)

Als Klopstock nach Ostern 1764 die Rückreise antrat, begleitete ihn Gleim bis Magdeburg, und sie verlebten im Hause des Kaufmanns Bachmann junior glückliche Tage zusammen, wie schon 1750.

Neben der weiteren Arbeit am *Messias* und der Odendichtung veröffentlichte Klopstock 1758 *Geistliche Lieder*, die beim Publikum keine große Resonanz fanden. Lessing schrieb am 21. Oktober 1757 etwas spöttisch an Gleim:

*„Was sagen Sie zu Klopstocks geistlichen Liedern? Wenn Sie schlecht davon urteilen, so werde ich an Ihrem Christentume zweifeln, und urteilen Sie gut davon, an Ihrem Geschmacke. Was wollen Sie lieber?"*

Gleim hat diese komplizierte Frage nicht beantwortet.

Mitte der sechziger Jahre war der Briefwechsel zwischen Klopstock und Gleim etwas ins Stocken geraten. Am 29. November 1767 schrieb Gleim dem Freunde:

*„Alle Menschen klagen über meinen teuren Klopstock! Vom Messias hört man nichts mehr; Mutter und Freund bekommen keine Briefe mehr von ihm, er ist lebendig tot. Ich war vor 14 Tagen zu Quedlinburg, und hörte die bittersten Klagen. Bachmann war ehegestern bei mir und führte die bittersten Klagen, ich selbst, was konnt ich anders, als mit Ihnen mich beklagen?"*

Gleim bat Klopstock dringend, Bachmann Manuskripte für das geplante Verlagsunternehmen zu schicken und war etwas unsicher, da Klopstock auf den *Tod Adams*, den Gleim in Verse gesetzt hatte, nicht reagierte. Er behauptete, Klopstock habe ihn dazu aufgefordert und fuhr fort:

*„Ich weiß nicht, ob ich ihm sagte, Daß er hier aufgeführt ward, mit so großem Beifalle, daß es den sonst sehr mittelmäßigen Komödianten sowohl, als unsern Zuschauern zur größten Ehre gereichte. Dreimal mußt er hinter einander aufgeführt werden, genug für eine Stadt, wie die unsrige ist, und allemahl war eine recht tragische Stille. Adam spielte seine Rolle, die so schwer ist, nach meiner Einsicht ganz fürtrefflich! Wären die*

*andern Spieler so gut gewesen, so hätte man's nicht ausgehalten."*

Klopstocks erste dramatische Dichtung *Der Tod Adams* erschien 1757. Wie allen späteren Dramen fehlt auch diesem Werk die Handlung, es ist eher ein kultisches Festspiel. Dennoch fand es beim Publikum auch an andern Orten eine erstaunlich positive Aufnahme. Gleim hatte sich intensiv damit beschäftigt und setzte es 1766 in Verse. Auf Gleims Mahnung antwortete Klopstock am 19. Dezember 1767:

*„Der Freund und Dichter danken Ihnen für den versifizierten Adam; aber Sie wissen ja wohl, daß Sie ein wenig kricklich sind, und daß man sich daher kaum getraut, Ihnen ein Viertelwort zu sagen, denken Sie nicht etwa, daß ich ein halbes zu sagen habe. Mein Viertelwort ist, daß Sie an ein paar Stellen den Gedanken ein wenig ausgedehnt haben, und ich hatte ihn doch just so, nicht kürzer und nicht länger haben wollen. – Aber, vergeßlicher Mann, Sie erinnern sich also nicht, daß ich Sie in Ihrem Durchgangskabinett , da wo die weichen Kanapees und die sanften Bücher sind, vielleicht zu ernsthaft bat, den Adam nicht zu versifizieren, denn Sie antworteten mir ja: Nun fahren Sie mich nur nicht so an, es ist ja ohnedies zu schwer. Doch kein Wort mehr davon. Ich erkenne gewiß Ihre Freundschaft, die Sie dadurch gegen mich gezeigt haben und danke Ihnen auch dafür, daß Sie ihn haben aufführen lassen. Wie haben Sie das gemacht, daß Sie Spieler nach Halberstadt, wo man erst seit ehegestern angefangen hat, sie zu kennen, hingezaubert haben?"*

Über die Aufführung habe ich nichts ermitteln können. Klopstocks eigentliche Kritikpunkte nahm Gleim relativ gelassen auf, aber daß ihn der Freund kricklich nannte, schmerzte ihn tief:

*„Wie kam dieses Wort meinem Klopstock in die Feder? und von seinem Gleim, der es bei der genauesten Untersuchung seiner selbst für gewiß hält, daß dieser häßliche Charakter eines Kricklichen niemalen sein*

*Fehler, am wenigsten gegen seinen Klopstock gewesen ist, mit dessen Denkart, Geschmack und Neigung er in allen Stücken so sehr sympathisiert, daß er in den stolzesten Gedanken von sich selbst diese Sympathie beständig für eine nicht verwerfliche Probe seiner guten Eigenschaften hielt."*

Dieser Brief vom 3. April 1768 wurde wahrscheinlich nicht abgeschickt, Gleim hatte sich abreagiert und konnte danach wieder normal mit Klopstock verkehren. Auch an Klopstocks Beschäftigung mit metrischen Fragen hatte Gleim Anteil genommen, an Uz schrieb er am 11. Dezember 1764:

*„.. an einer Abhandlung über das deutsche Silbenmaß wird schon gedruckt. Von dieser versprech' ich mir sehr viel Gutes, das Stück, so ich schon davon gelesen, enthielt viele gründliche Anmerkungen."*

Die erste authentische Ausgabe der *Oden und Elegien* von Klopstock erschien erst 1771. Gleim hatte schon am 28. September 1768 an Klopstock geschrieben:

*„..was Sie von Ihren Oden mit mir sprachen, das war Balsam für mein freundschaftliches Herz, und machte alle Besorgnisse von irgend einiger Untreue wieder gut! Ob ich mit den vorgenommenen Änderungen zufrieden sein werde, daran zweifle ich! Die Ode an die Freunde war keiner Verbesserung fähig, mitsamt ihrer Länge schien sie mir die erste unserer Oden; doch vergeb ich Ihnen die Veränderung der Form, wenn Sie nur an dem Wesentlichen mit ihrer kritischen Hand sich nicht vergriffen haben! Wüßten Sie, mein teurer Klopstock, wie nach Ihren Oden mich verlanget, in Wahrheit, um meinetwillen allein, eilen Sie mit dem Druck! Sie sind ein ganz entsetzlich grausamer Mann! Gegen die ganze Welt sind Sie unerbittlich. Bald wäre auch ich darüber hingestorben."*

Dennoch mußte Gleim noch einige Zeit warten. Oden waren zunächst Nebenprodukte, die in Abschriften und Einzeldrucken verbreitet waren, der *Messias* blieb lange

Zeit Klopstocks Hauptwerk. Auch in den Oden erwies sich Klopstock als bedeutender Sprachschöpfer, der durch Wortbildung und -zusammensetzung ebenso wie durch metrische und rhythmische Versuche die Möglichkeiten der deutschen Sprache auslotete. Seine Oden waren von zentraler Bedeutung für die Wandlung der Lyrikauffassung im 18. Jahrhundert.

Nach Beendigung des Siebenjährigen Krieges erfolgte im deutschen Sprachraum eine literarische Neubesinnung, eine Hinwendung zum Historischen und Nationalen. Auch Klopstock folgte dieser verbreiteten Tendenz, war ein begeisterter Anhänger der Ossiandichtung, die er für echt hielt. *„Ossian war deutscher Abkunft, weil er ein Kaledonier war",* schrieb er Gleim am 3. November 1769. Er beschäftigte sich mit dem nordischen und germanischen Altertum. Hermann der Cherusker, mit dem er sich schon seit seiner Jugendzeit beschäftigt hatte, wurde nun sein Held. 1769 erschien *Hermanns Schlacht*, 1784 *Hermann und die Fürsten* und 1789 *Hermanns Tod*.

Schon im Dezember 1767 hatte Klopstock an Gleim über *Hermanns Schlacht* geschrieben, daß sie ihm sehr am Herzen läge, und er hoffte, *„daß jenes Vaterländische wieder zu Herzen gehen soll."* Gleim reagierte euphorisch, als er ein Exemplar der Hermannsschlacht in Händen hielt und reiste damit nach Quedlinburg, um Klopstocks Mutter daraus vorzulesen. In einem Briefkonzept vom 13. April 1777 spielte Gleim auf die Hermannsdramen und Klopstocks Patriotismus an und fragte: *„ .. wie denn kam's, daß Sie das Vaterland Hermanns und Ihres nicht einmal wieder besuchten? – Denn Hermann, Klopstock sagts, war ein Härzer."* Klopstocks Hermannsdramen waren nicht nur ein Blick in die Vergangenheit sondern auch auf die Gegenwart gerichtet, sie enthielten Kritik am Untertanengeist und einen Appell an die Vaterlandsliebe. Großer Bühnenerfolg war ihnen allerdings nicht beschieden, sie waren handlungsarm und sollten Fühlen, Wesensart und Größe des Helden zeigen.

Für die von Gleim übersandten Oden nach dem Horaz bedankte sich Klopstock am 7. September 1769:

*„Ihr Geschenk hat mir keine kleine Freude gemacht. Die Oden sind mehr nach Ihnen selbst, als nach dem Horaz, und es freut mich, daß der Titel nicht Wort genug gehalten hat."*

Wie die meisten Freunde wußte natürlich auch Klopstock, daß Gleim alle Dichter, mit denen er sich beschäftigte, an seinen Dichtungsstil anpaßte. Im gleichen Brief hatte Klopstock geschrieben: *„Es ist mir sehr angenehm, daß Sie meine Mutter bisweilen sehen."* Gleim besuchte die alte Dame und Klopstocks Schwestern gern und 1770 ließ er die Mutter sogar malen, einmal für seinen Freundschaftsstempel und einmal für den fernen Sohn in Dänemark.

*„Das Bildnis Ihrer Frau Mutter, von dem ersten Maler unserer Gegend gemalt, empfangen Sie hiebei. Die Mutter Homers, dacht' ich, wäre wohl nicht das letzte Stücke, das irgend ein Apollo seiner Bildergalerie zu schaffen sich bemühete, da kam Calau zu mir, da ließ ich die Mutter Klopstocks malen. Vollkommen ähnlich werden Sie's finden. Wer es sah, der fand es getroffen."*

Klopstock bedankte sich am 28. August 1770 und bat Gleim um sein Porträt.

Nach dem Sturz des Grafen Bernstorff in Dänemark verließ Klopstock zusammen mit seinem Gönner das Land. Er teilte dies Gleim in einem sehr kurzen Brief vom 3. Oktober 1770 mit und bat ihn, der Mutter vorerst nichts davon zu berichten. Klopstock nahm nun seinen Wohnsitz in Hamburg, wo Verwandte seiner verstorbenen Frau lebten. Nach einiger Zeit der Unsicherheit konnten ihm Freunde und Gönner die dänische Pension auf Lebenszeit sichern. Gleim war wohl über Klopstocks unsichere Lebenslage unterrichtet worden, konnte aber die Klagen über erkaltende Freundschaft nicht unterdrücken. Als Klopstock auf seine vielfältigen Probleme hinwies, antwortete Gleim am 4. Oktober 1772 etwas erschrocken:

„*Das habe ich nie gesagt, denn ich habe es nie gedacht, mein lieber Klopstock, daß Sie aufgehört hätten, mein Freund zu sein. Über Ihr Stillschweigen, ihre Kälte habe ich Klagen geführt, zwar oft wiederholte, wahrlich aber keine unverdiente.*"

1774 erhielt Klopstock eine Einladung vom Markgrafen Karl Friedrich von Baden, der eine deutsche Gesellschaft gründen wollte. Klopstock verbrachte den Winter 1774/75 in Karlsruhe, mußte aber bald erkennen, daß die Vorstellungen des Markgrafen und seine eigenen weit auseinanderklafften und verließ die Stadt wieder. Er erhielt aber eine Pension des Markgrafen, so daß die materiellen Bedingungen für sein Dasein als unabhängiger Schriftsteller gesichert waren. Seit 1767 verfocht Klopstock auch intensiv den Gedanken der Gründung einer deutschen Akademie. Entgegen seiner sonstigen Gewohnheit hatte er *Hermanns Schlacht* dem deutschen Kaiser Joseph II. gewidmet, doch blieben seine Bemühungen ohne Erfolg.

Gerade in dieser Umbruchszeit beschäftigte sich Klopstock wieder stark mit der Frage nach der Möglichkeit gesellschaftlicher Wirksamkeit von Literatur und Kunst. 1774 veröffentlichte er *Die deutsche Gelehrtenrepublik*, eine Allegorie, in der er die Leistungen der Wissenschaftler und Künstler nach ihrem Beitrag zur Förderung einer unabhängigen Kunst von nationalem Rang beurteilt wissen wollte. Er faßte hier seine Ideen von der Stellung des Schriftstellers in der bürgerlichen Gesellschaft zusammen, sprach von der Berufung des Dichters, seiner erzieherischen Rolle, und stellte der Geburtsaristokratie die Aristokratie des Geistes gegenüber. Das Werk zielte nicht auf gesellschaftliche Veränderungen, die Gelehrtenrepublik sollte dem Bildungsbürgertum seinen Freiraum innerhalb des absolutistischen Staates sichern.

Die *Gelehrtenrepublik* stieß weitgehend auf Unverständnis, das Publikum war enttäuscht. Im Zusammenhang mit der Herausgabe des Buches bemühte sich Klopstock um eine Organisation der Schriftsteller zu ihrer materiellen Sicherung. Sein System zur Werbung von Subskribenten sollte von allen genutzt werden können, um den kommerziellen Buchhandel teilweise zu umgehen. Diese Idee bewegte Klopstock seit seinen ersten schriftstellerischen Anfängen, er hatte sie vielfach mit Gleim diskutiert, der auch selbst Vorstöße in diese Richtung unternommen hatte. So erhielt Gleim auch als einer der ersten eine Ankündigung zur Subskription, die noch nicht alle Einzelheiten des Planes enthielt. Er bestellte 20 Exemplare, wohl um sie an Interessenten zu verschenken. Klopstock wollte dieses Angebot nicht annehmen und versprach Gleim soviele Exemplare, wie er für seine Bibliothek und einige Freunde brauchte. Verlagsprobleme nahmen im Briefwechsel dieser Zeit einen breiten Raum ein, aber alle diese Projekte ließen sich auf Dauer nicht verwirklichen.

Um 1772 hatte sich in Göttingen ein Kreis junger Dichter, der *Göttinger Hain*, zusammengefunden, der die Verehrung Klopstocks auf seine Fahnen geschrieben hatte und von Klopstock mancherlei Aufmunterung erfuhr. Zum Kreis gehörten neben dem Herausgeber des *Göttinger Musenalmanachs* Heinrich Christian Boie, Ludwig Christoph Heinrich Hölty, Johann Heinrich Voß, die Brüder Christian und Friedrich Leopold von Stolberg und Karl Friedrich Cramer, die Klopstock schon als Kinder kannten. Gottfried August Bürger stand diesem Kreise nahe. Sie nahmen sich Klopstocks Persönlichkeit und Werk zum Vorbild und wollten sich durch eigene poetische Werke seiner würdig erweisen. Durch ihre Haltung beförderten auch sie Klopstocks Anerkennung als Repräsentant bürgerlicher deutscher Literatur und Kultur.

Der Briefwechsel mit Gleim war im Laufe der Zeit sporadischer geworden, über Jahre auch ganz abgerissen. Es gab auch unterschiedliche Positionen, mit Klopstocks geplanter Rechtschreibereform konnte sich Gleim absolut nicht einverstanden erklären,

„*Unrechtschreibung ist sie, sie mögen sagen, was Sie wollen. Ihre Regel: wir müssen schreiben, wie wir sprechen, ist falsch. Wir können so nicht schreiben, wie wir sprechen, denn jeder spricht anders.*" (1. Dezember 1782)

Mit Gleim lehnten weite Teile des Publikums diese Reform ab, und Klopstock kehrte nach einiger Zeit wieder zur üblichen Orthographie zurück. Auch seine Beschäftigung mit Sprachwissenschaft und Grammatik fand bei Gleim wenig Resonanz.

Im Jahre 1785 hatte sich Gleim zu einer größeren Reise entschlossen, die ihn nach vielen Ankündigungen nun endlich auch nach Hamburg führte. Elf Tage weilte er bei dem alten Freunde und lernte die behagliche Häuslichkeit kennen, die ihm die Verwandten Winthem eingerichtet hatten. Gleim verkehrte mit vielen Persönlichkeiten aus Klopstocks Kreis und sah auch alte Freunde wieder, z.B. Carl Philipp Emanuel Bach. Seinen späten Dank vom 24. Oktober 1785 für die freundliche Aufnahme entschuldigte Gleim damit, daß sich in Halberstadt viel Arbeit angehäuft hatte, und er bedauerte, so wenig Zeit mit Klopstock allein verbracht zu haben, gern hätte er *Hermanns Tod* mit ihm zusammen gelesen.

Klopstock war stets ein selbstbewußter Bürger gewesen, sein Ideal war eine national geeinte Republik, wobei er einen König als Oberhaupt nicht ablehnte. Bei dieser Haltung und der Stellung, die er dem Dichter allgemein zuweisen wollte, nimmt es nicht wunder, daß er als einer der ersten seine Stimme zur Französischen Revolution von 1789 in mehreren Oden erhob. Vor allem die Aufhebung der Vorrechte des Adels und die Verurteilung des Krieges als Mittel zur Durchsetzung politischer Ziele begrüßte er. Am 26. August 1792 wurde Klopstock zusammen mit anderen Persönlichkeiten zum Ehrenbürger der französischen Republik ernannt. Das Publikum war geteilter Meinung. Die Jakobinerherrschaft hat auch Klopstock, wie die meisten deutschen Dichter, abgelehnt, aber er hat seine frühen

Oden nie zurückgenommen und den Ehrenbürgerbrief nicht zurückgeschickt, wie manche von ihm erwarteten, die Revolution blieb für ihn ein bedeutsames Ereignis.

1791 heiratete Klopstock Johanna Elisabeth Winthem, eine Nichte seiner ersten Frau Meta. Gelegentlich schrieb

Brief Klopstocks an Gleim, 20. März 1751

nun auch sie Briefe an Gleim, und der Briefwechsel wurde wieder intensiver. Klopstock und Gleim erinnerten sich gern an die gemeinsamen Tage ihrer Jugend, und jeder reagierte auf seine Weise, Klopstock schrieb 1796 die Ode *Der Wein und das Wasser*, zu der zwei dichterisch überhöhte Episoden von 1750 den Stoff lieferten, eine gemeinsam durchfeierte Nacht in einer Rosenlaube und eine übermütige Wasserschlacht in Aspenstedt am Huy. Der praktische Gleim ließ die Quelle in Aspenstedt, aus der sie damals getrunken und sich mit Wasser begossen hatten, in Stein fassen und mit einer Gedenktafel versehen. Klopstock wurde laufend über den Fortgang der Arbeiten unterrichtet. Der Sammler Gleim, der auch gern etwas Persönliches von seinen Freunden aufbewahrte, erhielt einen Hut Klopstocks von dessen Frau.

Als Gleim sein Ende herannahen fühlte, schrieb er auch dem alten Freunde Klopstock einen Abschiedsbrief:

*„Ich sterbe, lieber Klopstock! – Als ein Sterbender sag' ich: in diesem Leben haben wir für- und miteinander nicht genug gelebt, in jenem wollen wir's nachholen."*
(24. Januar 1803)

Um den ebenfalls kranken Klopstock nicht zu gefährden, hat seine Frau ihm diesen Abschiedsbrief vorenthalten. Friedrich Gottlieb Klopstock starb am 14. März 1803. Bei der Beerdigung folgten seinem Sarge tausende von Menschen, keinem anderen deutschen Dichter ist solche Trauerfeier gestaltet worden. Klopstock war zum Inbegriff des Dichters als moralische Instanz geworden, und von vielen wurde er als bedeutendster Dichter der Nation verehrt. Seine Werke wurden aber schon zu dieser Zeit nur noch von wenigen gelesen. Schon 1753 hatte Lessing folgendes Epigramm veröffentlicht:

*Wer wird nicht seinen Klopstock loben?*
*Doch wird ihn jeder lesen? – Nein*
*Wir wollen weniger erhoben*
*Und fleißiger gelesen sein.*

Aber diesen Wunsch hatten wohl alle Dichter zu allen Zeiten. Dennoch paßt er besonders gut zu Klopstock. Es waren keine drei Jahrzehnte, in denen Klopstock die deutsche Dichtung dominierte, aber sein Einfluß war so prägend für alle folgenden Dichtergenerationen wie nie zuvor. Er wurde einer der Schöpfer der modernen deutschen Dichtung und darf mit Fug und Recht als erster deutscher Klassiker bezeichnet werden. Gleim war sein Leben lang stolz darauf, mit diesem Dichter befreundet zu sein. Das Klopstock-Bildnis in Gleims Freundschaftstempel wurde 1779 von Jens Juel gemalt, doch schon davor besaß Gleim andere Bildnisse des verehrten Freundes.

Kapitel 18

## Gotthold Ephraim Lessing

Um die Jahreswende 1754/55 war Gleim zusammen mit dem Halberstädter Domdechanten drei Wochen in Berlin. Die Angelegenheiten des Domkapitels nahmen ihn sehr in Anspruch, und er klagte, daß er nur wenig Zeit für seine Freunde hatte und keinen ungestörten Abend mit Ramler verbringen konnte. Aber während dieses Aufenthaltes lernte er Gotthold Ephraim Lessing kennen. Lessing wurde damals gerade 26 Jahre alt, hatte seine Hauptwerke, mit denen er die deutsche Nationalliteratur bereichern sollte, noch nicht geschrieben, war aber schon ein bekannter Mann und gab 1753-56 selbstbewußt seine Schriften in sechs Bänden heraus. Hier veröffentlichte er auch das erste bürgerliche Trauerspiel *Miß Sara Sampson*, das 1753 in Frankfurt an der Oder mit großem Erfolg uraufgeführt worden war. Die erfolgreiche Berliner Aufführung veranlaßte Diderot, das Werk ins Französische zu übersetzen. Als Schriftsteller war Lessing Gleim also schon vor dieser Berliner Begegnung bekannt, und am 9. Mai 1755 schrieb er an Ramler, daß er von den neu veröffentlichten Schriften nur Lessings 6. Teil gelesen habe:

*„Was für ein fürtrefflich Stück ist Sara Sampson! Ich habe es einem Domherren vorgelesen, und sogar der mußte weinen! Ich war von den vielen Schönheiten so entzückt, daß ich ausrief, eine Tonne Goldes und Lessing die Hälfte. Sagen Sie ihm doch diesen meinen völligen Beifall!"*

Am 1. August 1755 bezeichnete Gleim die Tragödie als ein Meisterstück, wollte 20 Meilen reisen, um eine Aufführung zu sehen und bat Ramler um einen Gruß an Lessing. Gleim mußte aber immer damit leben, daß Lessing Literaten angriff, die ihm nahestanden, so 1754 Samuel Gotthold Lange. In *Vade mecum für Herrn Samuel Gott-*

*hold Lange, Pastor in Laublingen* setzte sich Lessing sehr polemisch mit der Horazübersetzung des damals durchaus bekannten Dichters auseinander, Toleranz bedeutete für ihn keineswegs, daß er alles gelten ließ.

Gotthold Ephraim Lessing wurde am 22. Januar 1729 in Kamenz als Sohn des Geistlichen Johann Gottfried Lessing und seiner Ehefrau Justine Salome, geb. Feller, geboren. Nach erstem Privatunterricht besuchte er die Kamenzer Stadtschule und erhielt 1741 eine Freistelle an der Fürstenschule St. Afra in Meißen. Hier eignete er sich alles Wissen an, das diese Schule bieten konnte, beschäftigte sich auch intensiv mit Mathematik, las in seinen Mußestunden die Dichter der Zeit und unternahm auch selbst erste dichterische Versuche. 1746, früher als üblich, nahm Lessing ein Theologiestudium an der Leipziger Universität auf, er nutzte ein verfügbares Stipendium.

Er erkannte sehr früh, daß die Theologie allein nicht seine Welt war, daß ihn die Bücher zwar gelehrt, aber nicht zum Menschen machen konnten und wandte sich den „schönen Künsten", vor allem dem Theater, zu. Er trat in enge Beziehung zur Neuberschen Theatertruppe, die auch sein Stück *Der junge Gelehrte* aufführte. Die Leiterin der Truppe, Caroline Neuber, war eine berühmte Schauspielerin und bemühte sich als Theaterprinzipalin, das Niveau der wandernden Schauspielertruppen zu heben. Sie arbeitete mit dem Leipziger Professor Johann Christoph Gottsched zusammen und führte auf seine Anregung hin klassizistische französische Dramen auf.

Lessing war nur noch formal Theologiestudent. Die äußerst besorgten Eltern riefen ihn nach Kamenz zurück, aber da er nicht von seinen Kontakten lassen wollte, kam es zu einer merklichen Abkühlung des Verhältnisses. Lessing kehrte noch einmal nach Leipzig zurück, mußte aber bald wegen einer übernommenen Bürgschaft aus der Stadt fliehen. Er ging zunächst als Medizinstudent nach Wittenberg und bald darauf nach Berlin.

Die Jahre ab 1748 in Berlin waren für seine weitere Entwicklung von wesentlicher Bedeutung. Lessing wurde zunächst Mitarbeiter an der Schrift seines Vetters Mylius *Beiträge zur Historie und Aufnahme des Theaters* und anschließend Redakteur des literarischen Feuilletons der *Berlinischen Zeitung* unter dem Titel *Das Neueste aus dem Reiche des Witzes*. 1751 ging er für einige Monate nach Wittenberg, um die Magisterwürde zu erlangen.

Nach seiner Rückkehr nach Berlin machte er die Bekanntschaft des jüdischen Philosophen und Schriftstellers Moses Mendelssohn, aus der eine lebenslange Freundschaft wurde. Viele seiner Werke, vor allem der *Nathan*, wurden durch diese Beziehung beeinflußt. Zu den Freunden der Berliner Zeit gehörten auch der Schriftsteller Karl Wilhelm Ramler und der Verleger und Schriftsteller Friedrich Nicolai, in dessen Verlag Lessings frühe Werke erschienen. Aus seiner intensiven Beschäftigung mit dem Theater entstand die *Theatralische Bibliothek*. Lessing sah immer deutlicher, wie volksfremd das höfische französische Theater war und wandte sich dem englischen Schauspiel, vor allem Shakespeare als Vorbild für die sich herausbildende bürgerliche Kultur zu.

Bald nach der ersten Begegnung mit Gleim in Berlin ging Lessing nach Leipzig und hielt sich dort mit Unterbrechungen bis 1758 auf. Er lernte den Kaufmann Winkler kennen, den er auf einer Bildungsreise durch Europa begleiten sollte. Lessings Reiseweg führte Mitte Mai 1756 über Halberstadt nach Braunschweig. Gleim war erfreut über diesen kurzen Besuch, aber auch enttäuscht, da er wegen anderer Gäste wenig mit Lessing über die Themen sprechen konnte, die beide interessierten (Gleim an Ramler, 16. Mai 1756). Die geplante große Reise fand wenige Wochen nach Ausbruch des Siebenjährigen Krieges ihr vorzeitiges Ende in Amsterdam, der Kaufmann fürchtete um seine Geschäfte, und Lessing mußte mit ihm nach Leipzig zurückkehren. Dort pflegte er engen Umgang mit dem preußischen Offizier und Dichter Ewald Christian von Kleist, der seit dem Frühjahr 1757 in Leipzig stationiert war. Gleim, den schon lange eine herzliche Freundschaft mit Kleist verband, besuchte ihn Ostern 1757, nachdem Lessing ihm in seinem ersten Brief vom 2. April 1757 gemeldet hatte:

„*Ich schreibe dieses in dem Zimmer ihres Freundes, des Herrn Major von Kleist, und vor seinem Bette. Er liegt bereits den achten Tag an einem Katharalfieber krank ...*"

und Lessing bat Gleim, sein Versprechen wahr zu machen und nach Leipzig zu kommen. Auf diese Weise wurde auch die Bekanntschaft zwischen Lessing und Gleim erneuert.

Zwischen dem preußischen Offizier Kleist, Lessing und Gleim, der sein Leben lang ein begeisterter Preuße war und den König Friedrich II. außerordentlich verehrte, wird die literarische Verarbeitung der Kriegsereignisse ein häufiges Gesprächsthema gewesen sein. In diesem Zusammenhang hat Gleim Lessing aufgefordert, eine Ode auf den preußischen König zu schreiben, und Lessing ging, wenn auch mit einer gewissen Ironie, auf dieses Ansinnen ein und schickte Gleim zunächst sein „Odengerippe". Er bat um schnelle Antwort, da er wieder nach Berlin gehen wollte, doch das geschah erst ein Jahr später. Lessing zog sich geschickt aus der Affäre und schrieb die Ode *An Herr Gleim*, in der er ihn aufforderte, den König und seine Schlachten zu besingen, während Lessing selber „*stillere Weisheit*" lehren wollte.

Gleim folgte der Aufforderung und schrieb in den ersten Monaten des Siebenjährigen Krieges preußische Kriegslieder aus der Sicht eines einfachen Grenadiers, der selbst an den Feldzügen teilnahm. Lessing veröffentlichte die Lieder zunächst als Einzeldrucke. 1758 gab er sie gesammelt und mit einer Vorrede versehen unter dem Titel *Preußische Kriegslieder in den Feldzügen 1756 und 1757 von einem Grenadier* heraus. Gleim hielt, auch gegenüber den engsten Freunden die Fiktion vom einfachen Grenadier aufrecht, und auch Lessing ging auf dieses Spiel ein, so konnte er manche Änderung der Lieder vorschlagen, die Gleim meist bereitwillig aufgriff. Seine ernsteste Kritik *„Der Patriot überschreiet den Dichter zu sehr"* erfolgte zwar erst am 16. Dezember 1758 nach dem Druck der Kriegslieder, ist aber sehr charakteristisch für Lessings Verhältnis zu Gleim. Lessing wollte Weltbürger sein und sich seinen Blick nicht durch blinden Patriotismus trüben lassen. Ramler sorgte dafür, daß der Berliner Jurist und Komponist Christian Gottfried Krause die in der Sammlung enthaltenen Lieder komponierte, und Lessing hob in seiner Vorrede besonders den volksverbundenen Ton der Lieder hervor. Am 11. August 1758 konnte Lessing dann 25 Exemplare der Kriegslieder aus Berlin nach Halberstadt schicken und um Gleims Urteil bitten. Gleims letztes Kriegslied *Der Grenadier an die Kriegsmuse nach dem Siege bei Zorndorf* ließ Lessing fragmentarisch in *Briefe, die neueste Literatur betreffend* drucken.

Ermuntert durch die gute Zusammenarbeit bei den Kriegsliedern, entschloß sich Gleim, Lessings 1759 erschienenes Schauspiel *Philotas,* das das Unmenschliche des Heroismus bloßstellte, in Verse zu setzen. Er war dann doch etwas besorgt, wie Lessing diesen Versuch aufnehmen würde und recht erleichtert, als er ihn ermunterte, mit der Übertragung fortzufahren:

*„Ich setze hinzu, daß Ihre Übersetzung, wenn Sie so fortfahren, vortrefflich und die beste Kritik für den Verfasser werden wird."* (Lessing an Gleim, 31. März 1759).

Die Ironie übersah Gleim, und vollends erleichtert war er, als Lessing ihm am 12. Mai 1759 schrieb:

*„Empfangen Sie vor allen Dingen meinen Dank für Ihren Philotas. Sie haben ihn zu dem Ihrigen gemacht, und der ungenannte prosaische Verfasser kann sich wenig oder nichts davon zueignen. Ich wußte es ja wohl*

*voraus, daß der Grenadier nicht übersetzen könnte. Und er tut auch wohl daran, daß er es nicht kann. Auch das wußte ich einigermaßen voraus, daß er viel zu viel Dichter ist, als daß er sich zu der tragischen Einfalt ganz herablassen werde. Seine Sprache ist zu voll, seine Einbildungskraft zu hitzig, sein Ausdruck oft zu kühn und oft zu neu, der Affekt stehet auf einmal bei ihm in voller Flamme; kurz, er hat alles um unser Aeschylos zu werden ..."*

Gleim sah kaum die versteckte Kritik, zumal Lessing das Werkchen auch drucken ließ. Viele Freunde hatten ihre Probleme mit Lessings oft unerbittlicher Kritik, aber der persönliche Umgang versöhnte sie immer wieder. Am 29. Dezember 1759 schrieb Ramler an Gleim über Lessing:

„*Er kann ohnmöglich in Schriften derjenige gelinde, nachgebende, lustige Gesellschafter sein, der er doch im Leben ist. Es ist freilich schlimm! Aber wir wollen uns seiner guten Seiten bedienen, da er zu alt ist, als daß wir ihm seine schlimmen abgewöhnen können."*

Auf Ramlers Bemerkung, daß kein „*lustiger Lessing*" mehr in Berlin wäre, klagte Gleim am 10. Dezember 1760, daß keiner der Freunde ihm Lessings Aufenthaltsort nannte und fuhr fort: „*... er* (Lessing) *muß nicht wissen, wie lieb ich ihn habe, sonst könnte er unmöglich mich in solcher Ungewißheit lassen.*" Auf Gleims 1764 veröffentlichte *Petrarchische Gedichte* reagierte Lessing freundlich kritisch, und schrieb, daß der Autor mehr den spielenden Ton Anakreons als den feierlich seufzenden des Petrarca angeschlagen habe.

In der Zeit der *Kriegslieder*, des *Philotas* und vor allem in den Monaten, als der gemeinsame Freund Kleist in den wirklichen Krieg zog, war der Briefwechsel zwischen Lessing und Gleim besonders intensiv. Die gemeinsame Sorge, die Ungewißheit und schließlich die Trauer um den geschätzten Freund verbanden beide. Kleist war am 24. August 1759 seinen Verwundungen erlegen, erst am 6. September hatte Lessing sichere Nachrichten und teilte sie Gleim mit.

Lessing hatte all die Jahre als freier Schriftsteller in schwierigen materiellen Verhältnissen gelebt. Die Freunde versuchten, etwas für ihn zu tun. 1757 bedankte sich Lessing bei Gleim für seine allerdings vergeblichen Bemühungen bei Berliner Freunden und einige Zeit später bestätigte er den Eingang von 100 Reichstalern, die ihm Gleim aus dem von ihm verwahrten Geld Kleists geschickt hatte. Im Herbst 1760 nahm er schließlich eine Stelle als Sekretär beim preußischen General von Tauentzin in Breslau an. Die Arbeit wurde gut bezahlt und war nicht besonders zeitaufwendig. Lessing konnte die Eltern unterstützen und sich eine Bibliothek anschaffen. In dieser Zeit erfolgten erste Arbeiten zu *Laokoon* und zu *Minna von Barnhelm*, daneben beschäftigte er sich mit Kirchengeschichte und den Lehren des Philosophen Spinoza. Der Briefwechsel mit Gleim kam völlig zum Erliegen, auch die Berliner Freunde erhielten nur sehr spärliche Nachrichten.

1763 war Lessing kurzzeitig in Potsdam und Berlin, und Ende Mai 1765 hatte er seine Stelle beim General von Tauentzin aufgegeben und kehrte nach Berlin zurück, dachte aber daran, nach Dresden zu gehen. Doch zunächst blieb er in Berlin, da er sich Hoffnungen machte, die Leitung der Königlichen Bibliothek zu übernehmen. Der Plan zerschlug sich, ein Franzose wurde ihm vorgezogen. Dieser erneute Mißerfolg bei der Suche nach einer angemessenen Stellung in Berlin schärfte seinen Blick für die Verhältnisse am preußischen Hof, an dem die französische Kultur dominierte. Der König hatte wohl auch kein Interesse daran, einen so kritischen Geist wie Lessing durch ein Amt an Berlin zu binden.

1766 reiste Lessing nach Bad Pyrmont und besuchte Gleim in Halberstadt. Er lieh sich Geld und einige Bücher aus, das Geld schickte er Ende Oktober zurück, die Bücher benötigte er noch. Gleim, der Lessings ungewisse wirtschaftliche Lage kannte, schickte ihm am 6. Januar 1767 50 Taler, die er ihm angeblich schuldig war. Lessing durchschaute natürlich Gleims Absicht und antwortete am 1. Februar 1767

„... *glauben Sie mir, ich kann wohl vergessen, wem ich schuldig bin, allein, wer mir schuldig ist, den behalte ich gewiß in frischem Gedächtnisse. Lösen Sie mir dieses Rätsel, bis dahin betrachte ich das Geld als ein Depot, von dem ich keinen Gebrauch machen werde."*

Auf diese Frage ging Gleim in seiner Antwort nicht ein. Im selben Brief hatte Lessing ihm aber seine Absicht mitgeteilt, nach Hamburg zu gehen und diesen Schritt bedauerte Gleim außerordentlich:

„*Traurig, sehr traurig ist es für mich, bester Freund, daß ich Ihnen eine glückliche Reise nach Hamburg wünschen muß. Der Herr Nicolai sagt mir da eben, daß Sie in einigen Tagen abreisen würden! Himmel und Hölle hätte ich bewegt, Sie bei uns zu behalten, wäre ich z.E. Sulzer in Berlin gewesen. Denn nicht dem, der wegen seiner französischen Erziehung gleichgültig gegen alles, was deutsch ist, geworden* (Friedrich II.) *sondern allen denen, die sich für deutsche Patrioten ausgeben, und nicht alle mögliche Wege eingeschlagen sind, einen Lessing bei uns zu behalten, diesen nur leg´ ich es zur Last, daß wir ihn verlieren!"* (Gleim an Lessing, 28. März 1767)

1766 hatte Lessing *Laokoon, oder Über die Grenzen der Malerei und Poesie* veröffentlicht und damit Grundlagen zur Ästhetik der deutschen Klassik gelegt. Neben begeisterter Aufnahme gab es auch Ablehnung, speziell von Professor Klotz aus Halle, den auch Gleim kannte. Lessing sah sich zu einer Antwort genötigt und veröffentlichte 1768/69 *Briefe antiquarischen Inhalts* und *Wie die Alten den Tod gebildet*, in denen er den Angriff mit scharfer Polemik abschlug.

Im Winter 1766/67 hatte Lessing *Minna von Barnhelm* vollendet, eine der wenigen deutschen Komödien, die auch heute noch gespielt werden. Die Uraufführung in Hamburg brachte nur mäßigen Erfolg, während das Stück in Leipzig und Berlin sehr publikumswirksam war. Die theaterbegeisterte Dichterin Anna Louisa Karsch schrieb Gleim am 29. März 1768 über eine Berliner Aufführung.:

*„Heute, mein liebster Freund, wird das Soldatenglück zum achtenmal vorgestellt, und es war gestern zum Erstaunen, wie sich die Berlinische Welt hinzudrängte, die Galerie, die Logen, das Parterre, alles ward voll, ich mußte mich begnügen, einen Platz auf dem Theater zu finden, denn auch das war auf beiden Seiten besetzt, ein außerordentlicher Zusatz zur Ehre des Herrn Lessings, denn vor ihm hats noch keinem deutschen Schauspieldichter gelungen, daß er den Edlen und dem Volk, den Gelehrten und Laien zugleich eine Art Begeisterung eingeflößt und so durchgängig gehalten hätte."*

Daß Lessing für die elfte Vorstellung tausend Dukaten als Preisgeschenk von der Akademie bekommen sollte, hielt auch die Karschin für ein Gerücht. Sie bat Gleim, nach Berlin zu kommen, um sich ebenfalls eine Aufführung anzuschauen. Gleim war durchaus interessiert, das Werk zu sehen, an Johann Georg Jacobi schrieb er im April 1768:

*„Kommt die Döblinsche Gesellschaft nach Halle, so müssen Sie sie aufhalten, bis ich in Lauchstädt bin. Minna von Barnhelm möcht ich gar zu gern hören. Zum neunzehnten Mal hat man in Berlin sie aufgeführt, welch ein Beifall! Ich freue mich so sehr wie Lessing selber darüber!"*

Er sah das Lustspiel aber erst im Sommer 1769 in Berlin und schrieb an den Dichter in Hamburg:

*„Der Schauspieler kann sie nicht ganz verderben, sie wird immer gefallen; aber wenn Döblin nicht alle Charaktere durch Stimme, Gebärde, durch alles so geflissentlich übertriebe, so würde das vortreffliche Stück unendlich dabei gewinnen!"* (Gleim an Lessing, 25. September 1769)

Noch am 27. März 1731 erinnerte sich Goethe in seinen Gesprächen mit Eckermann an diese Zeit:

*"Sie mögen denken, wie dies Stück auf uns junge Leute wirkte, als es in jener dunkeln Zeit hervortrat. Es war wirklich ein glänzender Meteor. Es machte uns aufmerksam, daß noch etwas Höheres existiere, als wovon die damalige schwache literarische Epoche einen Begriff hatte."*

Diese zeitgenössischen Stimmen beweisen, wie außergewöhnlich dieses Gegenwartsstück wirkte und wie gut das damalige Publikum auch Lessings kritische Töne verstand.

Mit dem schon erwähnten Brief vom 25. September 1769 schickte Gleim seine *Oden nach dem Horaz* und bat um Lessings Urteil. Dieser lobte Gleims *„naive Schönheiten"*, die in der Sammlung enthaltene Ode *An Lessing* hätte er allerdings gerne unterdrückt. Sie sprach von Gleims hoher Wertschätzung für den Dichter und seiner Hoffnung, daß Lessing den zerstörten Sitz der Musen und Dichter wieder aufrichten werde.

Doch Lessings materielle Lage hatte sich durch den Theatererfolg nicht verbessert. Berlin bot ihm keine Möglichkeiten, und so ging er im April 1767 als dramaturgischer Berater ans Nationaltheater nach Hamburg. Die bürgerliche Theatertradition der Hansestadt, die Hinwendung zur englischen Dramatik und die Unabhängigkeit von höfischen Rücksichten lockten ihn. Er hoffte, hier die Fragen des deutschen Theaters an praktischen Beispielen erörtern zu können und begleitete die Aufführungen mit einer wöchentlichen Artikelfolge, der *Hamburgischen Dramaturgie*. Die Dramen selbst und ihre Aufführungen wurden in einem größeren Zusammenhang betrachtet, die dramatische Kunst überhaupt analysiert und dabei Theorie und Praxis des französischen Theaters und seiner deutschen Nachahmungen überwunden. Lessings Auffassung vom Tragischen wirkte nachhaltig auf die Dichter der nächsten Generation.

Doch auch in einer so wohlhabenden und bürgerstolzen Stadt wie Hamburg war das Interesse an einer selbstständigen Kunstpflege noch sehr schwach entwickelt. Das Theater mußte im Dezember 1767 seine Vorstellungen unterbrechen, und die Theatertruppe löste sich im September 1768 endgültig auf. Lessings Enttäuschung führte dazu, daß er sich gänzlich vom Theater abwandte und alle dramatischen Pläne unbearbeitet ließ.

Lessing hatte sich bemüht, seine Existenz in Hamburg noch durch ein zweites Unternehmen zu sichern. Die wirtschaftliche Lage der Schriftsteller war allgemein problematisch, niemand konnte auf Dauer allein von seinen literarischen Werken leben. Viele Schriftsteller, neben Lessing auch Klopstock und Gleim, sahen den Hauptgrund dafür im Druckerei- und Verlagswesen und versuchten, die Lage durch Selbstverlagsunternehmungen zu verbessern. Lessing übernahm in Hamburg zusammen mit Johann Joachim Christoph Bode eine Druckerei und steckte alle seine Ersparnisse und den Erlös aus der Versteigerung seiner Bibliothek in dieses Unternehmen. Doch die Erfolge blieben aus, vor allem der unbefugte Nachdruck, gegen den es noch keine Gesetze gab, brachte größte wirtschaftliche Schwierigkeiten und das Ende des Unternehmens. Lessing blieb nur ein großer Schuldenberg, der seine Lage immer unerträglicher machte.

Es gab aber auch wertvolle menschliche Kontakte, die Lessing an Hamburg banden. Durch Bode hatte er Beziehungen zu den Freimaurern aufgenommen. Er verkehrte mit den großen Schauspielern Hans Konrad Dietrich Ekhof und Friedrich Ludwig Schröder. Er hatte Kontakte zu den Dichtern Friedrich Gottlieb Klopstock und Matthias Claudius sowie zu dem Komponisten Carl Philipp Emanuel Bach, den er schon aus Berlin kannte. Den Familien Reimarus und König war er herzlich zugetan.

1769 drang das Gerücht nach Halberstadt, Lessing würde nach Rom gehen, um Winckelmanns Stelle einzunehmen. Gleim war enttäuscht und schrieb Lessing am 9. März 1769:

*„Sollen wir alle unsere Weisen den dummen Römern geben, sie klug zu machen? Die wenigen, die wir haben, gebrauchen wir sie nicht höchstnötig selbst?"*

Zeitweilig trug sich Lessing auch mit dem Plan, nach Wien zu gehen. Der Regierungsantritt Josephs II. erweckte bei vielen Zeitgenossen Hoffnung auf die Förderung aufgeklärter Ideen. Doch auch dieser Plan zerschlug sich.

Der Briefwechsel zwischen Lessing und Gleim hatte im Laufe der Jahre an Intensität verloren, aber durch Lessings Frage, ob Gleim ihn vergessen habe, fühlte sich dieser im Innersten getroffen und schrieb:

*„Ich Sie vergessen? mein liebster Lessing? Wie konnte Ihnen nur einmal der Gedanke einkommen? Diesen ganzen Sommer hindurch hab´ ich mit dem Vorsatz gekämpft, Sie in Hamburg zu überfallen, einmal, da ich schon im Wagen saß, hieß es, Sie wären in Leipzig und blieben in Leipzig, dann wieder, Sie wären in Wien, in Rom! Wo sollt´ ich Sie suchen ... Die Frage: ob Sie mir noch eben so unverhohlen schreiben dürfen wie ehemals, die kann ich ohne einen kleinen Unwillen nicht beantworten. Meine Freundschaft ist unveränderlich. Sie, mein Liebster, sollten von dieser Seite mich am besten kennen, und meine Hochachtung hat seit dem Laokoon, seit Minna von Barnhelm, seit der Dramaturgie einen großen Zusatz erhalten, wie oft dacht´ ich nicht ohne einen kleinen Stolz daran, daß dieser Lessing mein Freund sei."* (Gleim an Lessing, 28. September 1768)

Lessings Ankündigung, als Bibliothekar nach Wolfenbüttel zu gehen, nahm Gleim mit Freuden zur Kenntnis, erhoffte er sich doch ein baldiges Wiedersehen. Die Aussicht, eine große und bedeutende Bibliothek zu betreuen und Auskünfte aus ihr zu vermitteln, bewogen Lessing, diese Stelle anzunehmen, zumal es die einzige reale Chance war. Am 7. Mai 1770 trat er sein Amt an. Er konnte sich aber nur sehr schwer an dieses neue Leben gewöhnen., die Fesseln des Amtes, die kleinstädtische Enge und vor allem die Vorherrschaft des Hofes bedrückten ihn. Töne von Bitterkeit und Lebensüberdruß verstärkten sich in seinen Briefen. Vom Braunschweiger Hof hielt er sich so weit entfernt, wie nur möglich. Er pflegte Kontakte zu einem Kreis Braunschweiger Dichter und Gelehrter, die in ihrer Jugend Klopstock und den Bremer Beiträgern nahegestanden hatten und jetzt meist am Carolinum, einer höheren Lehranstalt, tätig waren, gemeint sind die Schriftsteller Johann Arnold Ebert, Johann Joachim Eschenburg und Just Friedrich Wilhelm Zachariae sowie der Abt Johann Friedrich Wilhelm Jerusalem.

Besonders eng gestaltete sich Lessings Verhältnis zu Eva König in Hamburg. Als ihr Mann im Januar 1770 plötzlich gestorben war, stand Lessing der Witwe und ihren minderjährigen Kindern hilfreich zur Seite. Lessings Zuneigung zu dieser ihm gleichgesinnten Frau verstärkte sich immer mehr, und da auch sie seine Gefühle erwiderte, verlobten sich beide im September 1771. Die Heirat mußte aus wirtschaftlichen Gründen bis zum 8. Oktober 1776 hinausgeschoben werden.

Da Lessing nun relativ nahe bei Halberstadt wohnte, bemühte sich Gleim wieder um engere Kontakte. Schon im August 1770 reiste er nach Wolfenbüttel und brachte den Maler Benjamin Calau mit, um Lessing für seinen Freundschaftsstempel porträtieren zu lassen. Der Besuch kam Lessing diesmal recht ungelegen, da auch seine spätere Frau Eva König und deren Bruder in Braunschweig waren. Trotzdem entstand ein Bildnis Lessings, über das er am 8. September 1770 an Eva König schrieb:

*„Herr C. hat sein bestes getan, ich bin so ziemlich mit ihm zufrieden, vielleicht, weil ich immer besorgte, daß ich es ganz und gar nicht sein würde. Wieviel ich aus meiner Imagination zu seiner Geschicklichkeit hinzutun muß, kann ich eigentlich nicht sagen ..."*

Das Bildnis, heute in Weimar, trägt auf der Rückseite die Beschriftung: *„G. E. Lessing, wegen seiner Minna von Barn-*

*helm gemalt zu Wolfenbüttel, mit Öl und Wachs von Calau für Gleim im August 1770".* Wahrscheinlich ist es nie in Gleims Sammlung gekommen, da dieser inzwischen das schon früher gemalte und Georg Oswald May zugeschriebene Bildnis erhalten hatte, das sich noch heute im Freundschaftstempel befindet.

Gleim schickte auch weiterhin seine dichterischen Versuche an Lessing, z.B. 1771 *Alexis und Elise* In der Bestätigung konnte Lessing das Bedrückende seiner Lage nicht verheimlichen und schrieb:

„*Der Bücherstaub fällt immer mehr und mehr auf meine Nerven, und bald werden sie gewisser feiner Schwingungen ganz und gar nicht mehr fähig sein.*" (6. Juni 1771)

Anfang 1772 sandte Gleim Lessing seine soeben entstandenen *Lieder fürs Volk.* Er hoffte, die gute Zusammenarbeit aus der Zeit der *Kriegslieder* wieder aufleben zu lassen. Lessing lobte Gleims Anliegen und seinen Begriff vom Volk:

„*Sie nur haben das Volk eigentlich verstanden und den mit seinem Körper tätigen Teil im Auge gehabt, dem es nicht sowohl am Verstande, als an der Gelegenheit fehlt, ihn zu zeigen.*" (22. März 1772).

Lessing war aber zu sehr mit anderen Dingen beschäftigt, um sich auf eine Vorrede einzulassen. Auf Gleims Vorschlag, an deren Stelle Auszüge aus dem zitierten Brief zu drucken, reagierte Lessing nicht sofort, und der immer eilige Gleim veröffentlichte die Lieder ohne Vorwort. Die Sammlung fand wenig Beachtung, es waren eben *Lieder für das Volk*, keine Volkslieder, wie sie den Ideen des Sturm und Drangs und Herders entsprachen.

Lessings wirtschaftliche Lage in Wolfenbüttel blieb angespannt, zwar lag er mit seinem Jahresgehalt von 600, später von 909 Talern im mittleren Bereich, aber es war ihm kaum möglich, die Schulden aus dem gescheiterten Druckereiunternehmen in Hamburg abzutragen. Außerdem zwang ihn der Tod des Vaters, Mutter und Schwester in Kamenz zu unterstützen. Sein schlechter Gesundheitszustand lähmte zeitweilig die Schaffenskraft. Dennoch brachte er einige Arbeiten aus zurückliegenden Epochen zum Abschluß, vor allem das Drama *Emilia Galotti*. Das Werk war schon in Leipzig konzipiert und mehrfach überarbeitet worden. Lessing stellte den Untergang einer bürgerlichen Familie in der Konfrontation mit dem Hofleben dar. Die Dramatik des Sturm und Drangs, vor allem die Jugendwerke Goethes und Schillers, erhielten von diesem Drama entscheidende Impulse. Das Werk war so neuartig, daß es vor allen Dingen Beifall bei den literarischen Mitstreitern, weniger beim großen Publikum fand. Christoph Martin Wieland bot Lessing nach der Lektüre seine Freundschaft an, und Lessing antwortete: „*... ich habe nie anders gewußt, als daß wir es längst seien.*" (2. September 1772)

Das Werk wurde am 16. März 1772 zu Ehren des Geburtstages der Herzogin in Braunschweig von der Döbelinschen Gesellschaft uraufgeführt und achtmal gespielt. Über eine Berliner Aufführung schrieb der Verleger und Schriftsteller Johann Gottfried Dyck an den Dichter Johann Benjamin Michaelis, damals in Halberstadt:

*„In Berlin hat man das Stück dreimal aufgeführt, aber jedesmal mit abnehmendem Zulauf. Kein Wunder! das Stück ist für die Lektüre der Kenner, weit über unsere Zuschauer und Schauspieler. Beide verlangen Stücke, wo nur ein oder zwei Rollen hervorstechend gearbeitet sind, an die sich die erstern halten können, um mit den Charakteren zu sympathisieren. Hier aber entsteht die Wirkung aus dem guten Spiel jedes Gliedes der Maschine. Stockt einer, so tut die Maschine nicht ihre Wirkung, und wie viele stocken nicht bei unsern theatralischen Maschinerien.*" (24. April 1772).

Gleim erhielt das Werk im März 1772 von Lessing und antwortete darauf:

*"„welch ein deutsch-Shakespearisches Meisterstück! Ich umarme Sie dafür, für mich und alle meine Halberstädter, die es mit dem ersten Beifall, den man der höchsten Vollkommenheit zu geben pflegt, aufgenommen haben. Schande, daß unsere Kunstrichter davon so lange stille schweigen, denn in keiner Zeitung ist es angekündigt, und Schande für den Verleger und für die Ausbreitung des Geschmacks an solchen Meisterwerken, daß hier nicht gleich Exemplare gewesen sind. Denn nun haben die meisten hiesigen Leser mir das meinige abgeborgt, haben das Stück gelesen, bewundert und mir zurückgegeben. Hätte jeder ein Exemplar gekauft, so hätte jedes Bewunderung mehr Leser nach sich gezogen."* (24. März 1772)

Hier zeigte sich wieder recht deutlich Gleims praktischer Sinn, der neben der literarischen Leistung und dem Erfolg auch immer die Verbreitung und damit die wirtschaftliche Lage von Verleger und Autor im Sinn hatte. Gleims Plan, nach Braunschweig zu reisen, um eine Aufführung der *Emilia Galotti* zu sehen, wurde nicht verwirklicht.

Als Gleim 1774 in einer Krise steckte und sich durch sein religiös-philosophisch gefärbtes Werk *Halladat* befreien wollte, unterstützte ihn Lessing durch seine Anteilnahme.

Gleims nächster Besuch bei Lessing im September 1776 lag zeitlich wieder sehr ungünstig. Am 17. September 1776 schrieb Lessing an Eva König:

*„Ein unvermuteter Besuch von G. aus H. hat mich um drei volle Tage gebracht, in welchen ich doch auch gar nichts in unserer Sache tun können. Daß mir der Mann doch immer so ungelegen kommen muß! Sie erinnern sich, als Sie mit Ihrem Herrn Bruder in Braunschweig waren, kam er mir eben so unerwartet über den Hals. Damals hatte er einen Maler mit, und dieses Mal hatte er gar seine Nichte bei sich."*

Gleim wußte sicher nicht, daß Lessing am 8. Oktober heiraten wollte, aber seine spontanen Entschlüsse belasteten auch andere Beziehungen. Es fiel ihm schwer zu verstehen, daß die meisten Freunde, die sich mit wissenschaftlichen Problemen beschäftigten und Beruf und Familie hatten, nicht jederzeit bereit und in der Lage waren, solchen freundschaftlichen Zusammenkünften plötzlich ganze Tage zu widmen.

Lessings Ehe dauerte nur wenig über ein Jahr, seine Frau starb nach der Geburt eines Sohnes im Januar 1778. Gleim erfuhr Lessings schmerzlichen Verlust von den Freunden in Braunschweig.

Für Lessing waren die geistigen, das hieß in jener Zeit vor allem die theologischen Auseinandersetzungen, immer wichtiger geworden. Unter die *Wolfenbütteler Fragmente (Veröffentlichungen aus den Schätzen der Bibliothek)* reihte er Schriften seines Hamburger Freundes Hermann Samuel Reimarus ein und zog sich den Haß der protestantischen Orthodoxie, vor allem des Hamburger Hauptpastors Goeze zu. Nach einigen Streitschriften beendete der Braunschweiger Herzog die Auseinandersetzungen durch das Verbot an Lessing, weiter *„in Religionssachen"* zu schreiben. Daraufhin schrieb Lessing am 6. September 1778 an Elise Reimarus: *„Ich muß versuchen, ob man mich auf meiner alten Kanzel, auf dem Theater wenigstens noch ungestört will predigen lassen"* und schrieb in wenigen Monaten das gedankenreichste Schauspiel der deutschen Aufklärung *Nathan der Weise*. Lessing verlegte die Handlung nach Jerusalem, aber es ging um die höchsten Ideale des Bürgertums seiner Zeit, um Humanität und Toleranz. Im Gegensatz zu seinen früheren Dramen ist der *Nathan* nur locker komponiert, alles weist auf die Hauptgestalt hin, zu der sein jüdischer Freund Moses Mendelssohn das Vorbild lieferte. Für manche Zeitgenossen war es eine unerhörte Herausforderung, daß ein Vertreter des mißachteten Judentums Träger der edelsten Ideen war.

Gleim hatte 15 Exemplare des *Nathan*, wohl für interessierte Halberstädter, bestellt und seinen Besuch in Wolfenbüttel angekündigt. Er muß sich sehr schnell zu dieser

Reise entschlossen haben, denn schon am 2. Mai 1779 dankte er Lessing und seiner Stieftochter für die freundliche Aufnahme. Mitte Mai erhielt Gleim die bestellten Exemplare, nahm das Buch mit nach Bad Lauchstädt und berichtete, daß es sein ständiger Begleiter sei:

*„.. ich hab´ ihn studiert, ihn vorgelesen, o ich möchte so gern in einem Buche von 24 Bogen beweisen, ... daß Sie was Besseres nicht machen könnten. Vortrefflich, herrlich ist alles – Fabel, Vers, Ausdruck; wenn ichs nicht gleich nach Empfang der Exemplare, mein bester Lessing, Ihnen sagte, so ists wahrlich unterblieben, verschoben, weil ich ein Buch darüber schreiben wollte. Bücher genug werden darüber geschrieben werden. Gott weiß, von welchen Bücherschreibern! Urteile der Bosheit und der Dummheit hört ich die Menge; zum besten der Menschen einen Juden, zum schlimmsten einen Christen zu machen, welch Verbrechen! Auch haben die Christen zu Dresden deshalb, sagt man, ihn den besten der Menschen schon Landes verwiesen. Nicht übel, denn nun erst wird man ihn suchen und weiser werden."* (22. Juli 1779)

Die letzte Begegnung zwischen Lessing und Gleim erfolgte im August 1780 in Halberstadt. Lessing hatte sich entschlossen, Friedrich Heinrich Jacobi, mit dem er interessante Gespräche über die Lehren des niederländischen Philosophen Baruch Spinoza begonnen hatte, zu Gleim zu begleiten. Der Spinozismus beeinflußte die meisten Dichter und Denker des 18. Jahrhunderts, neben Lessing vor allem Herder und Goethe. Gleim hat sich an den Gesprächen in Halberstadt kaum beteiligt, die philosophischen Fragen seiner Zeit berührten ihn nur am Rande. Er war ein durchaus praktischer Mann. In einem Bericht über den Besuch an Johann Georg Jacobi, den Bruder seines zweiten Gastes, gestand er, daß er sich nicht getraut habe, ein Projekt zum Besten von Schriftstellern vorzuschlagen.

Als Gleim wenige Monate später von Lessings Stieftochter Amalie König die Nachricht erhielt, daß Lessing am

15. Februar 1781 in Braunschweig verstorben war, reagierte er sehr bestürzt. In die Handschrift einiger Lessingfabeln in seinem Besitz schrieb er: *„am 15. Febr. 1781 ist der große Mann Lessing gestorben"*. An die Dichterin Anna Louisa Karsch schrieb Gleim am 28. Februar 1781:

*„..trauriger aber war die Nachricht vom Tode Lessings, dem großen, vortrefflichen einzigen Mann – Sie haben ihn nicht gekannt wie ich, Sie würden sonst mir beistimmen, daß wir nur einen Lessing hatten, und in ihm einen Verlust erlitten haben, welchen zu ersetzen, die Könige der Erden alle keine Macht haben –"*

Mit großer Betroffenheit reagierte auch der Dichter Friedrich Leopold Günther Goeckingk in Ellrich auf Lessings plötzlichen Tod, *„der Forst auf dem Parnaß wird immer dünner"* und schloß sarkastisch: *„Für unsere Nation ist das Unglück indeß eben nicht groß, denn sie bleibt dabei so gleichgültig, als bei dem einreißenden Holzmangel."* (Goeckingk an Gleim, 21. Februar 1781) Goeckingk veranstaltete in Ellrich eine Trauerfeier für Lessing, zu der ihm Gleim bereitwillig das Bildnis aus seiner Sammlung lieh und an der er auch selbst teilnahm.

Das Verhältnis zwischen Lessing und Gleim wandelte sich im Laufe der Jahrzehnte. In den ersten Jahren ihrer Bekanntschaft standen sie sich als etwa gleichberechtigte Partner gegenüber, Lessing stand noch am Anfang seiner Entwicklung, und Gleim erreichte den Höhepunkt seiner Popularität. Beide waren stark an der Entwicklung der deutschen Literatur interessiert, und durch die gemeinsame Freundschaft zu Ewald Christian von Kleist kamen sie sich auch menschlich näher. Gleims Hochachtung und Wertschätzung Lessings steigerte sich ständig. Er nahm jedes Werk, besonders die Dramen, mit Begeisterung auf, freute sich über positive Kritiken und plante Reisen, um die Dramen auf der Bühne zu sehen. Gleim erkannte immer deutlicher, wie weit Lessing als bedeutendster Vertreter der deutschen Aufklärung über den anderen Dichtern seiner Zeit stand, und er war glücklich darüber, mit ihm befreundet zu sein, zumal er ihn auch als Menschen außerordentlich schätzte. Gemeinsame Projekte gab es nach den *Kriegsliedern* allerdings nicht mehr, Lessing beschäftigte sich mit Dingen, die Gleim sehr fern lagen. Lessings geistige Weite, speziell die theologischen Auseinandersetzungen mit dem Hamburger Hauptpastor Goeze, begriff Gleim nur teilweise und hätte es viel lieber gesehen, wenn sich Lessing voll auf die Dichtung konzentriert hätte. Diese Haltung teilten auch die meisten von Lessings Braunschweiger Freunden. Ein Partner, mit dem er seine geistigen Probleme diskutieren konnte, war Gleim für Lessing nicht, aber den gab es unter den deutschen Schriftstellern auch kaum, Lessings Größe machte ihn einsam. Dennoch war auch Lessing an der Erhaltung eines menschlich-freundschaftlichen Verkehrs interessiert. Er konnte einschätzen, was Gleim als Dichter leisten konnte, die Beziehungen wurden nicht durch unerfüllte Erwartungen getrübt. Beide standen sich in persönlich schwierigen Situationen bei, und Gleim blieb der interessierte und stets hilfsbereite Freund, auf den man rechnen konnte, allerdings konnte er manchmal auch etwas unbequem sein.

Gleim war schockiert, als Gerüchte nach Halberstadt drangen, nach denen Lessing in Wolfenbüttel geradezu verhaßt gewesen sei. Der gemeinsame Freund Eschenburg konnte ihn hier zwar beruhigen, aber Gleim wurde wohl erst nach Lessings Tod bewußt, wie bedrückend dessen Lage in Wolfenbüttel gewesen war. Noch am 17. Mai 1795 klagte Lessings Nachfolger im Bibliotheksamt Ernst Theodor Langer über seine Lage in Wolfenbüttel und schloß: *„Lessing ist zwar nicht darin, wohl aber daran gestorben."* Um so mehr freute sich Gleim über jeden Versuch, Lessing ein ehrendes Andenken zu bewahren.

*„Unsere Pflicht ist, den großen unsterblichen Mann in Schutz zu nehmen gegen Verlästerungen. Wir haben ihn gekannt, wir wissen, daß es ihm zu tun war um Licht und Wahrheit unter den Menschen",*

schrieb er an Eschenburg am 28. Februar 1781. Als Lessings Bruder mit Eschenburgs Hilfe den Nachlaß herausgab, nahm er regen Anteil und stellte seinen Briefwechsel mit Lessing zur Veröffentlichung zur Verfügung, den Titel *G. E. Lessings Briefwechsel mit Friedrich Wilhelm Gleim*. Berlin 1794, hat er wohl nicht beeinflußt. Gleim war stolz darauf, mit einem der bedeutendsten Zeitgenossen in freundschaftlicher Verbindung gestanden zu haben und scheute sich nicht, die Dokumente ihrer Beziehungen der Öffentlichkeit zugänglich zu machen.

Handschrift von Lessings Fabeln (Eintragung Gleims)

Kapitel 19

# Christoph Martin Wieland

Nachdem Friedrich Gottlieb Klopstock das für ihn ungastliche Haus des Schweizer Literaturtheoretikers Johann Jakob Bodmer in Zürich verlassen hatte, lud sich dieser einen neuen Gast ein, den jungen Christoph Martin Wieland. Wieland hatte schon 1751 den Anfang eines Hermann-Epos an Bodmer geschickt, er wünschte sich eine Einladung, um seine dichterischen Fähigkeiten entwickeln zu können. Vor Aufnahme seines Jurastudiums in Tübingen hatte er erste ernsthafte Versuche auf literarischem Gebiet unternommen. Bodmer, durch schlechte Erfahrungen mißtrauisch geworden, erkundigte sich in Tübingen nach dem jungen Mann, ging das Wagnis aber schließlich ein mit der Absicht, den jungen Wieland für seine kulturpolitischen und poetischen Zwecke einzuspannen. Wieland war durchaus bereit, im literarischen Streit gegen Gottsched und seine Anhänger in Leipzig Schützendienste zu leisten, hoffte aber vor allem auf Möglichkeiten zu eigener poetischer Produktion und zur Weiterbildung. 1752 verfaßte er in wenigen Tagen die *Ankündigung einer Dunciade für die Deutschen* und schickte diese Schrift anonym an Gleim nach Halberstadt, der sie mit Vergnügen drucken ließ. Erst viel später gestand Wieland Gleim seine Verfasserschaft, und 1797 bekannte er sich im *Teutschen Merkur* auch öffentlich dazu, mißbilligte die Schrift aber als Jugendsünde.

Gleim wußte spätestens seit der Werbereise Ewald Christian von Kleists in die Schweiz 1752/53 von diesem jungen Dichter. Er war, wie fast immer, zu Hilfe und Unterstützung bereit, ließ Wieland über den Prediger Martin Künzli zu sich einladen und versprach, sich nach einer geeigneten Pfarrstelle umzusehen, offenbar wußte Gleim nicht, daß Wieland von der Ausbildung her Jurist war. Seit dieser Zeit zählte Wieland Gleim zu den Parteigängern der Schweizer, wie aus seinem ersten Brief an ihn vom 21. Januar 1755 hervorgeht. Mit diesem Brief reagierte er auf den Gruß Gleims, den Künzli überbracht hatte und der auch Bodmer mit einschloß, zu dem der Kontakt seit Klopstocks Abreise nur sehr locker war. Wieland schickte den Anfang seiner Schrift *Edward Grandisons Aufenthalt in Görlitz* an Gleim mit der Bitte um Veröffentlichung und schlug vor, auch Lessing für die Partei der Schweizer zu gewinnen. Gleim war zur Unterstützung bereit und sorgte mit Hilfe seiner Berliner Freunde für den Druck. Aber 1757, als Wieland in der Vorrede zu den *Empfindungen eines Christen* vehement die anakreontische Dichtung, vor allem Johann Peter Uz, angegriffen hatte und Maßnahmen gegen Wollust und Ruchlosigkeit forderte, mußte sich auch Gleim getroffen fühlen.

Christoph Martin Wieland war gebürtiger Schwabe, er erblickte am 5. September 1733 in Oberholzheim bei Biberach das Licht dieser Welt. Der Vater war evangelischer Pfarrer und hatte seine Ausbildung im pietistischen Halle erhalten. Die Mutter, Regina Catharina, war eine geborene Kückin. Die Eltern zogen 1736 in die freie Reichsstadt Biberach, wo der Vater Senior, d.h. der höchste Geistliche, wurde. Nach früher Ausbildung in Biberach, zu der auch anspruchsvoller Lateinunterricht gehörte, besuchte der junge Wieland von 1747-1749 die damals berühmte Schule Klosterberge in Magdeburg und empfing hier pietistische Impulse für das Weltbild seiner Jugend. Aber schon hier zeigte sich seine Neigung zu Extremen. Auf der Rückreise in die Heimat machte er in Erfurt Station und blieb fast ein Jahr dort bei einem Verwandten seiner Mutter, dem Philosophen Johann Wilhelm Baumer, und ließ sich in die aufklärerische Philosophie des Christian Wolff einführen.

Nach der Rückkehr ins Elternhaus hatte der Vater sicher ein Theologiestudium für den Sohn vorgesehen, aber man einigte sich auf ein Jurastudium in Tübingen, das den jungen Wieland dann aber auch nicht befriedigte. Bevor er nach Tübingen ging, hatte er eine entfernte Cousine, Sophie Gutermann, kennengelernt, sich in sie verliebt und mit ihr verlobt. Die Verlobung wurde von Sophie bald wieder gelöst, aber als Sophie Laroche gewann sie großen Einfluß auf ihn, und Wieland war noch 1805 der Meinung, nur durch sie zum Dichter geworden zu sein.

Nach kurzem Jurastudium ging er 1752 zu Bodmer in die Schweiz und lebte eineinhalb Jahre in seinem Hause, studierte seine Bibliothek und begab sich völlig unter seinen Einfluß. Anschließend war er Hauslehrer in verschiedenen Züricher Patrizierfamilien und verkehrte auch mit dem Dichter Salomon Geßner, den Ärzten Johann Caspar Hirzel und Johann Georg Zimmermann sowie Mitgliedern der Malerfamilie Füßli. 1759 nahm er eine Hofmeisterstelle in Bern an und gab Philosophieunterricht. Hier lernte er Julie Bondely kennen, eine sehr gebildete junge Frau, die ihm damals geistig überlegen war und die Moral- und Vernunftvorstellungen der Aufklärung völlig verinnerlicht hatte. Wieland verlobte sich mit ihr, doch auch diese Verbindung wurde wieder gelöst.

In diesen Jahren tauchte der Name Wieland wieder häufiger im Briefwechsel zwischen Gleim und Uz und Gleim und Ramler auf, und mit der langsamen Wandlung Wielands wandelte sich auch die Einstellung der Freunde zu ihm. Am Ende des Schweizer Aufenthaltes war er schon ein anerkannter Dichter. Auf seine *Erzählungen* 1752 hatten Lessing und Hagedorn positiv reagiert, sein Schauspiel *Lady Johanna Gray* war das erste deutsche Drama in Blankversen und brachte ihm Erfolg, wie auch die 1760 erschienenen *Poetischen Schriften* in drei Bänden.

1765 schrieb Gleim, daß er schon lange vorausgesagt hätte, Wieland würde vom Pietisten und Schwärmer zum Freigeist werden. Doch da lebte Wieland schon einige Jahre in Biberach, er war 1760 zum Senator und wenig später zum Kanzleiverwalter gewählt worden. Die Stellung brachte ihm zunächst nicht die wirtschaftliche Sicherheit, die er sich erhofft hatte, erst 1764 wurde der Streit zwischen Protestanten und Katholiken über seine Besoldung beigelegt. Geistige Anregung brachte ihm der Verkehr mit dem Grafen Stadion auf Schloß Warthausen, einem sehr gebildeten Mann und Vertreter der katholischen Aufklärung, hier sah er auch seine Jugendfreundin Sophie Gutermann, jetzt Laroche, wieder.

Für Aufregung und Verwirrung sorgte eine Liebesbeziehung zu einem armen katholischen Mädchen Christine Hagel, die ein Kind von Wieland bekam. Er beugte sich dem Druck der Verhältnisse und seiner Freunde und Verwandten und heiratete sie nicht. Seine Vertraute in dieser Angelegenheit wurde Sophie Laroche, auch sie war gegen eine Heirat, suchte aber für Wieland eine passende Frau, die sie in der Tochter eines begüterten Augsburger Kaufmanns Dorothea von Hillenbrand fand. Wieland heiratete sie ohne besondere Zuneigung, sie sorgte für sein leibliches Wohl in jeder Beziehung, und sie würde seiner Seelenfreundschaft mit Sophie Laroche nicht im Wege stehen. Das Verhältnis zu seiner Frau Dorothea änderte sich im Laufe der Jahre, sie führten eine lange harmonische Ehe, aus der vierzehn Kinder hervorgingen, die Wieland sehr liebte. An seinen dichterischen Werken nahm sie allerdings kaum Anteil.

Wieland beschäftigte sich in dieser Zeit mit der Übersetzung von 22 Shakespeare-Dramen und machte diesen bedeutenden Dramatiker der jungen Generation der Stürmer und Dränger erst zugänglich. Außerdem veröffentlichte er *Comische Erzählungen*, in denen seine Abkehr vom Pietismus deutlich wurde, und den Roman *Die Abenteuer des Don Sylvio von Rosalva* in der Nachfolge des *Don Quijote*. Auch Wielands bedeutendster Roman, *Die Geschichte des Agathon,* wurde schon hier 1761 begonnen

Am Ende der Biberacher Zeit nahm Wieland den Briefwechsel mit Gleim wieder auf und schrieb ihm am 4. Februar 1768, daß ihn *„in der gänzlichen Verbannung von den Musen und der Freundschaft"* der Gedanke aufrichten würde, daß *„die besten Geister unserer Nation"* (neben Gleim nannte er Uz, Lessing und Moses Mendelssohn) seine Freunde wären, würden sie ihn persönlich kennen.

Im Mai 1769 ging Wieland als Professor an die Universität Erfurt. Der kurfürstliche Hof in Mainz wollte die rückständige Erfurter Universität reformieren und berief einige fortschrittliche und aufgeklärte Persönlichkeiten, darunter auch Wieland zum ersten Professor der Philosophie. Neben Philosophie im engeren Sinne las Wieland auch über Ästhetik und Literatur und beschäftigte sich mit Kulturgeschichte und Geschichtsphilosophie. Die neuen Professoren wurden zwar anfangs vom Kurfürsten unterstützt, blieben aber immer in der Minderheit und schließlich gewann die konservative Partei wieder die Oberhand, und auch Wieland wurde allmählich klar, daß Erfurt nur eine Zwischenstation sein konnte. Auf Gleims Angebot, beim Erwerb einer Professorenstelle in Halle behilflich zu sein, schrieb Wieland zwar am 8. Dezember 1769, daß er gerne in Erfurt sei, aber Gleim hatte wohl auch andere Nachrichten.

Gemeinsame Freunde und Bekannte, z.B. Johann Georg Jacobi festigten die Beziehung. An Uz schrieb Gleim am 19. September 1769 *„Herr Wieland hat mir neulich sehr freundschaftlich geschrieben! Nächstens bekommen wir von ihm wieder ganz neue vortreffliche Sachen ..."* Am 4. Februar 1770 nannte Gleim in einem Brief an Benzler Wielands *Dialoge des Diogenes* ein göttliches Werk.

In dieser Zeit schätzte auch Wieland Gleim als Dichter hoch ein, war an seinem Urteil interessiert und über jedes Lob erfreut, dabei jedoch nicht unkritisch, er meldete z.B. Bedenken gegen Gleims große Begeisterung für Friedrich II. von Preußen an. Wieland schickte Gleim die Manuskripte des *Neuen Amadis* und der *Grazien*, mußte aber bald freundschaftlich kritisieren, daß Gleim zu sorglos damit umging und sie jedermann zeigte, der Interesse vorgab, z.B.

auch dem jungen Boie, der einen Musenalmanach herausgab. Wieland befürchtete einen unbefugten Vorabdruck seiner Werke. Auch wenn sich Gleim in diesem Falle erfolgreich verteidigen konnte, traf Wielands Kritik zu, in seiner Begeisterung für die neu entstehende Literatur mußte sich Gleim jedem Interessenten mitteilen und dachte nicht immer an die Interessen des Autors. Wieland hatte auch Gleims Enthusiasmus für junge Literaten richtig eingeschätzt, als er ihm den jungen Wilhelm Heinse empfahl, den Gleim förderte und unterstützte.

Sowohl bei Gleim als auch bei Wieland war der Gedanke schon lange lebendig, sich persönlich kennenzulernen Am 25. April 1771 schrieb Gleim an Uz ausführlich über Wieland, er erwähnte den alten Streit, lobte Wielands *Grazien* und bekannte:

*„Oft bin ich selbst mit mir unzufrieden, daß ich mit einem Manne, den ich persönlich nicht kenne, solch ein Band der Freundschaft knüpfen konnte, jeder Brief aber von ihm widerlegt mir alle Zweifel und nimmt mir alle Bedenklichkeit. Oft dacht´ ich, meinen Uz mit ihm zu versöhnen ....Welch ein vortreffliches Genie, mein bester Freund, hat dieser zwote Wieland! Sein neuer Amadis, mit allen seinen mutwilligen Stellen, hat mich entzückt."*

1771 waren beide auf Reisen und trafen am 31. Mai in Darmstadt zusammen. Fast hätten sie sich verfehlt, denn eigentlich war die Begegnung in Dieburg geplant gewesen, aber Wieland war zum angegebenen Zeitpunkt nicht am vorgeschlagenen Ort. Der beiderseitige Eindruck war sehr günstig und Wieland schrieb am 6. Juli 1771:

*„Sie sind also nun wohl wieder zu Ihren Hausgöttern gekehrt, und ich kann es nicht länger anstehen lassen, Ihnen zu sagen, was ich doch niemals so stark, als ich es empfinde, werde sagen können, daß die wenigen Stunden, die wir zu Darmstadt miteinander zugebracht, mir das lebhafteste Verlangen zurückgelassen haben, mein ganzes Leben mit Ihnen zuzubringen. Da dies nicht sein*

*kann, mein bester, liebster Freund, so wollen wir wenigstens kein Jahr vergehen lassen, wo wir einander nicht 8 Tage schenken, und noch in diesem Jahr will ich den Anfang dazu machen, wenn unser lieber Jacobi wieder bei Ihnen sein wird."*

Doch Wieland kam nicht, sondern die neu gefestigte Freundschaft wurde bald auf eine harte Probe gestellt. Der Briefwechsel zwischen Gleim und Johann Joachim Spalding war, zweifellos mit Gleims Wissen, gedruckt worden. Spalding war empört über diese Indiskretion und äußerte sein Mißfallen in mehreren Zeitschriften. Johann Benjamin Michaelis, damals als Gleims Schützling in Halberstadt lebend, glaubte, Gleim beispringen zu müssen. Die Art der Unterstützung mißfiel Wieland entschieden, und er forderte Gleim auf, öffentlich mit Michaelis zu brechen. Trotz des sehr verbindlichen Tones und der allmählichen Abschwächung in den folgenden Briefen Wielands, schwieg Gleim verbittert. Wieland mußte förmlich um Verzeihung bitten, ehe sich das Verhältnis wieder normalisierte.

1772 schickte Gleim seine *Lieder fürs Volk* an Wieland, der einige Veränderungen in Vers und Wortwahl vorschlug, die Gleim auch weitgehend akzeptierte. Gleim wollte auch für den geschätzten Freund tätig sein und versprach, Interessenten für die zweite Auflage des *Agathon* 1773 zu werben, dabei erörterte er sein Lieblingsprojekt, die Schriftsteller durch Selbstverlagsunternehmen von den Verlegern unabhängig zu machen, doch Wieland zeigte wenig Interesse daran. Er verlegte seine Werke seit 1768 bei Philipp Erasmus Reich in Leipzig und erhielt ansehnliche Honorare. Es wurde selbstverständlich, daß Gleim jedes neue Werk erhielt.

Der *Agathon* wurde zu einem der bedeutendsten Werke Wielands und zum Ausgangspunkt für den deutschen Entwicklungsroman. Schon hier hatte sich Wieland mit der politischen Wirklichkeit auseinandergesetzt, dies verstärkte sich noch im *Goldenen Spiegel*. In unterschiedlicher Einkleidung und Brechung brachte er Ideen vom idealen Staat und einer menschlichen Gesellschaft zum Ausdruck. Durch diesen Roman erhielt Wieland zwar nicht, wie er gehofft hatte, eine Berufung nach Wien, wohl aber an den Weimarer Hof als Prinzenerzieher. Er siedelte Ende 1772 nach Weimar über und erhielt 1000 Taler für die Erziehertätigkeit und für sein weiteres Leben 600 Taler jährlich, ohne die Verpflichtung, in Weimar zu bleiben, außerdem wurde er Hofrat.

Die damals noch junge Herzogin Anna Amalia, die zweifellos das beste für ihre Söhne, besonders für den künftigen Herzog Karl August, wollte, war bald enttäuscht, Wieland war zwar ein geistreicher Lehrer, aber kein Erzieher, nach ihrer Meinung hörte er zu sehr auf die Schmeichler am Hofe.

*„Er ist ein Mann von gefühlvollem Herzen und ehrenwerter Gesinnung, aber ein schwacher Enthusiast, viel Eitelkeit und Eigenliebe; ich erkenne leider zu spät, daß er nicht gemacht ist für die Stellung, in der er sich befindet, er ist zu schwärmerisch für die jungen Leute, zu schwach, um ihnen die Spitze zu bieten und zu unvorsichtig, in seiner Lebhaftigkeit hat er das Herz auf der Zunge, wenn er sich verfehlt, so ist das mehr aus Schwachheit, als aus bösem Willen ..."* (Anna Amalia an den Minister von Fritsch).

Auch Wieland war nicht ganz glücklich über seine Entscheidung und beklagte sich im Februar 1773 bei Gleim über zu viele Geschäfte. Doch seine Tätigkeit war von begrenzter Dauer, und am Hofe des bald erwachsenen jungen Fürsten spielte er kaum noch eine Rolle, in Weimar hatte man den Eindruck, daß der vor kurzem noch umworbene Dichter völlig isoliert war. Aber er war bei weitem noch nicht am Ende seiner Entwicklung, und auch das Verhältnis zur Herzogin-Mutter besserte sich. Mit dem Gehalt auf Lebenszeit hatte er die Grundlage für seine materielle Unabhängigkeit erreicht, die er sich wünschte.

Hinzu kamen die Honorare für seine Werke und die Einnahmen aus seiner Zeitschrift *Der teutsche Merkur,* die er seit Anfang der Weimarer Zeit herausgab. Der *Merkur* (1773-1810) hatte ungewöhnlichen und langanhaltenden Erfolg, der erste Jahrgang fand 2500 Abnehmer, dies blieb allerdings ein einmaliger Erfolg. Vorbild war der *Mercure de France,* ein Nationaljournal, das unter deutschen Verhältnissen eigentlich nicht möglich war. Wieland setzte auf ein breites Publikum. Er selbst veröffentlichte Übersetzungen und Aufsätze über die Antike, Dichtungen wie *Oberon und die Abderiten* und kunsttheoretische und geschichtliche Aufsätze. Zu den Mitarbeitern zählten auch Goethe, Herder, Schiller, die Brüder Schlegel und zeitweise Wilhelm Heinse neben vielen unbedeutenderen Persönlichkeiten.

Auch Gleim wurde häufig um Beiträge gebeten und schickte bis in seine letzten Lebensjahre Gedichte. Nachrichten über die Zeitschrift nahmen in den folgenden Jahren einen breiten Raum im Briefwechsel ein. 1775 lobte Wieland Gleims *Goldene Sprüche des Pythagoras* und bedauerte, daß sie nicht zuerst im *Merkur* erschienen wären, sie wurden dann im Maiheft nachgedruckt. Gleims *Halladat* wurde von Wieland im *Merkur* wohlwollend rezensiert, obwohl er an Gleim geschrieben hatte „*ihn recht zu charakterisieren, ist ganz eigentlich Herders Sache.*" Es sprach sich aber auch in Literatenkreisen herum, daß Wieland Gleim in Halberstadt besucht hatte, und deshalb nicht anders urteilen konnte. Als schließlich der Briefwechsel mit Wieland fast aufgehört hatte, sah Gleim im *Merkur* eine ständige Verbindung zu dem geschätzten Freunde.

In den siebziger Jahren waren die Beziehungen auch außerhalb des *Merkur* noch recht eng. Wieland wußte auch von Gleims beruflichen Problemen Anfang 1774 und seinem Wunsch, Halberstadt zu verlassen. Er sprach mit dem kurmainzischen Statthalter in Erfurt, Dalberg, über die Möglichkeit, Gleims Bibliothek an den Kurfürsten von Mainz zu verkaufen. Doch Gleim überlegte sich die Sache, blieb in Halberstadt und behielt seine Bibliothek. Im August 1774 waren Gleim und seine Nichte zwei Tage in Weimar und lernten auch Wielands Frau und die Kinder kennen. Durch diesen erneuten Kontakt wurden die Beziehungen familiärer, und Wieland schlug vor, sich alle Jahre zu besuchen. Die von beiden Seiten genährten Wunschvorstellungen nach einem gemeinsamen Leben blieben Utopie und verloren im Laufe der Zeit ihre Bedeutung.

Dem Versprechen gemäß rüstete die Familie Wieland im Mai 1775 zusammen mit Friedrich Justin Bertuch zu einer Reise nach Halberstadt und verlebte einige Tage in Gleims Haus. An Uz schrieb Gleim am 4. Juni 1775:

*„Wieland, begleitet von Bertuch, einem sehr liebenswürdigen jungen Mann, und seiner Frau und seiner ältesten Tochter, einem lieblichen Mädchen von sieben Jahren, ist an 14 Tage bei mir gewesen – Wieland und Uz, mein Bester, wären Herzensfreunde, sobald sie sich kennten – Von jener Versündigung an meinem Uz kann er nicht sprechen hören, so sehr gereuts den guten Mann, einen Uz beleidigt zu haben: er würde fußfällig Ihnen abbitten, wenn er jemahlen Sie sähe, ..."*

Wielands Dankbrief nach der Heimkehr vom 28. Mai 1775 gipfelte in dem Satz: *„Einen Freund wie Gleim, eine Freundin, wie seine Nichte zu haben, und nicht mit ihnen zu leben, was für ein Leben ist das?"* Daß nicht alle Tage so harmonisch verliefen, wissen wir aus den Beschreibungen Böttigers. Ihm hatte Wieland im Juni 1799 erzählt, daß sie sich gewaltig in die Haare geraten waren, als Gleim Wieland aus den Briefen der Karschin vorlas und Wieland sich einiger persiflierender Bemerkungen nicht enthalten konnte. Sie überboten sich in Grobheiten, und Wieland wollte auf der Stelle Gleims Haus und Halberstadt verlassen, doch Wielands Frau und Gleims Nichte schlichteten, und man versöhnte sich wieder. Aber Wieland war die

Scene so lebhaft in Erinnerung geblieben, daß er noch nach fast 25 Jahren „*Gleim einen groben Knollen* (nannte), *dessen Willen nie gebrochen worden sei.*" Gleim hat von diesen Äußerungen nie erfahren. Wohl nicht allein wegen dieser Auseinandersetzung blieb es bei dieser einen Reise des Ehepaares Wieland nach Halberstadt. Die Familie wuchs von Jahr zu Jahr, und die Mutter wurde immer unabkömmlicher. Da sie in Gleims Nichte Sophie Dorothea eine echte Freundin gefunden hatte, stand eine Reise ohne sie für Wieland nicht zur Debatte.

Am 23. Februar 1776 bat Wieland Gleim, bei dem erwarteten neuen Erdenbürger zusammen mit Goethe und Frau von Stein Pate zu stehen. Gleim stimmte zu, und die Tochter wurde am 21. März 1776 auf die Namen Charlotte Wilhelmine getauft. Nach Weimar kamen Gleim und die Nichte aber erst wieder am 25. Juni 1777, wo sie neben Wielands auch die Familie Herder besuchen konnten und Goethe kennenlernten. Anschließend reisten sie ins Bad nach Lauchstädt. Wieland wurde vom Weimarer Kreis mehr und mehr in Besitz genommen, und fast unmerklich für ihn traten die Beziehungen zu Gleim in den Hintergrund. Auch Gleim hielt trotz mehrfacher Einladungen Wielands den Besuchsrhythmus nicht mehr aufrecht. Der Briefwechsel wurde sporadischer, drückte aber weiterhin persönliche Wertschätzung aus. Am 5. Mai 1780 schrieb Wieland: „*... es muß wahr sein und wahr bleiben, daß in den nächsten hundert Jahren schwerlich wird einer vom Weibe geboren werden, der seiner Zeit und seinen Freunden das sein wird, was Sie Ihrer Zeit und Ihren Freunden gewesen und Gott gebe noch lange sein sollen.*"

Im Dezember 1777 hatte Wieland seine *Rosamunde* an Gleim geschickt, und am 12. März 1780 folgte der *Oberon*. Wenig später beklagte er sich über Mißdeutungen dieses Werkes. Gleim schätzte diese bedeutende Versdichtung sehr und revanchierte sich gelegentlich auch durch ein Bändchen Gedichte, fast häufiger aber durch Sendungen

Oberbörnecke 9, 11
Oberholzheim 263
Oldenburg 55, 99
Oranienbaum 14
Osnabrück 110
Oßmannstädt 275, 276

Paderborn 92
Paris 39
Potsdam 13, 21, 33, 35, 41, 75, 139, 141, 142, 144, 167, 177, 247
Prag 141, 155

Quedlinburg 20, 23, 31, 55, 68, 108, 224, 226, 227, 228, 229, 230, 231, 234

Reckahn 56
Redebber 80
Rheinsberg 69
Riga 28
Rinteln 28
Rom 251
Ruppin 71

Saarlouis 115
Salzwedel 63
Schaffhausen 144
Schneidlingen 63, 104, 135
Schönenberg 209
Schönfeld 27
Schulpforta 224
Schwabach 122
Schwiebus 212
Seehausen 63
Seggerde 104, 111
Speyer 144
Sprendlingen 116
Stargard 182

Stettin 27, 57, 66, 77, 155, 182
Stralsund 166, 169
Straßburg 114, 115
Ströbeck 169
Suderode 104

Tirschtiegel 212
Triebsees 166, 167
Tübingen 262, 263, 264

Walbeck 24
Wandsbeck 34
Warthausen 265
Weimar 32, 33, 36, 37, 40, 66, 82, 88, 89, 107, 253, 269, 270, 271, 272, 273, 274, 275, 276, 277
Wernigerode 9, 10, 13, 29, 55, 80, 82, 104, 211, 215
Wesel 63
Wetzlar 30, 73, 110
Wien 93, 269
Winterburg 116, 118, 121
Winterthur 178
Wittenberg 157, 242, 243
Wolfenbüttel 21, 33, 252, 253, 254, 257, 260
Wörlitz 37
Worms 13, 112, 115

Zeblin 140
Zittau 146
Zorndorf 47, 245
Züllichau 212
Zürich 24, 34, 42, 90, 96, 130, 144, 176, 178, 181, 185, 186, 188, 192, 209, 225, 226, 228, 259, 262, 264, 278
Zweibrücken 115, 116
Zwickau 147

## Personenregister

Abbt, Thomas 28
Abramson, Abraham 106
Agricola, Johann Friedrich 157, 159
Ahrends, Andreas 82
Ahrends, Louise 33, 38, 68, 80, 82, 87, 88, 151
Amalia, Prinzessin v. Preußen 68, 217
Anakreon 41, 42, 115, 116, 122, 126
Andreae, Johann Benjamin 114
Anhalt, Prinz Gustav von 69
Anhalt-Dessau, Fürst Leopold von 14, 132, 155
Asseburg, Achatz Ferdinand von der 230
August III., König v. Sachsen 140

Bach, Carl Philipp Emanuel 21, 27, 34, 55, 159, 210, 238, 251
Bach, Johann Sebastian 21
Bachmann, Heinrich Wilhelm d.Ä. 174, 178
Bachmann, Heinrich Wilhelm d.J. 55, 180, 215, 216, 231
Baden, Karl Friedrich von 236
Batteux, Charles 158, 159
Baumgarten, Alexander Gottlieb 11, 12, 122
Bekly, E. 106, 198
Benzler, Johann Lorenz 29, 55
Berg, Christian von 16, 17, 22, 27, 145, 169
Bernstorff, Johann Hartwig Ernst von 227, 235
Bertuch, Friedrich Justin 271
Beyer, Johann August 215
Bielfeld, Baron von 155
Bleckwenn, Ruth 100
Bode, Johann Joachim Christoph 48, 251
Bodmer, Esther (Orell) 186
Bodmer, Hans Jacob 186
Bodmer, Johann Jakob 16, 42, 48, 59, 90, 122, 128-131, 142, 144, 159, 174, 176, 178, 185-192, 209, 223, 225-227, 262, 263, 264
Böhmer, Georg Ludwig 12
Boie, Heinrich Christian 229, 237
Bondely, Julie 264
Borchmann, Johann Friedrich Ludwig 71, 171
Borchmann, Johanne Elisabeth (Fromme) 71
Böttiger, Karl August 37
Boysen, Friedrich Eberhard 45
Brandenburg-Schwedt, Markgraf Wilhelm von 14, 141, 155
Braumann, Johann Heinrich 74
Breitinger, Johann Jacob 42, 130, 176, 186
Brockes, Barthold Hinrich 143
Bürger, Gottfried August 30, 45, 53, 56, 58, 237
Bussche, Eberhard Clamor von dem 103

Calau, Benjamin 197, 253
Campe, Johann Joachim 34
Carnot, Lazare Nicolas Marguerite 92
Caroli, Christian Ludwig Heinrich 72
Caroli, Johann Heinrich Elias 72

Caroli, Marie Christiane Friederica (Gleim) 72
Chezy, Helmina von 109, 218
Claudius, Matthias 34, 58, 251
Cramer, Johann Andreas 20
Cramer, Karl Friedrich 237

Dacier, Madame 115
Dalberg, Carl Theodor Anton Maria 270
Denstedt, Fanny 160
Dietrich, Luise Sidonie Wilhelmine Elisabeth 230
Dippe, Bäuerin 212
Dohm, Wilhelm von 83, 89
Donop, Levin Friedrich 141
Dorguth, Johann Albrecht 25
Dürbach, Christian 212
Dyck, Johann Gottfried 255

Ebert, Johann Arnold 19, 253
Eckermann, Johann Peter 249
Ekhof, Hans Konrad Dietrich 251
Engel, Johann Jakob 165
Erdmannsdorff, Friedrich Wilhelm von 59
Ernst, Henriette, 92
Eschenburg, Johann Joachim 253
Ewald, Johann Ludwig 96

Ferdinand, Prinz v. Preußen 16
Fetke, Martin 212
Fischer, Jacob Adolf 195
Fischer, Gotthold Nathanael 32
Focke, Kaufmann 74
Fontane, Theodor 71
Francke, August Hermann 100
Frederik V., König von Dänemark 227

Friedrich II. König von Preußen 13, 27, 35, 67, 69, 71, 78, 79, 105, 107, 130, 135, 138, 140, 156, 159, 165, 216, 217, 244, 266, 274
Friedrich Wilhelm I., König von Preußen 65, 69
Friedrich Wilhelm II., König von Preußen 36, 165, 218
Fromme, Gertrud (Gleim) 11, 13, 15, 66, 69-71, 74, 76, 77, 156
Fromme, Johann Friedrich 65, 69, 72, 76, 156
Fromme, Johann Gottfried Ludwig 71
Fromme, Johann Siegfried Friedrich 71
Füßli d.Ä., Johann Caspar 191, 228, 264
Füßli, Johann Heinrich d.J. 170, 264

Gellert, Christian Fürchtegott 20, 44, 46, 58, 146, 223
Gerber, Carl Ludwig 86
Gerhard, Anna 208
Geßner, Salomon 20, 47, 90, 114, 145, 187, 264, 275
Gleim der Jüngere, Johann Wilhelm Ludwig 31, 68, 71, 83, 86
Gleim, Adelheid (Tiedemann), 95
Gleim, Anna Elisabeth (Schroodt) 73
Gleim, Anna Gertrud (Peil) 9, 18, 63, 65
Gleim, Betty 34, 68, 95-100, 102
Gleim, Christian Friedrich David 66, 68, 69, 78, 83, 95

Gleim, Daniel Carl Vollrath 76
Gleim, Daniel Conrad Vollrath 35, 66, 67, 70, 73, 74, 75, 77, 195
Gleim, David Balthasar 63
Gleim, Franziskus (Franz) Carl Eberhard 77
Gleim, Friedrich Ludwig Laurentius (Lorenz) 63, 72, 73, 74
Gleim, Johann Christian Gottlieb 34, 68, 95
Gleim, Johann Friedrich Gotthelf 80
Gleim, Johann Gotthelf Gottfried 72
Gleim, Johann Laurentius 9, 63, 65, 194
Gleim, Johanne Marlene (Peil) 63
Gleim, Karl Gustav 30
Gleim, Katharina Elisabeth (Schreiber) 63
Gleim, Marie Margarethe (Bastian) 68
Gleim, Marie Tugendreich (Fromme) 71, 86
Gleim, Matthias Leberecht Caspar 67, 75, 80, 84, 196, 217
Gleim, Sophie Dorothea 23, 30, 31, 33, 68, 73, 78-83, 87, 88, 95, 108, 197, 272
Gleim, Sophie Dorothea (Cammeradt) 77
Gleim, Susanne Dorothea (Wagner) 68, 78
Gleim, Wilhelm Heinrich Ludwig 74
Goeckingk, Friedrich Leopold Günther von 29, 34, 259
Goethe, August von 91
Goethe, Johann Wolfgang von 19, 33, 34, 36, 38, 44, 46, 59, 61, 62, 81, 91, 99, 107, 109, 128, 161, 173, 182, 186, 220, 225, 249, 255, 258, 270, 272, 276, 277
Goltz, Freifrau von 140
Goltz, Wilhelmine von 92, 140
Gottsched, Johann Christoph 130, 186, 187, 225, 242, 262
Götz, Johann Nikolaus 13, 112-123, 136, 155, 161, 162, 164, 170
Graff, Anton 60, 184, 191, 205
Graun, Carl Heinrich 159
Gresset, Jean Baptiste Louis 45
Groß, Johann Heinrich 171

Hackert, Philipp 60
Haefeli(n), Johann Caspar 96
Hagedorn, Christian Ludwig von 28
Hagedorn, Friedrich von 16, 28, 131, 159, 192, 264
Hagel, Christine 265
Haller, Albrecht von 21
Hartmann, Johann David 56
Heineccius, Johann Gottlieb 12
Heinse, Wilhelm 31, 48, 53, 58, 59, 82, 90, 270
Heise, Domsekretär 17
Hempel, Gottfried 16, 20, 156, 157, 193, 201, 202
Hempel, Wilhelm 220
Herder, Adalbert 56
Herder, Caroline (Flachsland) 30, 38, 53, 79, 82, 274, 275
Herder, Gottfried 82
Herder, Johann Gottfried 28, 30, 32, 34, 36, 38, 39, 45, 53,

56-59, 64, 66, 79, 82, 83, 89, 94, 95, 99, 121, 172, 173, 182, 183, 220, 254, 258, 270, 272, 274-276
Heß, Johann Jacob 170
Hessen, Landgräfin Caroline von 30
Himly, Ernst Friedrich Carl 83
Himly, Johann Friedrich Wilhelm 82, 83
Himly, Karl 38, 82
Hippel, Theodor Gottlieb 99
Hirzel, Johann Caspar 142, 144, 183, 187, 264
Höfer, Pastor 65
Hölty, Ludwig Christoph Heinrich 99, 237
Horaz 41, 122, 126, 127, 128, 132, 133, 134, 135, 136, 155, 158, 160, 165, 210, 235, 242, 250

Iffland, August Wilhelm 165
Jacobi, Friedrich Heinrich 33, 39, 90, 258
Jacobi, Johann Georg 28, 29, 31, 41, 44, 45, 53, 55, 59, 79, 80, 110, 127, 171, 172, 182, 217, 249, 258, 266, 268
Jagemann, Ferdinand 208
Jean Paul 38, 39, 53, 56, 58, 59, 79, 99
Jerôme, König v. Westfalen 57
Jerusalem, Johann Friedrich Wilhelm 19, 253
Juel, Jens 204

Kalkreuth, Freiherr Carl Friedrich von 115
Kannenberg, Freiherr Friedrich Wilhelm von 21

Karsch, Anna Louisa 28, 32, 34, 40, 41, 44, 51, 55, 56, 58, 59, 66, 67, 72, 73, 76-78, 80, 96, 104, 106-110, 126, 162, 171, 172, 180, 183, 207, 210-214, 216, 217-222, 249, 259, 271
Kattfuß, Pächter 106
Kehrer, Karl Christian 85, 207, 220
Keller, Pastorentochter 80
Kleist, Anton David von 151, 154
Kleist, Ewald Christian 14, 17, 22, 25, 27, 39, 41, 46, 47, 53, 58, 59, 75, 79, 90, 122, 123, 131, 135, 136, 138-154, 159, 162, 167, 175, 177-179, 186, 190, 191, 201, 224, 228, 229, 244, 247, 259, 262
Kleist, Heinrich von 39, 151
Kleist, Joachim Ewald von 140
Kleist, Maria Juliana (von Manteuffel) 140
Kleist, Ulrike von 39
Klenze, Ernestine 92
Klopstock, Anna Maria (Schmidt) 224
Klopstock, Friedrich Gottlieb 19-23, 27, 29, 34, 35, 39, 53-55, 58, 59, 83, 131, 136, 144, 159-161, 171, 178, 186, 188, 190-192, 204, 223-240, 251, 253, 263, 277
Klopstock, Gottlieb Heinrich 224
Klopstock, Johanna Elisabeth (Winthem) 239
Klopstock, Meta (Moller) 228, 239
Klotz, Christian Adolf 28, 29, 52, 248

Koch, Christiane Henriette (Merleck) 165
Koch, Friedrich 57
König, Amalie 258
König, Eva 251, 253
Körte, Andreas Matthias Christian 87
Körte, Christiane Friederica verw. Ahrens, geb. Gleim 68, 80, 82, 87
Körte, Marie Wilhelmine Ernestine 92
Körte, Wilhelm 5, 10, 38, 39, 51, 57, 61, 64, 67, 68, 72, 75, 81, 82, 87-94, 96, 102, 140, 143, 199, 226, 275
Krause, Christian Gottfried 16, 46, 141, 156, 157, 159, 245
Krünitz, Johann Georg 76
Künzli, Martin 263

Lange, Anna Dorothea (Gnüge) 131
Lange, Helene 100
Lange, Joachim 130
Lange, Samuel Gotthold 14, 44, 52, 59, 130, 131, 132, 133, 134, 135, 136, 138, 147, 176, 241, 242
Langemack, Lucas Friedrich 156, 157, 160
Langer, Ernst Theodor 260
Laroche, Sophie (Gutermann) 82, 264, 265
Lasius, Sophie 99
Lavater, Johann Caspar 36, 114, 170, 186
Le Brun, Johann Franz 87
Ledebur, Mechthild Agnes Johanna von 103
Lehment, Joachim 166

Leibniz, Gottfried Wilhelm 12
Lessing, Gotthold Ephraim 24, 28, 33, 34, 46-48, 52, 55, 58, 59, 91, 92, 136, 138, 139, 146-148, 152, 154, 157, 158, 165, 178, 179, 206, 231, 240-258, 260, 261, 263, 266
Lessing, Johann Gottfried 242
Lessing, Justine Salome (Feller) 242
Lichtenberg, Johann Christoph 30
Lichtwer, Magnus Gottfried 21
Linstedt, Johann Carl Ulrich 23
Logau, Friedrich von 157
Lucanus, Johann Heinrich 38
Ludewig, Johann Peter 12
Ludolf, Michael Matthias 16
Ludwig XVI., König von Frankreich 49

May, Georg Oswald 200, 206, 254
Mayer, Catharina Sophia 22, 23, 145
Mayer, Johann Christoph 23
Meier, Georg Friedrich 12, 42, 122, 131, 132, 135
Meil, Johann Wilhelm 157
Mendelssohn, Moses 165, 178, 243, 257
Merck, Johann Heinrich 30
Michaelis, Johann Benjamin 30, 48, 56, 172, 255, 268
Milton, John 223
Müller, Christoph Heinrich 172
Müller, Johannes von 30, 34, 39, 54, 58, 59, 90
Musäus, Johann Karl August 99
Mylius, Christlob 158

Napoleon, Kaiser von Frankreich 277
Natzmer, Rittmeister 65, 69
Naumann, Siegmund Benedikt 156
Neuber, Karoline 242
Nicolai, Friedrich 148, 152, 157, 178, 243
Nicolai, Gottlob Samuel 148

Olearius, Adam 164
Otto, Georg Christian 8

Paulli, Wilhelm Adolf 43
Peil, Agnes Margaretha, verw. Goldbach, geb. Wülferoth 63
Peil, Gottfried 63
Pelckmann, Dorothea Catharina (Fromme) 84
Pestalozzi, Johann Heinrich 59, 96
Pope, Alexander 187
Pyra, Jakob Immanuel 14, 41, 131, 132, 174, 185
Pythagoras 49

Quantz, Johann Joachim 157, 159

Rabener, Gottlieb Wilhelm 20, 223
Ramler, Elisabeth (Fiddechow) 155
Ramler, Karl Wilhelm 7, 14, 18, 20-29, 40, 47, 51-53, 55, 59, 66, 70-72, 74, 76, 77, 79, 86, 90, 117-125, 129, 132, 133, 136, 141, 143, 145, 149, 151-170, 178, 179, 181, 202, 210, 211, 215, 217, 223, 224, 226, 228, 241, 243, 245, 246, 264

Ramler, Wilhelm Nikolaus 154
Recke, Elise von der 34
Reich, Philipp Erasmus 268
Reichardt, Johann Friedrich 8
Reichmann, Johann Nikolaus von 211
Reimarus, Elise 251, 257
Reinhard, Adolf Ludwig 10, 13
Rethmann, Kaufmann 74
Ribbek 135
Ritter, Rektor 166
Rochow, Friedrich Eberhard von 56
Rode, Bernhard 165, 170, 203
Rudenskiöld, Gesandter 166, 167
Rüdiger, Regierungsrat 10
Rudnick, Paul Jacob 13, 112, 122, 155
Rudophi, Karoline 97

Sack, August Friedrich Wilhelm 167
Sachsen-Weimar, Herzogin Anna Amalia von, 107, 274
Sappho 115, 116, 214
Scheffner, Johann George 160
Schiller, Friedrich 36, 38, 40, 59, 91, 99, 255, 270, 277
Schlegel, August Wilhelm 270
Schlegel, Friedrich 270
Schlegel, Johann Adolf 20
Schmidt, Christian Heinrich 23
Schmidt, Johann Christoph 20, 223, 224
Schmidt, Klamer 31, 48
Schmidt, Marie Sophie (Fanny) 20
Schönemann, Johann Friedrich 43
Schöner, Adolf Friedrich 199

Schröder, Friedrich Ludwig 251
Schultheß, Johann Georg 178, 188, 226
Schulze, Obristleutnant von 13, 14
Schütze, Gottfried 9
Schütze, Eustasius Friedrich 9
Schwarz, Professor 166
Seidenstücker, Johann Heinrich 98
Seidlitz, Offizier 141
Seume, Johann Gottfried 38, 39, 53, 56, 58, 59
Shaftesbury, Anthoni Ashley Cooper Earl of 167
Spalding, Johann Georg 128, 166
Spalding, Johann Joachim 16, 30, 31, 45, 53, 54, 59, 141, 166-173, 203, 217, 268
Spalding, Marie Dorothea (von Sodenstern) 170
Spalding, Wilhelmine Sophie (Gebhardi) 169
Span, Joseph Ignatius 137, 138
Sparre, Baron de 115
Spiegel zum Desenberg, Freiherr Ernst Ludwig 24, 30, 32, 40, 42, 56, 73, 91, 103-111, 198, 211, 215, 218, 230, 274
Spiegel zum Desenberg, Ehrengard Melusine Johanna von (Spiegel Peckelsheim) 104
Spiegel zum Desenberg, Hedwig Auguste 103
Spiegel zum Desenberg, Klaus Dietrich, Erbherr auf Niederübelngönne und Dalheim 103
Spiegel zum Desenberg, Werner Adolf Heinrich 111
Spiegel zum Desenberg, Werner Friedrich Julius Stephan 111
Spinoza, Baruch 33, 258
Stahl, Johann Georg d.J. 44, 171
Stenzel, Jürgen 40
Stille, Christoph Ludwig von 19, 69, 134, 135, 136, 168, 231
Stolberg-Stolberg, Christian Friedrich von 34, 237
Stolberg-Stolberg, Friedrich Leopold von 237
Stolberg-Wernigerode, Grafenhaus 72, 82, 104
Stolberg-Wernigerode, Graf Christian Ernst von 9
Stolberg-Wernigerode, Graf Christian Friedrich von 82, 104
Strahlenheim, Gräfin von 115
Sucro, Johann Georg 20, 157
Sulzer, Anna Elisabeth (Künzli) 176
Sulzer, Heinrich 38, 176
Sulzer, Johann Georg 16, 42, 46, 54, 59, 90, 141, 142, 156-158, 167, 174-191, 205, 209, 210, 215, 216, 226, 248

Tauentzin, Bogislaw Friedrich von 247
Telemann, Georg Philipp 159
Thaer, Albrecht 92
Thomsen, James 143
Tiedemann, Franziskus 95
Tiedge, Christoph August 56
Tischbein, Johann Friedrich August 38, 60, 186, 191

Tischbein, Johann Heinrich (der Ältere) 30, 59
Tischbein, Wilhelm 188

Uz, Esther Sophia 128
Uz, Friedrich August 122
Uz, Johann Peter 5, 13-16, 19, 22, 26, 58, 59, 63, 73, 74, 77, 112, 113, 115, 122-129, 133, 145, 147, 150, 155, 167, 169, 170, 180, 181, 183, 185, 187, 188, 191, 192, 200, 209, 214, 221, 223, 230, 233, 263, 264, 266, 267, 271

Voss, Christian Friedrich 157
Voß, Ernestine 79
Voß, Johann Heinrich 32, 34, 38, 39, 43, 46, 56-59, 90, 99, 237, 274

Walther von der Vogelweide 48
Weiße, Christian Felix 146
Wernicke, Christian 164
Wieland, Charlotte Wilhelmine 272
Wieland, Christoph Martin 24, 30-33, 35, 49, 53, 56, 58, 59, 79, 107, 129, 144, 172, 182, 186, 190, 191, 208, 255, 262-277
Wieland, Dorothea (von Hillenbrand) 265
Wieland, Regina Catharina (Kückin) 263
Winckelmann, Johann Joachim 161, 251
Winkler, Johann Gottfried 243
Winter, Georg Ludwig 51
Winthem, Johann Martin von 238
Withof, Johann Philipp Lorenz 64
Wolf, Friedrich August 87, 91, 92
Wolff, Christian 12, 130, 166, 167, 263
Wolfradt, Student 167

Zabel, Magister 9, 11
Zachariae, Just Friedrich Wilhelm 19, 253
Zedlitz, Karl Abraham von 33, 119
Zellweger, Laurenz 191
Zemann, Herbert 42
Zimmermann, Johann Georg 264

Inhalt

Band 1:

| | |
|---|---|
| Vorwort | 5 |

Kapitel
| | | |
|---|---|---|
| 1 | Johann Wilhelm Ludwig Gleim – ein Leben für Dichtung und Freundschaft | 7 |
| 2 | Die Eltern | 63 |
| 3 | Die Geschwister | 66 |
| 4 | Nichten und Neffen in Halberstadt | 78 |
| 5 | Der Biograph und Nachlaßverwalter Wilhelm Körte | 87 |
| 6 | Betty Gleim | 95 |
| 7 | Ernst Ludwig Freiherr Spiegel zum Desenberg | 103 |
| 8 | Johann Nicolaus Götz | 112 |
| 9 | Johann Peter Uz | 122 |
| 10 | Samuel Gotthold Lange | 130 |
| 11 | Ewald Christian von Kleist | 139 |
| 12 | Karl Wilhelm Ramler | 152 |
| 13 | Johann Joachim Spalding | 166 |
| 14 | Johann Georg Sulzer | 174 |
| 15 | Johann Jacob Bodmer | 185 |
| 16 | Anna Louisa Karsch | 210 |
| 17 | Friedrich Gottlieb Klopstock | 223 |
| 18 | Gotthold Ephraim Lessing | 241 |
| 19 | Christoph Martin Wieland | 262 |

| | |
|---|---|
| Literaturverzeichnis | 278 |
| Ortsregister | 283 |
| Personenregister | 286 |

Tischbein, Johann Heinrich (der Ältere) 30, 59
Tischbein, Wilhelm 188

Uz, Esther Sophia 128
Uz, Friedrich August 122
Uz, Johann Peter 5, 13-16, 19, 22, 26, 58, 59, 63, 73, 74, 77, 112, 113, 115, 122-129, 133, 145, 147, 150, 155, 167, 169, 170, 180, 181, 183, 185, 187, 188, 191, 192, 200, 209, 214, 221, 223, 230, 233, 263, 264, 266, 267, 271

Voss, Christian Friedrich 157
Voß, Ernestine 79
Voß, Johann Heinrich 32, 34, 38, 39, 43, 46, 56-59, 90, 99, 237, 274

Walther von der Vogelweide 48
Weiße, Christian Felix 146
Wernicke, Christian 164
Wieland, Charlotte Wilhelmine 272
Wieland, Christoph Martin 24, 30-33, 35, 49, 53, 56, 58, 59, 79, 107, 129, 144, 172, 182, 186, 190, 191, 208, 255, 262-277
Wieland, Dorothea (von Hillenbrand) 265
Wieland, Regina Catharina (Kückin) 263
Winckelmann, Johann Joachim 161, 251
Winkler, Johann Gottfried 243
Winter, Georg Ludwig 51
Winthem, Johann Martin von 238
Withof, Johann Philipp Lorenz 64
Wolf, Friedrich August 87, 91, 92
Wolff, Christian 12, 130, 166, 167, 263
Wolfradt, Student 167

Zabel, Magister 9, 11
Zachariae, Just Friedrich Wilhelm 19, 253
Zedlitz, Karl Abraham von 33, 119
Zellweger, Laurenz 191
Zemann, Herbert 42
Zimmermann, Johann Georg 264

Inhalt

Band 1:

| | | |
|---|---|---|
| Vorwort | | 5 |
| Kapitel | | |
| 1 | Johann Wilhelm Ludwig Gleim – ein Leben für Dichtung und Freundschaft | 7 |
| 2 | Die Eltern | 63 |
| 3 | Die Geschwister | 66 |
| 4 | Nichten und Neffen in Halberstadt | 78 |
| 5 | Der Biograph und Nachlaßverwalter Wilhelm Körte | 87 |
| 6 | Betty Gleim | 95 |
| 7 | Ernst Ludwig Freiherr Spiegel zum Desenberg | 103 |
| 8 | Johann Nicolaus Götz | 112 |
| 9 | Johann Peter Uz | 122 |
| 10 | Samuel Gotthold Lange | 130 |
| 11 | Ewald Christian von Kleist | 139 |
| 12 | Karl Wilhelm Ramler | 152 |
| 13 | Johann Joachim Spalding | 166 |
| 14 | Johann Georg Sulzer | 174 |
| 15 | Johann Jacob Bodmer | 185 |
| 16 | Anna Louisa Karsch | 210 |
| 17 | Friedrich Gottlieb Klopstock | 223 |
| 18 | Gotthold Ephraim Lessing | 241 |
| 19 | Christoph Martin Wieland | 262 |
| Literaturverzeichnis | | 278 |
| Ortsregister | | 283 |
| Personenregister | | 286 |

Geplante Beiträge für Band 2

Bürger, Gottfried August
Claudius, Matthias
Goeckingh, Leopold Friedrich Günther von
Goethe, Johann Wolfgang von
Heinse, Wilhelm
Herder, Johann Gottfried von
Jacobi, Friedrich Heinrich
Jacobi, Johann Georg
Jean Paul
Laroche, Sophie von
Lavater, Johann Caspar
Lichtenberg, Johann Georg
Lichtwer, Magnus Gottfried
Müller, Johannes von
Nicolai, Friedrich
Recke, Elise von der
Schiller, Friedrich von
Schmidt, Klamer Eberhard
Seume, Johann Gottfried
Voß, Johann Heinrich